王邦雄 著

庄子的现代解读

自序　病中写庄

《老子道德经的现代解读》甫出版刊行，内心已给自己一个许诺，接下来要解读的是承老子之学而开出新理境的庄子。

问题在，是只解读庄子自家作品的《内篇》七篇呢，还是要扩及出于后起门徒之手的《外篇》《杂篇》？因为，"解读"不同于词句的注释与字面的翻译，而是义理内涵的抉发与生命智慧的体悟。且《外篇》中道已流落在主体生命之外，成了客观认知的对象；而《杂篇》对道的观解，杂陈偶现，而难期精纯。加上《外篇》有十五篇而《杂篇》有十一篇，为了避免篇幅过于冗长，而失去诠释的重心，故《外篇》只取《秋水》，而《杂篇》则取《天下》。这两篇获致历代学人的绝高评价，《秋水》被认为是文学艺术的巅峰之作，《天下》则被当成《庄子》一书的后序。我在数十年讲论庄学的路上，唯有这两篇是以单篇论文的形态发表的，前篇为《庄子秋水何以见外》，后者为《论庄子天下篇评析各家思想的理论根据》。由是解读庄子即以《内篇》《外篇·秋水》与《杂篇·天下》三者并列而依序诠表。

二〇一一年七月，我在大学的专任教职，就在淡江大学中文系所主办之"第一届新儒家与新道家学术研讨会"热烈展开声中,宣告终结。八月,位于永和的房子全面整修,我们一家五口分居三处,我与家猫阿橘寄身在附近公寓的加盖顶楼,在漂泊流落的孤寂岁月中,开启了解读庄子九大名篇的书写工程。这是我继博士论文之后最庞大也最用心的写作规划,从重读历代注疏,再勾勒出篇章纲目,并依段落逐句给出义理的解析诠释。九月,新学期开课,我每星期仍在淡江大学中文所授课四小时,并有华山讲堂、敏隆讲堂、三千教育中心、经典研习班等处的民间讲学,还外加一个来家上课之一对一家教,堪称写书与讲学两头忙,完全感受不到教职退休卸下重担的轻松自在。

　　隔年元月,家整修完成,一家五口又重回旧家新居,人猫不再流落漂泊,而回归家居日常,身心稍得安顿。一直到六七月间,在整整投入了一年的时光后,才勉力草成初稿。这期间还安排了国外新加坡以及国内香港、南京和山西的讲座与研讨会行程。在内外交迫之下,好几回肠胃不适就医,猫也因尿道结晶阻塞,几度进出医院,最后做了人工尿道手术,似乎人猫之间有着相依为命的存在感应!

　　九月中旬,我腹腔剧痛,永和小诊所没有检验设备,仍依循旧病例,以肠胃炎治疗;三天之后,病情未见缓解。十七日请华山讲堂听课的纪建兴医师来家触诊,判定病痛在肝胆,而不在肠胃。当晚即开车送往荣总急诊,验血结果,染毒指数破表,白细胞飙升至一万六七,外科主治医师前来告知情况严重,安排做断层扫描,发现胆囊阻塞而感染发炎,立即进行引流手术。在这一抽血、打显影剂的流程中,全身忍不住剧烈发抖,我试图以意志力来压制，却完全无效。当下还自我批判何以如此禁不起考验，病痛缠身，生命即面临全面崩解的边缘。躺在病床上，盖了两层棉被，还兀自抖个不停。测量发现，体温已高达三十九度五，难怪畏寒如此之甚。原来，生命病痛是生理官能之形气边事，与理想性、价值感、精神涵养跟人生智慧完全不相干。叹了一口气，躺在急诊室的偏僻角落，过了最漫长的一个夜晚。闭着双眼，耳边尽是病患家属与医护人员匆忙来去的嘈杂声，心想眼前景象不就是人间困苦的浓缩写照吗？一直挨到第二天中午，才入住内科病房，打抗生素进行对治性的治疗。

突然病发住院，所有课程紧急喊停，人情道义一概放下，整日困守病床，写书完全停摆，看《笑傲江湖》解闷，形同令狐冲被师门误解的一段自我放逐的生涯。住院十二天，九月二十八日，主治大夫朱启仁医师说："老师可以回家了，两个礼拜之后，再来做摘除胆囊的手术吧！"

回家说是调养，实则是加紧弥补被耽搁下来的书写进程。两周之后向外科主治大夫报到，验血结果显示胆红素太高，而血红素偏低，大夫说状况不好不宜开刀。我只好回转内科调理，再开抗生素，等胆红素下降。一周之后，胆红素未见下降反倒上升，与预期落差太大，内心十分沮丧——有好几班正等我回去讲课呢！十月十六日一女中老学生余美瑛女史来电说病房有空位，请老师再来住院；我斟酌再三，实在不想再去空等；纪医师随即在通话中力劝，说总比在家易于控制病情，且可以进入诊疗医护的程序中。于是当天夜晚再度住院，并携带书本稿纸前去，得空可以书写。

十八日午后，纪医师来病房探视，约请他的同学李医师，前去跟外科主治大夫沟通，而外科主任也在座，说王教授有地中海型贫血的家族遗传，故胆红素太高可能是间接性因素造成的。三点多，四位医师一起来到我的病房，石主任说："假如王教授愿意，明天上午即可进行摘除手术。"就由石主任与王大夫共同主刀，并谓"开完刀就得联袂赶去上海开会"。不过两位大夫还是力劝等情况好转再开刀较妥，说发炎的胆囊已做了引流手术，基本上生命是安全的，何必急在一时而承担不必要的风险？并强调有人身上挂着引流袋半年之久，甚至好几年也可以没事。此话一出，我再无考虑空间，立刻做出决定："那就开了！"当下签同意书。两位主刀大夫起身离去，做相关安排。那时我正在夕阳斜照中写《大宗师》的最后两段，向两位内科医师致谢送别。护理师要求转往外科病房，进行心电图检测与肺部 X 光透视。那时光线够亮，我还是将当下放下一切的"坐忘"功夫与穷困之极归之于"命"的这两段写完，因为心境完全相应。心想万一因开刀而回不来的话，至少写出了完整的内六篇，不要《大宗师》缺了末两段而徒留遗憾。"坐忘"是当下可以放下一切，理由是一切已在当下，故重点在"道"的体悟，而不在"忘"的功夫。最后一段问生命的困穷是谁造成的，既不会是生万物的天地，也不可能是生儿女的父母，所以给出了一个没有答案的答案，没有理由的理由，说还不是"命"吗？认了也就不苦了。原来，认命等同坐忘，在放下的同时给出了自身存活的空间。

当晚折腾了一晚上，输血两袋，因血管不好找，三位护理师忙得团团转，在我两只手上寻找可以扎针的地方。隔天早上八点，我被推入开刀房，十一点在恢复室醒来，生命存在只剩下一个"痛"字，我什么都不能想，什么也不能说，我知道开的不是内视镜的小刀，而是在腹腔划了一大刀。石主任来到身边说了一长串情况是多么不好的话，我没有力气回应。就在书写庄子的体道过程中，有此病痛之极，从而感悟："道"解消不了痛彻心扉的痛，不能问是谁造成的，"命"终究要"认"。道是一切，一切已在当下，而当下却不再是一切，"痛"仅能自我承担，因为切身之"痛"是放不下、忘不了也走不开的。

同时开刀的二十八床病患中，我是最后一个被推出来的，本来还以为依年龄排序，未料，竟是等待再做内视镜逆行性胆管摄影，以确定胆总管出现的阴影是不是结石。原来，苦难还未结束。在检验室换床剧痛之下，忍不住喊痛，还好麻醉之后，此身已非我有，痛就此离身而去。由是可以了悟，道家支派的慎到，何以会说出"块不失道"的绝望话头，意谓即使生命如土块，此中自有道。因为道在生人救人，土块无知无感，人在痛苦不堪的时候，没有感觉等同得救。这是战国乱世从宋荣子的"定乎内外之分，辩乎荣辱之境"，再到告子的"不得于心，勿求于气"，最后逼出慎到"块不失道"之一系列逐步沉落的生命自救之道。宋荣子不要外在的世界，不求功名利禄，就可以远离屈辱而保有生命本身的荣耀；告子说，当外在的不合理现象已闯入心头而扰乱了生命的平静，那就不要再求助于血气去硬撑对抗，因为最后连"日出而作，日入而息"的自然作息，也将持守不住。现代人的病痛在此，什么都想要，"心"乱之后，意志跟进，且鼓"气"前行，此之谓"心使气曰强"与"强行者有志"。而使气强行的后遗症在心律不齐、消化不良、内分泌失调，甚至吃不下，也睡不着，说是打天下，实则掏空了自己。"块不失道"是没有希望的希望，也是没有出路的出路，只要把生命压缩成土块，就无忧无患，不痛也不苦了。《应帝王》说列子"块然独以其形立"，放下平生荣耀与一身傲气，让自己回到什么都不是的存在本然中，从泥土里寻求再活回来的价值空间。

确定不是结石而是水泡之后，我被推回病房，又输血两袋，打止痛针。迫切的问题在麻醉之后尿解不出，此中尚有一打不破的尊严问题，我真的要躺在床上对着尿壶解尿吗？午夜十二点，住院医师前来关切，说超过十二小时没解尿，就得插管导尿。我只得忍痛下床，推着点滴架到洗手间，几番来回，总算解开了压在心头的大患。吾人立身处世，在复杂微妙间，"德荡乎名，知出乎争"，心知执着名号，就在争排名的人为造作中，失落了本德天真，执着自困，而造作自苦。问题在，我们也能就医求诊，像开刀一样地决断割除，且强忍痛楚一步一步走去面对，并三番两回地寻求化解之道吗？假如答案是肯定的话，那人生路上理想的可能失落，情意的不免挫折，也就不会留下那么多不堪回首，却又挣脱不了的憾跟痛了。

开刀之后，转住单人病房，除了清静之外，友朋来访，较有立足对坐的余地闲情，最重要的是吾家太座伴随照护，起居作息也当有个独立的空间。每天清晨，起身梳洗，等待小医师来换药，再恭候大医师带队来问病情，好像回到成功岭受训的岁月。轮班的护理师随时进来测血压、心跳与脉搏，或抽血吊点滴。第三天，医师慈悲，点滴架上挂了吗啡袋，被痛感淹没时按它两下，让痛感暂且离身。吗啡成了救护灵丹，俨然以"道"的姿态出现。不过，它仅能离苦，而不能活命；故用了五天，即被撤离，以免病人过度依赖，而成了毒品。当代社会，人心盲昧不明，人间茫然不定，而人物忙碌不堪，除了投靠怪力乱神之外，要不就藏身大麻迷幻间，在没有出路中找出路，在没有感觉中制造感觉，此身飘飘然，在迷离幻境中，忘了自己是谁，不必背负责任，也不用承受压力，当下就从苦难煎熬中获得解脱。问题在，那就是《天下》篇所说的"非生人之行，而至死人之理"，哲理智慧本在开发"生人之行"，却在人间扭曲与人物变形之下，自我异化沉堕而为"死人之理"。从宋荣子不要"外"，而只要"内"，到了告子不要"心"，而只要"气"；再到慎到竟连"气"也不要了，只要生命如土块。"生人之行"竟成了"死人之理"，这是人文价值的全面崩解。

十月卅一日，伤口仍未愈合，两位医师说我可以回家了。或许担心病人离开医疗体系会没有安全感吧，又体贴地对我说："你想多住几天也可以。"不用考虑，我立即办出院手续。未料，周进华先生偕同儿子上观，送来一大锅热腾腾的鲈鱼米粉，因盛情可感，我便一道打包回家。我当时心里只有一个意念，回家写我犹未完成的解读工程。

十一月就在家安居疗养，除了躺卧摆平自己之外，都关在书房写稿。老问题又来了，不甘寂寞的阿橘看我打开桌灯——虽然大书桌上已摆满了书，灯光温暖却散发出不可挡的吸引力，它纵身一跳，总会找到它最舒服的位置，然后就横身躺卧在我的稿纸上。有时我还得让出大位，偏安一隅，极其委屈地写稿。看它头枕郭象、成玄英，身跨王船山、宣颖，足蹈阮毓崧、王先谦，一身跨越千年传统，一切已在这里，一切可以放下。它坐忘片刻，就梦为蝴蝶去了。它没有学究天人，至少已身通古今，是否"成一家"，就看它的主人能否"虚室生白"而"吉祥止止"了。心"无何有"，生发涌现的是深藏在字里行间的道妙哲理，而人间美好就依止于笔触书写的"希微"声中。整整一个月足不出户，写出了《应帝王》《秋水》与《天下》三篇，十一月二十九日终告完稿。

十二月我重回讲堂，复归旧有的生活轨道，只是步调放慢许多，英雄无胆，西螺七崁不成，仅能守着第八崁，解读经典当学者了。二〇一三年元月中旬，在球友力邀之下，重返网球场，步履犹虚浮，看似轻盈，实则脚跟不稳，踩不着实地，下场拉球十几分钟，赶紧喊停，改为在大榕树下陪好友吃茶聊天。

回首退休之后的这一年半岁月，变动不可谓不大。而今家整修好了，一家人都回来了，病治好了，书也写成了。一切放下，一切还在这里。客厅茶趣，讲堂论道，球场竞技，一切回归家常日常，而人生不就在家常日常中活出天大地大吗？剩下来的考验是——也可以在生死无常间来去自如吗？

王邦雄

序于二〇一三年三月

目　录

逍遥游第一 ……………………………………………………… 001
　解题 …………………………………………………………… 003
　第1章　人间天上的永恒追寻 ……………………………… 004
　第2章　人生修养的四重进境 ……………………………… 015
　第3章　生命人格的逍遥体现 ……………………………… 022
　第4章　庄子与惠施的人间对话 …………………………… 030

齐物论第二 ……………………………………………………… 035
　解题 …………………………………………………………… 037
　第1章　万窍怒呺的怒者其谁
　　　　　——逼显无声之声的天籁 ……………………… 038
　第2章　证存无形之我的真君 ……………………………… 045
　第3章　心知构成的是非二分 ……………………………… 051
　第4章　儒墨是非的小成荣华 ……………………………… 056
　第5章　转"彼是"而为"是非"的是非无穷 ……………… 059
　第6章　无成亦无毁的儒墨两行之道 ……………………… 063

第 7 章　无成则无亏的真君明照 …………………………… 071
第 8 章　有无在每一当下的同时并现 …………………………… 077
第 9 章　由"知"进为"不知"的生命极致 …………………… 082
第 10 章　"德进乎日"的释放天下 …………………………… 088
第 11 章　死生无变的神人境界 ………………………………… 091
第 12 章　"予谓女梦"亦梦的自我解消 ……………………… 096
第 13 章　忘年忘义的和以天倪 ………………………………… 103
第 14 章　如影随形的生命流落 ………………………………… 107
第 15 章　庄周梦蝶的物化有分 ………………………………… 110

养生主第三 …………………………………………………… 113

解题 ……………………………………………………………… 115
第 1 章　"以有涯随无涯"的存在困局 ……………………… 116
第 2 章　游刃有余的处世智慧 ………………………………… 121
第 3 章　有名即有刑，无名则无刑 …………………………… 128
第 4 章　安时处顺的死生悬解 ………………………………… 131

人间世第四 …………………………………………………… 135

解题 ……………………………………………………………… 137
第 1 章　外王救人的两极困境 ………………………………… 139
第 2 章　行走人间的两大难关 ………………………………… 159
第 3 章　面对权势的两全之道 ………………………………… 170
第 4 章　回归无用本身的大用 ………………………………… 175

德充符第五 …………………………………………………… 187

解题 ……………………………………………………………… 189

第 1 章	唯止能止众止的兀者王骀	191
第 2 章	游于羿之彀中的兀者申徒嘉	199
第 3 章	以夫子为天地的叔山无趾	204
第 4 章	才全而德不形的哀骀它	209
第 5 章	德有所长而形有所忘的闉跂支离无脤	219
第 6 章	无人之情的生命对话	223

大宗师第六 · 227

解题 · 229

第 1 章	真人真知的理境开显	231
第 2 章	真人人格的功夫体现	234
第 3 章	善恶两忘的化身入道	246
第 4 章	圣人之道的功夫进程	257
第 5 章	造化何拘的生死智慧	264
第 6 章	道术相忘的方内共游	270
第 7 章	有旦宅而无情死的安排去化	277
第 8 章	息我黥补我劓的造化自然	282
第 9 章	离形去知同于大通的坐忘	285
第 10 章	"命"是没有理由的理由	289

应帝王第七 · 291

解题 · 293

第 1 章	两层治道的超越区分	295
第 2 章	顺应人性的无为治道	297
第 3 章	游心于淡合气于漠的天下自治	300
第 4 章	无功无名的明王之治	302

第 5 章　回归真人不露相的生命本身⋯⋯⋯⋯⋯⋯⋯⋯ 306
第 6 章　照现人间真相的用心若镜⋯⋯⋯⋯⋯⋯⋯⋯⋯ 317
第 7 章　凿破"现象自然"的浑沌而开显"境界自然"的理境⋯⋯ 321

秋水第十七⋯⋯⋯⋯⋯⋯⋯⋯⋯⋯⋯⋯⋯⋯⋯⋯⋯⋯ 325

解题⋯⋯⋯⋯⋯⋯⋯⋯⋯⋯⋯⋯⋯⋯⋯⋯⋯⋯⋯⋯⋯⋯ 327

第 1 章　河伯与海若的对话之一
　　　　——海若就大，河伯就小吗？⋯⋯⋯⋯⋯⋯ 329
第 2 章　河伯与海若的对话之二
　　　　——天地就大，毫末就小吗？⋯⋯⋯⋯⋯⋯ 334
第 3 章　河伯与海若的对话之三
　　　　——至精就无形，至大就不可围吗？⋯⋯⋯ 340
第 4 章　河伯与海若的对话之四
　　　　——贵贱小大在何处透显端倪？⋯⋯⋯⋯⋯ 346
第 5 章　河伯与海若的对话之五
　　　　——人间行走有什么值得为，什么不值得为？⋯⋯ 352
第 6 章　河伯与海若的对话之六
　　　　——既固将自化，道又有什么好可贵的呢？⋯⋯ 356
第 7 章　河伯与海若的对话之七
　　　　——天生人为从何区隔？⋯⋯⋯⋯⋯⋯⋯⋯ 360
第 8 章　六则寓言的印证之一
　　　　——以众小不胜而为大胜的圣人⋯⋯⋯⋯⋯ 363
第 9 章　六则寓言的印证之二
　　　　——知穷之有命通之有时的圣人之勇⋯⋯⋯ 367

第 10 章　六则寓言的印证之三
　　——坎井之蛙的困穷与东海之鳖的大乐 …………… 371
第 11 章　六则寓言的印证之四
　　——宁生而曳尾于涂中的存在抉择 ………………… 378
第 12 章　六则寓言的印证之五
　　——得腐鼠而吓鹓鶵的惠施 ………………………… 381
第 13 章　六则寓言的印证之六
　　——请循其本而知之濠上的鱼乐之辩 ……………… 383

天下第三十三 ………………………………………………… 387
解题 ……………………………………………………………… 389
第 1 章　神明圣王统贯为一的道术观 ……………………… 391
第 2 章　以绳墨自矫，备世之急的墨翟、禽滑厘 ………… 401
第 3 章　愿天下之安宁以活民命的宋钘、尹文 …………… 411
第 4 章　于物无择与之俱往的田骈、慎到 ………………… 417
第 5 章　以有积为不足澹然独与神明居的关尹、老聃 …… 425
第 6 章　万物毕罗莫足以归的庄周 ………………………… 435
第 7 章　在道术之外，逐物而不反的惠施、公孙龙 ……… 442

逍遥游第一

【解题】

顾桐柏云:"逍者,销也,遥者,远也。销尽有为累,远见无为理。以斯而游,故曰逍遥。"此说最精简而清晰,有为是有心而为,有心是心知的执着,有为是人为的造作,对生命而言,已成负累,故道家说无心无为。心知无执着无造作,生命即无牵引无负累。销尽人间有心有为之负累,即可开显天地无心无为的自在理境。

王船山云:"逍者向于消也,过而忘也;遥者引而远也,不局于心知之灵也。"此亦将逍遥分开解读,"逍"是消解,"遥"是远引;"向于消"是人生要往消解的路上走。老子云:"为道日损。"人间道行要在心知上每天求其减损。当下过,也当下忘,忘了才过,忘不了等同过不去。解消心知的执着,生命得到释放,就可以高蹈远引,随处可游。心灵无所局限,随时涌现灵感创意,而融入存在情境,由逍而遥,人间世无不可游,世间事无非游也。

王先谦云:"言逍遥乎物外,任天而游无穷也。"此逍遥连读,其意涵可兼具逍乎物累,而遥乎物上,此即"形而上者谓之道",解消物象牵引物欲而成的物累,即所谓超然物外,可遨游在无穷尽的天地间。

第1章 人间天上的永恒追寻

一、大鹏怒飞的南冥天池

北冥有鱼,其名为鲲。鲲之大,不知其几千里也。化而为鸟,其名为鹏。鹏之背,不知其几千里也;怒而飞,其翼若垂天之云。是鸟也,海运则将徙于南冥。南冥者,天池也。

"冥"本亦作"溟",而溟者,海也,故"北冥"即北海。老子说"玄",庄子说"冥",藏有深远不可知之生命所从来的意涵。"鲲"是鱼子,鱼子很小,庄子却说"鲲之大,不知其几千里也",此将至小说成至大,不是如杨慎所云"便是滑稽的开端",也不是方以智所云之"鲲本小鱼之名,庄子用为大鱼之名",而是寄寓"生命皆走在由小而大之成长历程"的深意。问题在,由小而大的成长,只是数量的增长,而未有品质的提升。故紧接着说"化而为鸟,其名为鹏",此一"化"字可不是进化论的"化",而是主体生命的自我转化。这一条大鱼,经由修养功夫将自身转化为一头大鹏鸟,一样有几千里那么大,却已从大海飞上天空,此进一步言生命还要由大而化的飞跃。数量增长的"大",可能成为自身的负累,品质超拔的"化",则不仅不是负累,而是"怒而飞"的能源资借。"怒"是奋起之意,积存了生命能量,在生命蜕变的转关时刻,一飞冲天,翅膀展开的一拍一合间,"其翼若垂天之云"。司马彪云:"云垂天旁。""垂",马叙伦云:"借为遮。"遮住半边天之意,有如云垂天旁的浩壮。在主体生命的能量积存之外,还要有天地自然的客观凭借。"是鸟也,海运则将徙于南冥",王先谦云:"行于海上,故曰海运。"这一头由大海飞向天上的大鸟,在六月海上风动的时节,它就会顺着天地自然的季节律动,从北冥飞往南冥。北冥与南冥,不是地理位置的平面分异,而是价值理境的超越区分;不是由北极飞往南极,而是人间天上的永恒追寻。"南冥者,天池也",堪称画龙点睛之笔,说南冥是天池,这样的转化飞跃,意谓生命之最高理境的开显。有如《论语》所说的"下学而上达",体现了"知我者其天乎"之天人合一的生命境界。

此将北冥所孕育之事实的自然与现象的自然,超拔转化而为南冥之价值的自然与境界的自然。

二、齐谐志怪的水积风厚

齐谐者,志怪者也。谐之言曰:"鹏之徙于南冥也,水击三千里,抟扶摇而上者九万里,去以六月息者也。"野马也,尘埃也,生物之以息相吹也。天之苍苍,其正色邪?其远而无所至极邪?其视下也,亦若是则已矣。且夫水之积也不厚,则其负大舟也无力。覆杯水于坳堂之上，则芥为之舟；置杯焉则胶，水浅而舟大也。风之积也不厚，则其负大翼也无力。故九万里，则风斯在下矣，而后乃今培风；背负青天而莫之夭阏者，而后乃今将图南。蜩与学鸠笑之曰："我决起而飞，抢榆枋，时则不至，而控于地而已矣，奚以之九万里而南为？"适莽苍者，三飡而反，腹犹果然；适百里者，宿舂粮；适千里者，三月聚粮。之二虫又何知！小知不及大知，小年不及大年。奚以知其然也？朝菌不知晦朔，蟪蛄不知春秋，此小年也。楚之南有冥灵者，以五百岁为春，五百岁为秋；上古有大椿者，以八千岁为春，八千岁为秋。而彭祖乃今以久特闻，众人匹之，不亦悲乎！

"志"当"记载"解，说《齐谐》是记载怪异传说的一本书。再引一段《齐谐》的话，与"大鹏怒飞"的主题寓言做一呼应。"鹏之徙于南冥也，水击三千里"，当大鹏飞往南冥，起飞时翅膀拍击水面而激起的浪花，有三千里那么壮阔。"抟扶摇而上者九万里"，"抟"当"专擅"解，"扶摇"是上行风，言专聚风力由下往上，飞向九万里的高空。"去以六月息者也"，"息"是气息，"以"当"凭借"解，此去凭借六月海上的风动。唯成玄英疏云："时隔半年。"误以"六月息"为六个月的时间，实则指的是"六月海上风动"的季节风，且可与"野马也，尘埃也，生物之以息相吹也"的语意连贯。郭象注云："野马者，游气也。"指的是春天来临，阳气发动，飘浮在水泽上的水汽流动，有如野马奔腾。成玄英疏云："扬土为尘，尘细者为埃。"不论是水泽上飘浮的游气，还是空气中流动的尘埃，都同样是这一股在生物间相互吹动的生命气息。

"天之苍苍，其正色邪？其远而无所至极邪？其视下也，亦若是则已矣。"不仅野马、尘埃，是生物间相互吹动的气息，弥漫在天地间，呈现人人眼中的苍苍者天——"其"是表疑问的语气词——哪里会是天的本色呢？王引之云："'则'犹'而'也。"故"则已矣"是"而已矣"。更有可能的是远在天上这一无边无际的气息所给出的感觉吧！我们可以合理地想象从九万里的高空往下看，也一样会有其色苍苍的感觉印象吧！

"且夫水之积也不厚，则其负大舟也无力。"原来弥漫在天地间无所至极的这一股气息，正是大鹏可以展翅高飞扶摇直上的客观凭借，故即以水积不够厚，也就无力乘载大船的比喻，来解说主体生命的大化道行，也要有客体天地的大化流行作为凭借，才能有北冥人间飞往南冥天池的终极行旅。"覆杯水于坳堂之上，则芥为之舟；置杯焉则胶，水浅而舟大也。"高亨云："坳堂疑原作堂坳，转写误倒。"堂坳是堂前凹陷处，倒一杯水在堂前的小坑洞里，那么小草就可以像船一般地漂浮其上，倘若放置茶杯在其间，那就胶着搁浅了，理由就在水浅而船大之故。"风之积也不厚，则其负大翼也无力"，同样的道理，天地间积存的风不够厚实，那么要背负像大鹏鸟那么大的翅膀，恐怕也无力支撑了。"故九万里，则风斯在下矣，而后乃今培风"，此所以大鹏可以飞在九万里的高空，那是因为底下蕴积了九万里厚度的风作为凭借。"而后乃今培风"，王念孙云："培之言冯也，冯，乘也。风在鹏下，故言负；鹏在风上，故言冯。必九万里而后在风之上，在风之上而后能冯风，故曰而后乃今培风。""而后"表时间先后，"乃今"是到了今天才可以凭借风力飞去。"背负青天而莫之夭阏者，而后乃今将图南"，"夭"是"折"，"阏"读为"遏"，当"止"解，因为有九万里厚度的风作为支撑，大鹏才能背负在九万里高空之上的青天，"莫之夭阏"是"莫夭阏之"，没有什么可以让它在飞行途中夭折遏止的，而后到了现在才可以往南冥天池飞去。

"蜩与学鸠笑之曰"，"蜩"是蝉，"学鸠"是小鸠；另说"学"本又作"鸴"，《尔雅·释鸟》："鸴，山鹊。"故俞樾云："学、鸠当是两物。"此说持之有故，唯下文有"之二虫"句，故仍以"蜩"与"学鸠"为二虫。庄子在此安排了两个配角穿插其间，通过它们的自我表白与质疑，来衬托出大鹏绝高的生命气象。"我决起而飞，抢榆枋，时则不至，而控于地而已矣，奚以之九万里而南为"，"决"有决断的意味，"抢"当"突"解，下一个"起而飞"的意念，意念一起，说飞就飞，冲到了榆枋的矮树丛上；"时则不至"，"则"，王引之云："犹或也。""或"当"有时"解，意谓有时也有冲不上去的意外；"控"当"投"解，"控于地"是一头栽在地面上，"而已矣"是"则已矣"，也没有什么大不了，不过灰头土脸而已！自我表白完了，再进一步质疑大鹏鸟："奚以之九万里而南为？""奚"当"何"解，"以"当"因"解，"奚以"是问原因何在，"之"当"往"解，"而南为"，王引之云："为是句末语气词。"意谓请教大鹏老兄，为什么你一定要飞上九万里的高空，且往南冥飞去呢？

"适莽苍者，三餐而反，腹犹果然；适百里者，宿舂粮；适千里者，三月聚粮。""适"当"往"解，"莽苍"是郊野之色，

"果然",陈寿昌云:"饱如果实之绽。"去郊游的人,一天往返,准备三餐也就够了,回家之后肚子还填得饱饱的。百里路程的行旅,不能当天往返,"宿"是过夜,"舂"是舂捣,总要准备过夜的粮食。往千里之外的长途旅行,"聚"当"储备"解,那就要储备三个月的粮食了。此言远行粮储要多,正回应"风积要厚,才得以飞上九万里高空"的道理。

关键点在"之二虫又何知","之"当"是"解,看上下文,此二虫指的是蜩与学鸠。意谓适莽苍的二虫,又怎能了解适千里之大鹏的心胸气魄呢?未料,郭象注云:"二虫,谓鹏蜩也。"成玄英疏云:"大鹏搏风九万,小鸟决起榆枋,虽复远近不同,适性均也。"俞樾不以为然,云:"二虫即承上文蜩、鸠之笑而言,谓蜩、鸠至小,不足以知鹏之大也。郭注云二虫谓鹏、蜩也,失之。"此"失之"的断定,已无翻案的空间。问题在,郭象注的年代,正是儒家理想失落的年代,希圣希贤,成圣成贤,几近不可能,大鹏怒飞的超拔与飞跃,已成绝响。蜩与学鸠的决起而飞,才是苦闷年代无可奈何的生命出路吧!故郭象"小大虽殊,其逍遥一也"的独特观点,可能藏有知识分子自我救赎的一点微意吧!

"小知不及大知,小年不及大年。奚以知其然也",顺承上文"之二虫又何知",庄子给出了"小不及大"的论定,而以"奚以知其然也",预留论证的空间,问凭什么这个说法可以成立?理由就在下文的解说。"朝菌不知晦朔,蟪蛄不知春秋,此小年也。楚之南有冥灵者,以五百岁为春,五百岁为秋;上古有大椿者,以八千岁为春,八千岁为秋。而彭祖乃今以久特闻,众人匹之，不亦悲乎！"此一说解，以"年"之大小说"知"之大小。"朝菌"，成玄英疏云："阴湿则生，见日便死，亦谓之大芝。生于朝，而死于暮，故曰朝菌。月终谓之晦，月旦谓之朔。"旧时乡土湿热的树丛草堆，蒸发而生之菌，《齐物论》所谓之"蒸成菌"者是也。朝生暮死之菌，只存活一天，所以不知有月之始末。成玄英疏云："蟪蛄，夏蝉也。"夏蝉只存活一季，所以不知有前后之春秋两季，这是小年的小知。而生于楚地之南的冥灵与长于上古之大椿，成玄英疏云："并木名也。"前者以五百年为一季，后者以八千年为一季，"此大年也"，成玄英本有此四字，上下对显，意较显豁，此为大年的大知。另宣颖云："冥，海也，灵，龟也，海之大龟。"此义较长。因为若二者皆属木名，一以五百年为一季，一以八千年为一季，却一同被标举为大年的代表，未免落差太大。且一季五百年已谓之"灵"，一季八千年却仅说是"大"，用词不甚贴切。从天地自然转眼看人间，传说中的彭祖活了八百年，就以长寿独闻于世，天下众人都希望自身能跟他一样活得久长，此相对于海上灵龟的五百年一季与上古大椿的八千年一季来说，人生岁月岂不是太可悲了吗？

三、汤之问棘的小大之辩

汤之问棘也是已。穷发之北有冥海者，天池也。有鱼焉，其广数千里，未有知其修者，其名为鲲。有鸟焉，其名为鹏，背若太山，翼若垂天之云，抟扶摇羊角而上者九万里，绝云气，负青天，然后图南，且适南冥也。斥鴳笑之曰："彼且奚适也？我腾跃而上,不过数仞而下,翱翔蓬蒿之间,此亦飞之至也。而彼且奚适也?"此小大之辩也。

在引《齐谐》以为证之外,再引"汤之问棘"的传说,以为参证。"汤之问棘也是已",商汤请问当时之贤者棘的一段话,"是已",是给出说得有道理的评价。"穷发之北有冥海者,天池也",在草木不生的极北之地,有一看不透的海洋,那是生成万物的形上天池。"有鱼焉,其广数千里,未有知其修者,其名为鲲",有鱼在此中成长,有几千里那么大,没有人知道它到底有多长,就以鲲为名。"有鸟焉,其名为鹏,背若太山,翼若垂天之云,抟扶摇羊角而上者九万里,绝云气,负青天,然后图南,且适南冥也",又有鸟在此中成长,就称之为鹏,鹏背有如泰山那么高大,翅膀展开就像云垂天旁,遮住了半边天。司马彪云:"风曲上行若羊角。"上行风的曲度有如羊角的形状,专聚风力扶摇直上九万里的高空,"绝云气,负青天"是说大鹏在云气之上,又背负在大鹏之上的青天,"然后图南,且适南冥也",然后往南飞去,且飞往南冥。

《列子·汤问》载有这一传说的全貌。汤之问棘曰:"上下四方有极乎?"棘曰:"无极之外,复无极也。"此一段序曲,在此被删除,而从"穷发之北"开其端,可见《列子·汤问》保留的古老传说,已被庄子做了修正,甚或改造。故改造之后的主题寓言,与《汤问》篇保留的此段传说,大异其趣。其一在"问上下四方有极乎"的一段序曲被删除了,因为答曰"无极之外复无极也",此仅是玄谈,与生命本身不相干,正与《齐物论》所说之

"六合之外，圣人存而不论"的持论立场相应，因为所谓"六合之外"，意谓在人生之外，故仅存此一说，而不加议论。其二在说冥海有鱼有鸟，而鲲鹏各自独立，互不相干，只是对既有的自然现象做一描述，改造之后却通过"化而为鸟"将二者联结，且转化而为成长飞跃的生命哲学，正是庄子画龙点睛而神龙活现的绝妙笔法。其三在传说的记载中直接以冥海为天池，此为原始的自然，而改造之后的寓言，则为主体的大化与天地的大化同体流行所证成体现之最高理境的开显，故天池已是境界的自然。

"斥鴳笑之曰：'彼且奚适也？我腾跃而上，不过数仞而下，翱翔蓬蒿之间，此亦飞之至也。而彼且奚适也？'此小大之辩也"，"辩"通"辨"，成玄英疏云："且，将也。斥，小泽也。鴳，雀也。八尺曰仞。"此谓斥鴳是水泽中的小鸟，另说斥、尺古通用，故解为飞不过一尺的小鸟。这一类小鸟一如蜩跟小鸠，也嘲弄起大鹏来，说它老兄到底要飞去哪里，像我跳跃再往上飞腾，不过数仞之高，就转而往下飞，任意在蓬蒿的矮树丛间翱翔，这也是飞的极致啊！而它老兄到底想飞往何处呢？

"棘曰"这一段传说的记载，庄子做了一个总结，这就是小大的分别所在。正是"小知不及大知，小年不及大年"之更直截了当的论断。未料，郭象注云："苟足于其性，则虽大鹏无以自贵于小鸟，小鸟无羡于天池，而荣愿有余矣，故小大虽殊，逍遥一也。"此说完全颠覆了庄子小不及大的价值论定。郭象注的论据在"物各有性，性各有极"，且"各以得性为至，自尽为极也"，是即各得其性，各尽其极，虽有小大之性殊，亦可安于小大之殊异，郭象就由此说其"逍遥一也"。问题在，此物各有性，不是普遍性之心性德性，而是殊异性之才性气性，此偏离道家之人人天生本真的存有论观点。对此，支道林有云："夫逍遥者，明至人之心也。"又云："苟非至足，岂所以逍遥乎！"故仅是才性气性之自足，而不是心性德性之至足，故"小大虽殊，其逍遥一也"之说，不是通过修养功夫所开显之生命最高理境的逍遥。此只有"冥海"之现象自然义，而未见"天池"之境界自然义。

王船山说"大鹏怒飞"是"此游于大者也，遥也，而未能逍也"；又说蜩鸠"决起而飞"是"此游于小者也，逍也，而未能遥也"。且直言"小者笑大，大者悲小，皆未适于逍遥者也"，此论已贴近郭象之说。将大鹏怒飞与蜩鸠决起相对拉平，则主题寓言之"大而化之"的修养功夫所开显之天池理境，亦随之崩解，不如宣颖所云："若夫乘天御气之人，其大鹏乎！"较得深藏其中的奥义。庄子解消的不是天生才性气性的小大，而是心知执着的小大，"游"之所以成为可能，就在能"逍"而后能"遥"，能"遥"而后可"游"。"逍"是功夫，"遥"是境界，"游"则是亦功夫亦境界的理境开显，"遥"从"逍"来，能"逍"一定能"遥"，怎么会有"遥也而未能逍"与"逍也而未能遥"之功夫与境界两相脱离的现象出现呢？

庄子"大鹏怒飞"的主题寓言，以鸟兽虫鱼作为寓言的主角，而深藏其间的却是人生的哲理。人物是万物之一，人物又是万物之灵。人物在才性气性之外，又有本德天真的心性，问题在，心有知的作用，而知的本质是执着，心知执着人物的才性气性，也执着人间的名利权势，由是而有大小多少的分别与比较，此成为生命的自困自苦。困苦从心来，功夫也当在心上做，

"逍"就是解消心知的执着与分别,"遥"就是生命得到释放之后的天地无限宽广,"游"就是由自困自苦转化而为自在自得的无待逍遥。

郭象注与船山解,未就"大而化之"的修养功夫,来思考大鹏何以是大,与小鸠何以是小的价值分判,而仅就天生自然的形躯大小,来同情小鸟的只能小而不能大,且相对地说大鹏也只能大而不能小。在这一思考的基点上,当然是大小各得其性,也各尽其极,小大如一,大家各自逍遥了。实则,庄子首篇《逍遥游》,通过"大鹏怒飞"的主题寓言,所给出来的人生哲理,就在人人皆可逍遥,物物无不逍遥。关键在,由小而大是自然的长成,由大而化则是人文的转化,大鹏之所以是大,小鸠之所以是小,庄子所谓的大小之辩,就在有无做修养功夫,来自我提升与自我转化而已!未有"逍"的功夫,"遥"的境界开不出,"游"也就不可能了。

第2章 人生修养的四重进境

故夫知效一官,行比一乡,德合一君,而征一国者,其自视也亦若此矣。而宋荣子犹然笑之,且举世而誉之而不加劝,举世而非之而不加沮,定乎内外之分,辩乎荣辱之境,斯已矣。彼其于世未数数然也;虽然,犹有未树也。夫列子御风而行,泠然善也,旬有五日而后反。彼于致福者,未数数然也。此虽免乎行,犹有所待者也。若夫乘天地之正,而御六气之辩,以游无穷者,彼且恶乎待哉!故曰,至人无己,神人无功,圣人无名。

蜩与学鸠的小和大鹏的大的小大之辩,谢幕退场,转由人间不同层次的人物登场。此以人生修养的四重进境,登台亮相。

一、有功有名的自困于小

"故夫知效一官,行比一乡,德合一君,而征一国者,其自视也亦若此矣",成玄英疏云:"故是仍前之语;夫是生后之词。""故夫"承前启后,将鸟兽虫鱼的戏码,转往人间舞台演出。人间舞台争逐的是名利，奔竞的是权势，故第一个登台亮相的人物，一定是热衷于功名利禄的官场人物。说一个人的才智可以承担一官之职的责任，行谊可以符合一乡之民的标准，德行可以得到一国之君的赏识。"而"，郭庆藩云："成疏读而为转语，非也。而字当读为能。能、而古声近，通用也。官、乡、君、国相对，智、仁、德、能亦相对。则而字非转语明矣。"此说或许可以成立；不过，由一国之君的赏识，再进而获致一国之人的信任，故"而"当转语亦可通。司马彪云："征，信也。"倘若，"而"当"能"解，会与"知效一官"之"知"重叠，且才智已涵蕴能力，不必在"知"之外另说"能"。这样一位功名利禄集于一身的成功人物，在庄子的笔下，竟成了"其自视也亦若此矣"的小人物，"此"指谓斥鴳，他的自我期许也不过像斥鴳的自以为"飞之至"一样可悲亦可笑。一生为功名所绑住，故曰自困于小。

二、无功无名的宋荣未树

"而宋荣子犹然笑之，且举世而誉之而不加劝，举世而非之而不加沮，定乎内外之分，辩乎荣辱之境，斯已矣。彼其于世未数数然也；虽然，犹有未树也。""而"当转语，"犹然"是笑貌，此"笑之"是不以为然地觉得可笑。那宋荣子立身处世的"然"在哪里？就在全天下的人赞美他，对他没有劝勉的作用，全天下的人毁谤他，对他也没有沮丧的效应。他把生命的价值从内外的定分，来做出荣辱的分界，认定回归自我才能保住荣耀，往外求取就不免承受屈辱了。"斯已矣"，郭象注云："亦不能复过此。"成玄英疏云："斯，此也。已，止也。宋荣子智德止尽于斯也。"两家说似非庄子的意思，看上下文，"斯已矣"当是人生在世本就如此简单罢了，不必有那么多的牵扯瓜葛，清清爽爽磊磊落落而已，且下文还对宋荣子有"数数然"之不可多见的肯定。"数数然"，一者可当"急促"解，如郭象注所云之"未数数然求之也"；一者可当"频"解，如郭嵩焘所云："犹戴记之云天下一人而已！"宋荣子已认取"内是荣，外是辱"的生命价值观，当然不会汲汲营营往外去求取功名了，故当"急促"解似成多余，意谓像他这样不要功也不要名的人，在人世间并不多见。庄子在此留下一笔，"虽然，犹有未树也"，虽然难能，却不一定可贵，"树"当"立"解，毕竟他把"荣"界定在我可以不要功不要名的基础上，这样的"荣"，是虚的，是空洞的，只有形式的意义，而未有实质的内涵，所以对生命价值而言，并未有根本的树立，未积极去填补充实其虚悬的价值内涵。宋荣子对人间有功有名而自困于小的官场人物不以为然，他无功无名，无求于外，却困守于内，而守住的"荣"也只是"虚"荣而已。

三、无己御风的列子有待

"夫列子御风而行，泠然善也，旬有五日而后反。彼于致福者，未数数然也。此虽免乎行，犹有所待者也。"宋荣子可以无功无名，却仍有一个要苦苦守住的"己"，所以困守于内；列子进一步，他无己，无己可以放开自己，随风而行。郭象注云：

"泠然，轻妙之貌。"就从轻妙说善，颇有自得之意。问题出在，十五天之后，一阵风起又把他给送了回来。形体或许轻妙，自得之善倒也未必。故看似我御风而行，实则风御我而回，白忙一场又回到原地，不过是打个转而已！此《列子·黄帝》有云："竟不知风之乘我邪？我乘风乎？"也有同样的省思。"彼于致福者，未数数然也"，"致"当"得"解，问题在，对无己的列子而言，"福"不在求取人间的功名，而在回归天地自然的美好。陈寿昌云："乘虚策空，翛然自得，于清修致福中求之，如彼者亦不多得，匪但世俗。"郭嵩焘云："致福，谓备致自然之休。"两说贴近，"数数然"仍当"频"解，不可多得之意。列子假借风力前行，虽然可以免于行累，"犹有所待者也"，毕竟是有待于外，风不来，则行不成，人生之行完全由外在的风向决定，自家不能做主，还能有什么轻妙自得的"善"可说呢？

世间人大多从"得"来说"在"，由身价来论定存在的意义，故谓值得。"值"是身价，就由"得"的身价来论定存在的价值，此由"得"说"在"，是生命的大颠倒。"得"往外求，"在"若自身定不住，不免落于有待。

四、无己无功无名的至人无待

知效一官是有功有名；宋荣子是无功无名，唯尚有己，而己却未立；列子进一步可以无己，却有待于风。故人世间的精神出路，唯在"若夫乘天地之正，而御六气之辩，以游无穷者，彼且恶乎待哉！故曰，至人无己，神人无功，圣人无名"。

"正",郭象注作"自然"解,云:"万物以自然为正。"老子云:"我好静而民自正。"此"民自正"正是"百姓皆谓我自然"之意。故郭象注堪称得其确解。"辩",成玄英疏云:"变也。"大鹏怒飞,"海运则将徙于南冥",与"去以六月息",说的就是"御六气之变"。风积要厚以负大翼,与列子御风而行所说的"乘"与"御",是客观的凭借,而"乘天地之正,而御六气之辩",则是主体的融入。郭象注云:"乘天地之正者,即是顺万物之性也,御六气之辩者,即是游变化之涂也。如斯以往,则何往而有穷哉!所遇斯乘,又将恶乎待哉!此乃至德之人玄同彼我者之逍遥也。"郭象以"顺"解"乘",重在消解主客相对二分而不免有待的困局,且天地之大不可乘,六气之变不可御,今曰乘曰御,实则是不必乘,不必御,不论天地有多大,六气再多变,任何时段任何地点,主体的我,都与天地同在,与六气同行,我不在天地、六气之外,故云:"玄同彼我。"天地在哪里,我也在哪里,六气往哪里走,我也往哪里走,这就是"何往而有穷"与"所遇斯乘"的真正意涵。跟天地同在,跟万物同行,不就是无待最贴切的写照吗?

人物活在人间的现实存在,总是在相互依存中,而不免有待;无待的理境仅在精神的超拔与生命的飞跃中开显。"以游无穷者,彼且恶乎待哉","彼"指的是乘天地御六气的那个人,"恶"当"何"解,问还有什么好等待的,意即无待。此"无穷"指谓的不是物理的时空,而是精神的时空,不是天地自然的无限宽广,而是生命主体的无待自在。故从主体无待说"游于无穷"。什么都有了,什么都不必等了,人间无不可游,世事也无非游也。

　　郭象注以"所遇斯乘"说无待逍遥,而其理据在"玄同彼我",而"玄同"语出老子所谓之"挫其锐,解其纷,和其光,同其尘,是谓玄同","挫其锐"是"无","解其纷"与"和其光"是"有","同其尘",也就是玄同于万物。体现有无玄妙的生命人格,在道心的观照之下,天下万物一体无别,郭象可能就从玄同彼我,说"小大虽殊,其逍遥一也"。此一观点,乃以《齐物论》之破小大,来解《逍遥游》之立小大,《逍遥游》从生命立小大,《齐物论》则从心知破小大,庄子此两义并存,立小大是"有",破小大是"无",道体不就在又有又无中显现其自身吗?

　　此段总结就落在生命主体的功夫与境界说。"故曰,至人无己,神人无功,圣人无名",成玄英疏云:"至言其体,神言其用,圣言其名。故就体语至,就用语神,就名语圣,其实一也。"依老子所云:"大成若缺,其用不弊;大盈若冲,其用不穷。"大成、大盈言其体,不弊、不穷言其用,若缺、若冲言其相,此体、用、相连言,两相对照之下,就名语圣或圣言其名,实不如就相语圣或圣言其相,因为形象具体而名号抽象,圣人形象已深植人心,且较有亲切的感受,无己、无功、无名的"无",是功夫的字眼,有如老子所云:"吾所以有大患者,为吾有身;及吾无身,吾有何患!"此"无身"就是"无己",无掉心知对自身的执着,"吾有何患",意即"彼且恶乎待哉","患"就在有待,有待于功名利禄来高贵自身也荣耀自身,无己则功名顿失依附的主体,故由无己而无功无名,即是无待,不仅远离人世间患得患失的大患，根本就逍遥无待了。故宣颖云："然则无己之为逍遥游，思过半矣。"又云："三句为一篇之主，第一句又三句中之主也。……至人无己一句，是有道人第一境界也。"这三句，可以是叙事句，"无"做动词用，"无己"是功夫的修养；也可以是表态句，"无己"是谓语，用以描述至人的境界。故这三句是亦功夫亦境界，庄子就从功夫开显境界。

有人认为大鹏怒飞，有待于六月海上风动，亦如列子的御风而行，故仍有待。实则，天地自然之气，已弥漫在生命存在的时空，问题在，"人"的主体已"大化"了吗？故从修养功夫的进程看，是有待，而从开显的最高境界看，则是无待。列子"旬有五日而后反"，与大鹏之徙于南冥天池，相差何止天壤，怎能将大鹏怒飞与列子御风相提并论呢！关键在，列子的无己，是形躯的修炼，而至人的无己，却是精神的解放。前者随风而去，而后者却与天地同在，与六气同行，转化北冥而为南冥，提升人间而至天上了。

第 3 章 生命人格的逍遥体现

此下三段,分别就尧之事功与修养,诠表"圣人无名""神人无功"与"至人无己"的逍遥境界。

一、尧让天下的圣人无名

尧让天下于许由,曰:"日月出矣,而爝火不息,其于光也,不亦难乎!时雨降矣,而犹浸灌,其于泽也,不亦劳乎!夫子立而天下治,而我犹尸之,吾自视缺然。请致天下。"许由曰:"子治天下,天下既已治也,而我犹代子,吾将为名乎?名者,实之宾也,吾将为宾乎?鹪鹩巢于深林,不过一枝;偃鼠饮河,不过满腹。归休乎君,予无所用天下为!庖人虽不治庖,尸祝不越樽俎而代之矣。"

"尧让天下于许由",是道家版的尧舜禅让,不是让给圣王舜,而是让给隐者的先驱许由。此《徐无鬼》有云:"啮缺遇许由,曰:子将奚之?曰:将逃尧。"意即逃离尧的"让天下"。

《史记·伯夷列传》有云:"箕山上有许由冢。"这一段寓言与孟子说尧舜禅让,大异其趣。孟子从"民受之"说"天受之",从"民与之"说"天与之",民意之所在,即是天意之所在。此是政权的合理转移,以天理作为最后的保证。而道家的诠释系统,尧要把治天下的权位让给许由,这是何等的大事,要说服自己,也要说服天下人。"曰:日月出矣,而爝火不息,其于光也,不亦难乎!时雨降矣,而犹浸灌,其于泽也,不亦劳乎","爝火"是人所燃之火,"浸灌"是浸润渐渍之意,理由是太阳月亮已在天上,不论是阳光普照,抑或月华满地,而我还在高举火把,说带给大地光明,不是天大笑话吗?及时雨正普降甘霖,而我却浇水灌溉,说带给万物润泽,不是白忙一场吗?尧将许由说成"日月出"与"时雨降",说自己竟举火把与日月争光,忙浇水与时雨别苗头,不仅多余且属徒劳。

"夫子立而天下治,而我犹尸之,吾自视缺然。请致天下","夫子"说的是许由,许由隐居在颍水之滨,以其人格高洁,有如站立在人人仰望的高岗上,只要夫子立在那里,虽无为,而天下自然平治。故表面上看来是尧治天下,实质上是许由让天下归于平治。"尸"当"主"解,"缺然"是欠缺合理性,"致"当"与"解。我对自身高踞权位,有其名而无其实,自觉不合理,请容许我将天下权位如实地归给许由先生吧!

这一段让位许由的自我表白,试图说服许由,并取得天下人的认同。许由是何等人物,他有其生命的高度,要如何回应尧看似善意而近乎挑衅的公开宣告呢?"子治天下,天下既已治也,而我犹代子,吾将为名乎?名者,实之宾也,吾将为宾乎",许由虽隐居日久，却洞察复杂人情，回应说："本来就是阁下在治天下，而天下业已平治，名在你，而实也在你，却要我这个游于方外的人来取代你，你以为我是追求空名的人吗？本质上名号只是实体的客位，你以为我不做自己的生命主体，而想要成为你的虚名客位吗？"这样的回应显现出道家高蹈远引的高明智慧。人家一礼让，自家就欣然接受，那道家思想还能传诸千古吗？

"鹪鹩巢于深林，不过一枝；偃鼠饮河，不过满腹。归休乎君，予无所用天下为！庖人虽不治庖，尸祝不越樽俎而代之矣"，许由在反驳对方的说法之后，再表明自家的立场。"鹪鹩"是巧妇鸟，"偃鼠"当是压低自身的小鼠。巧妇鸟再善巧，筑巢在深林中，也不过一枝而已，小鼠压低自身潜行河边饮水，再怎么口渴，也不过满腹罢了。"休"当"美善"解，就把平治天下的美善还归你自身吧，天下权位对我而言，是毫无用处的。"庖人"是主管厨房的人，"尸祝"是掌理祭祀的人，成玄英疏云："尸者，太庙中神主也；祝者，……执祭板对尸而祝之，故谓之尸祝也。樽，酒器也；俎，肉器也。"主管厨房的庖人，虽已厌倦而求去，对掌理祭祀的尸祝而言，他是不会离开祭器而取代庖人的。言下之意，尧是庖人，是正因在人间功名利禄中打转的权力圈人，而许由是尸祝，是对神主祈求以远离俗染尘嚣的清修之士，怎么会舍礼器而就厨具呢？

宣颖云："许由以名为宾而不居，以上证圣人无名意也。"问题在，谁是圣人？依文化传统看，一定是治国平天下的人，才能说是圣人。所以内圣一定涵蕴外王。许由退出人间，人格再高洁也只是一位贤者，故圣人无名，说的是尧是圣人，尧又无名。

尧让天下于许由，正是尧既有圣人之实，又解消了自身对圣人名号的执着。此为道家诠释系统下的圣人形态。王弼《老子微旨例略》云："绝圣而后圣功全。""绝圣"所绝弃的就是圣人的名号，反而可以因化解的作用，而保存圣人的事功。郭象注云："夫治之由乎不治，为之出乎无为也。取于尧而足，岂借之许由哉！"旨哉斯言。故"夫子立而天下治"，说的当是尧自己立，尧自己治，无为而治在尧自身的修养与功业，哪里会是许由的专利特权呢？问题是，治的根本在不治，为的源头在无为，此已将儒圣的根本定在老庄。这是道家诠释系统下的尧，不再是儒家理想之圣王典型的尧了。所以，牟宗三判定说，这是阳尊儒圣，而阴崇老庄。

二、神凝旁礴的神人无功

肩吾问于连叔曰："吾闻言于接舆，大而无当，往而不反。吾惊怖其言，犹河汉而无极也；大有径庭，不近人情焉。"连叔曰："其言谓何哉？"曰："藐姑射之山，有神人居焉，肌肤若冰雪，绰约若处子。不食五谷，吸风饮露。乘云气，御飞龙，而游乎四海之外。其神凝，使物不疵疠而年谷熟。吾以是狂而不信也。"连叔曰："然。瞽者无以与乎文章之观，聋者无以与乎钟鼓之声。岂唯形骸有聋盲哉？夫知亦有之。是其言也，犹时女也。之人也，之德也，将旁礴万物，以为一世蕲乎乱，孰弊弊焉以天下为事！之人也，物莫之伤，大浸稽天而不溺，大旱金石流、土山焦而不热。是其尘垢秕糠，将犹陶铸尧舜者也，孰肯以物为事！"

肩吾、连叔与接舆皆隐逸人物，其称号非姓氏，乃就其人格行谊而言，肩吾乃担负自我，连叔可能是广结道友的长者，接舆则是紧追孔子车队之后的人。肩吾向连叔请教说，我曾听闻接舆说道，话题太宽广而不切当于存在之理，太玄远而不能回归生命本身，他的言论让我惊恐，感觉好像隔着天上的银河一样遥不可及。"极"当"尽"解，司马彪云："极，崖也；言广若河汉无有崖也。"是永无尽头、无边无际之意。宣颖云："径，门外路也；庭，堂前地也。……今言大有径庭，则相远之甚也。"意谓有如堂前地与门外路一样界线分明，与生命实存大有落差而难以跨越。

连叔回应说，那请问接舆到底说了些什么，让你如此地不能接受。肩吾就引述了接舆的论道之言。成玄英疏云："藐，远也。"姑射，山名。在遥远姑射的山头，有神人居于此。他的肌肤像冰雪一样白，长相像少女一般美，不食五谷粗粮，仅汲取天地的灵气，啜饮自然的甘泉，凭借云气飞上天，驾驭飞龙般的六气变化，而超离在人间尘垢污染之外遨游。船山云："其神凝，三字一部南华大旨。"王先谦亦云："三字吃紧，非游物外者，不能凝于神。"意谓他心神凝聚专注，使万物不会生恶疾毁坏，而年谷常熟。他说得太神奇了，我以为是诳语而不相信。成玄英疏云："冰雪取其洁净，绰约譬以柔和，处子不为物伤，姑射语其绝远。……斯盖寓言耳，亦何必有姑射之实乎？宜忘言以寻其所况。"此宣颖云："此盖以山喻身中也。"又解"神人"云："身中之神。"此说大有洞见。这一位隐居在遥远姑射山头的神人，指的是生命的主体，心不执着无分别，可以海阔天空，任我遨游，可以无为而无不为,让万物回归自然的美好。

连叔听闻肩吾引述的一段论道之言后,回应说:失去视觉的人,无从看到文章的华丽,失去听觉的人,无从听闻音乐的美妙,不只是人的形体官能会有聋盲,心智也一样会有。郭庆藩云:"时,是也,谓犹是女也,犹时二字连读。"意谓此心智的聋盲,说的正是像你这般的人。"之人也,之德也,将旁礴万物,以为一世蕲乎乱,孰弊弊焉以天下为事",两"之"字当"此"解,李桢云:"旁礴,广被也,旁礴万物,承上'之德也'三字,言其德将广被万物。"又云:"乱,治也。"是为反训。宣颖云:"蕲,求也。"像接舆所说之神人的生命人格与德行涵养,将广被万物,以为一世的人求天下得以平治,有哪一个人会为了治理天下,而劳神累形呢?此老子云:"我无为而民自化。"斯人斯德,无心无为,虚静明照而照现万物,还要执着造作,苦思焦虑去经营天下吗?"之人也,物莫之伤,大浸稽天而不溺,大旱金石流、土山焦而不热。是其尘垢秕糠,将犹陶铸尧舜者也,孰肯以物为事",此说神人的生命人格,没有物会成为他的负累,也没有任何物可以伤害他。船山云:"稽,至也。"大水像天那么高,他不会陷溺;大旱时节金石熔解,土山烧焦,他也不会被灼热烧伤。成玄英疏云:"散为尘,腻为垢,谷不熟为秕,谷皮曰糠。……镕金曰铸,范土曰陶。"卢文弨云:"秕糠,犹烦碎。"意谓他生命人格所拖带出来的表象粗迹,就足以成就尧舜一样的功业,谁愿意把天下万物放在心上来烦累自己呢?我无心无为,天下就自正自化了。

此《淮南子·俶真》作"孰肯分分然以物为事也"。王叔岷以为当补"分分然"三字,与上文句法一致。"分分然"即纷纷然,与"弊弊焉"相对成文,纷扰就是弊害。纷纷然从心知说,弊弊焉从生命说,心知纷扰,生命就承受压力伤痛了。宣颖云:"德修于心,而功被于世,我何与焉。"亦即郭象注所云:"神人即今所谓圣人也,夫圣人虽在庙堂之上,然其心无异于山林之中。"此即所谓"尧舜事业,何异浮云过太虚"般地过而不留。

这一节说的是"神人无功",无功是化解的作用,而作用的结果是保存了神人平治天下的功业。

三、往见四子的至人无己

宋人资章甫而适诸越,越人断发文身,无所用之。尧治天下之民,平海内之政,往见四子藐姑射之山,汾水之阳。窅然丧其天下焉。

宋人为殷商后裔,被孤立在周王朝各诸侯国间,老被看作不识时务的小丑般人物,《孟子》中"揠苗助长"的是宋人,《韩非子》中"守株待兔"的也是宋人,此节亦然。

"宋人资章甫而适诸越",成玄英疏云:"资,货也。……章甫,冠名也。"资章甫,是投资做礼服礼冠的生意,却前往南越去营销。问题在,越人断发文身——断发是不留长发,文身是身上刺上图案——礼冠礼服根本用不着。上半段说的是宋人有己,以己身之穿着衣饰,推想越人亦当如是,未料特殊的天候地理,让越人有断发文身的习俗,此为有身之大患也。下半段说的是尧虽治天下之民，平海内之政，却可以闲散地前往遥远姑射的山头，去拜见四位隐居于此的神仙。说它遥远，实则切近，因为水之北曰阳，而汾水之北，正是尧都所在。成玄英疏云："而四子者，四德也。"此与孟子言人有四端之心的说法，彼此切合而两相呼应。李桢云："盖尧之心未尝有天下，其心即姑射神人之心，其身亦如姑射神人之身，虽垂衣庙堂，如逍遥海外，是以彼山藐远，无殊近在帝都。"此说精到。所以藐姑射之山，指谓尧的都城，"往见四子"，是尧回归自身的无心天真，意谓无心无知，也无为无事，说四位神仙是拟人化的笔法。司马彪云："四子，为王倪、啮缺、被衣、许由。"此解太着实了，反而遮蔽了这一段寓言的深意。

"窅然丧其天下焉"，宣颖云："窅，音杳，深远貌。"故与"冥"形义皆近，是解消执着分别，虽君临天下，却忘了天下。船山云："唯丧天下者可有天下。"心灵因释放而无累，万物因无为而自化。

此节言"至人无己"，至人解消了心知对自我的执着，功名也就失去了可以依附的主体，是为神人无功与圣人无名的根本源头。

第4章　庄子与惠施的人间对话

一、拙于用大的有蓬之心

　　惠子谓庄子曰："魏王贻我大瓠之种，我树之成而实五石，以盛水浆，其坚不能自举也。剖之以为瓢，则瓠落无所容。非不呺然大也，吾为其无用而掊之。"庄子曰："夫子固拙于用大矣。宋人有善为不龟手之药者，世世以洴澼絖为事。客闻之，请买其方百金。聚族而谋曰：'我世世为洴澼絖，不过数金；今一朝而鬻技百金，请与之。'客得之，以说吴王。越有难，吴王使之将。冬与越人水战，大败越人，裂地而封之。能不龟手，一也；或以封，或不免于洴澼絖，则所用之异也。今子有五石之瓠，何不虑以为大樽而浮乎江湖，而忧其瓠落无所容？则夫子犹有蓬之心也夫！"

　　惠施是宋人，身为梁相。有回对庄子说道：魏王送给我大葫芦瓜的品种，我种植有成，长的果实有五石那么重。将其作为水壶用来盛水，却因它的坚韧度不能撑持它自身，而提不起来；

把它剖成两半，作为水瓢，却因为它的体态平浅，而容不下多少水。做水壶、水瓢两不成。大葫芦瓜虽然大，却是虚大，我受不了它的无所可用，就用力把它击碎了。

　　庄子以好友的身份，也以道家的观点回应说：阁下对于"用"而言，不免显得大大地笨拙了。宋国有户人家，家传有专治肌肤龟裂的妙药，世世代代为人漂洗丝絮。成玄英疏云："洴，浮也；澼，漂也。絖，絮也。"故洴澼，是漂洗之意；絖，则是絮之细者。冬天漂絮水中，有此妙药，手可免于龟裂之患。卢文弨云："疑洴澼是击絮之声，……二字本双声，盖亦象其声也。"此说生动许多，既说其动作，又象其音声。远方来客获知此一信息，请求以百金代价来购买这一家传药方。这一家就聚集族人开会商讨说，我们世世代代为人漂洗丝絮，所得也不过数金而已，今一旦卖出药方，即可获得百金之多，请大家支持把家传秘方卖给远方来客。此"鬻"当"卖"解。来客一得此药方，即刻前去游说吴国君王。正好越国有难，吴王抓住时机，就派他带兵出征。吴人冬天跟越人水战，就因为有此妙药的护持，而大败越人。他因有功，而得以裂地封侯。不龟手的药是一样的，不善用的人不免于为人漂洗丝絮，善用的人却可以封有土地爵位，这是所发挥的效用大有不同。现在阁下有五石那么重的大葫芦瓜，"虑以为大樽"，成玄英疏云："虑者，绳络之也。"司马彪云："犹结缀之意。"宣颖云："樽者酒器，可为腰舟以渡。"意谓，为什么不把它系在腰边当作一个大酒器般，还可随着它浮浪江湖之上，怎么会担心它平浅而容不了多少水，就把它击碎毁弃呢？那先生的心上，好像塞满了杂草。此犹孟子所谓"今茅塞子之心矣"，蓬蒿茅草长满心头，心也就失去了它本有的虚静灵动。

二、无何有的安所困苦

　　惠子谓庄子曰："吾有大树，人谓之樗。其大本臃肿而不中绳墨，其小枝卷曲而不中规矩。立之涂，匠者不顾。今子之言，大而无用，众所同去也。"庄子曰："子独不见狸狌乎？卑身而伏，以候敖者；东西跳梁，不辟高下；中于机辟，死于罔罟。今夫斄牛，其大若垂天之云，此能为大矣，而不能执鼠。今子有大树，患其无用，何不树之于无何有之乡，广莫之野，彷徨乎无为其侧，逍遥乎寝卧其下。不夭斤斧，物无害者，无所可用，安所困苦哉！"

　　惠子对庄子说：我有一棵树，人家说它是臭椿恶木。成玄英疏云："嗅之甚臭，恶木者也。""本"为根本，此大本指谓主干，若是根本则成不了栋梁之用。此谓树干臃肿而不合绳墨，小枝拳曲而不合规矩。绳墨与规矩，是木匠用以量度规划的工具与标准，今言主干不中绳墨，而小枝不中规矩，"中"当"合"解，等同整棵树皆不合用。所以立在路旁，木匠走过，也没有人回头看，可真是一点用都没有。正如同先生论道，虽空阔无边，却一无所用，天下人都听不下去。

　　此直批对方一生的学养，跟人间不相干。庄子回应说，阁下没见过黄鼠狼吗？它压低自己的身子，藏在路边，等候出游的小动物，一有捕获，就跳起庆功舞。"东西跳梁"是东边跳两下，又西边跳两下,这一横跨东西所形成的弧度,有如拱桥一般。它根本不在意地形的高下,结果中于猎人设下的机关,死在陷阱的网罗里。它是小而有用了吧!你看命运又如何。

再看犛牛,成玄英疏云:"犹旄牛也。"它体形甚大,有如挂在天边的一团云。它体形算是大了吧,却不能捕鼠。

现在你有这一棵大树,正烦恼它大而无用,为什么你不把它种植在什么都没有的乡土。"无何有"是心中无何有,而不是大地无何有,解消心知的执着与分别,眼前朗现的就是"广莫之野"。成玄英疏云:"莫,无也,谓宽旷无人之处。""广"是宽广,"莫"是无限界,问题在,那可不是空旷无人之处,那岂不是人烟绝迹的荒原了吗?故"广莫之野",是心中无何有所开显之天地无限宽广的理境。立身此间,不就可以什么都不做地徜徉在它的身侧,甚至什么都不用想地睡卧在它的树荫下?根本不会有斧头柴刀来砍斫它,没有物来伤害它,因为它什么用都没有,请问生命还会有什么困苦呢?

原来,人生的困苦都从心中所执着之"用"的标准而来,标准带出责求,执着引来造作,既分有用无用,而有用又分大用小用,此即落入"有用之用"的执着造作中。人人都要证明自己有用,且是大用;而摆脱无用,且是小用的负面评价。生命就此落在无边的困苦中,执着是困,而造作是苦。扭转之道,就在从"有用之用"转向"无用之用","无"当动词用,无掉心知执着之"用"的标准,心知一松绑解套,生命立即从困苦中得到释放,人人回归自身本来的"用",人间再无有用与无用之分,也无大用与小用之别。人人皆有用,人人皆自在也自得,那不就是无待逍遥的真实体现了吗？故"有用之用"的"用"，只成就少数人的有用且是大用，却逼出大多数人的无用跟小用，那是心知执着与人为造作的"小用"；而"无用之用"的"用"，成全了每一个人的有用且是大用，人间没有人被流放在无用跟小用的生命幽谷中，这才是释放生命朗现天真的"大用"。这一"无用之用"的价值体现，就是"无何有之乡，广莫之野"的理境开显了。

总结全篇，心"无何有"是"道"，"广莫之野"是"遥"，"无为其侧""寝卧其下"是"游"。只要心无何有，我们立身的田园乡土与都会街头，立即转化为"广莫之野"。这样的话，任何时段、任何场合，生命一放下，人人有如大鹏鸟，立即在"大而化之"的成长飞越间，逍遥而游。

齐物论第二

【解题】

先说逍遥之游,再论齐物之论,《逍遥游》是生命主体的超拔飞跃,《齐物论》是天人物我的同体肯定。大鹏怒飞是人间飞往天上的价值体现,再以主体逍遥的生命高度,由天上回顾人间的物论纷扰,依据南冥天池的超越观点,化解彼是相对而自是他非的是非争端,照现各家物论皆自我完足的"是",而平息彼此把不同说成不对的"非",从而建构出"万窍怒呺"的主题寓言,作为物论可以平齐的理论根据。

解读《齐物论》,有"齐物"连读,解成"齐物"之论;另有"物论"连读,解为齐"物论"。看全篇义理,旨在平齐万物。问题在,万物的背后各有一套物论,以合理地解释万物的存在。若"物论"不平齐,说"齐物"无异是空话,而且不可能。故综合二者而两义并存,可以解读为"齐物"之道在齐"物论"。

庄子立身战国时代,所要齐的"物论",是儒墨两家的是非;在人类迈上二十一世纪的今天,我们所要齐的"物论",是五大教的教义。从抢救自然生态的自然环保,升跃而为抢救人文生态的人文环保,而许给全球人类一个可能的美好未来。

第1章　万窍怒呺的怒者其谁
——逼显无声之声的天籁

南郭子綦隐机而坐，仰天而嘘，荅焉似丧其耦。颜成子游立侍乎前，曰："何居乎？形固可使如槁木，而心固可使如死灰乎？今之隐机者，非昔之隐机者也？"子綦曰："偃，不亦善乎，而问之也！今者吾丧我，女知之乎？女闻人籁而未闻地籁，女闻地籁而未闻天籁夫！"子游曰："敢问其方。"子綦曰："夫大块噫气，其名为风。是唯无作，作则万窍怒呺。而独不闻之翏翏乎？山林之畏隹，大木百围之窍穴，似鼻，似口，似耳，似枅，似圈，似臼，似洼者，似污者；激者，謞者，叱者，吸者，叫者，譹者，宎者，咬者，前者唱于而随者唱喁。泠风则小和，飘风则大和，厉风济则众窍为虚。而独不见之调调之刁刁乎？"子游曰："地籁则众窍是已，人籁则比竹是已，敢问天籁。"子綦曰："夫吹万不同，而使其自己也。咸其自取，怒者其谁邪！？"

首段，是《齐物论》的主题寓言，"万窍怒呺"可与"大鹏怒飞"前后呼应。

南郭子綦，成玄英疏云："古人淳质，多以居处为号，居于南郭，故号南郭。"而子綦是字，"隐机而坐，仰天而嘘"，"隐"当"凭"解，"机"为"几"，言南郭子綦靠着茶几静坐，仰视上天，长长吐了一口气。"荅焉似丧其耦"，"荅焉"是"解体貌"，"耦"有二解，一是心与形为"偶"，一是心寄"寓"于形中，二义皆通。在长长吐了一口气的当下，如释重负地摆脱了形体的局限。颜成子游，以谥号为名，子游是字，从"立侍乎前"来看，应是子綦弟子，站立陪侍在老师身边。此一情景当是老师静坐，弟子当护法。看到老师从静坐中回神，立即上前请教。"何居乎"，"居"是语气词，等同"何乎"，问老师有什么道理好说吗。"形固可使如槁木，而心固可使如死灰乎"，问的是老师静坐时的生命气象，形体像是一块了无生气的干枯木头，而心神也像生机全无的死灰一般，请问显发这样的生命气象是合理的吗？更让弟子不解甚至不安的是"今之隐机者，非昔之隐机者也"，今天靠几静坐的师父跟以前大有不同。请师父给出合理的解释，以解开弟子心中的困惑。这可是严重的质疑，弟子追随师父做功夫，假如成果是形如槁木、心如死灰的话，做弟子的可能要重新评估，这样的道行，还要"勤而行之"吗？"丧其耦"有如"为道日损"（《老子》四十八章）的"损"，减损的是心知加在形躯上的束缚，而"物或损之而益"（《老子》四十二章），物有时减损了反见增益，增益的可是"道"的体悟，那不会是"心"如死灰啊！

子綦答道，"偃"，是子游的名；"不亦善乎，而问之也"，此是倒装语句，"而"当"尔"解，"亦"是语助词，意谓你的发问不是问得很精到吗？直接肯定弟子的观察与质疑。"今者吾丧我，女知之乎"，今昔不同关键在"吾丧我"。言今昔隐几者所以会有不同的生命气象，理由就在修养功夫的进境有了突破。今天心灵的我已解开了形体的我的负累。从心说，无了形体的生气，所以看似心如死灰；从形体说，无了心灵的润泽，所以看似形如槁木。"女闻人籁而未闻地籁，女闻地籁而未闻天籁夫"，意谓或许你听到了人间的声音，但你不一定听得到大地的声音，再进一步说，或许你也听到了大地的声音，但你终究听不到天上的声音！因为人籁、地籁是有声之声，而天籁却是无声之声，你或许听到了有声之声，但你终究听不到无声之声，就好像你看得到有形的我，但你终究看不到无形的我。子綦回应子游，或许你看到了有形之我的形如槁木，但你绝对看不到无形之我的心如死灰。意谓你可以说我形如槁木，但请不要说我心如死灰，那是你从我的形如槁木推断我一定心如死灰，而这样的推论是不能成立的。归结一句，形如槁木与心如死灰，是"吾丧我"之修养功夫所开显的生命理境，那可不是魂不附体或心不在焉的衰败气象。

　　子游仍未能通透藏在其间的义理，再问一句："敢问其方。"成玄英疏云："方，道术也。虽闻其名，未解其义，故请三籁，其术如何。"意谓以三籁之喻通向修道之门的途径，就请老师指引出来。子綦答道，"夫大块噫气，其名为风。是唯无作，作则万窍怒呺"，这一主题寓言，在千呼万唤之中始现身说法。"大块"，郭象注云："无物也。"成玄英疏云："造物之名，亦自然之称也。"故"无物"不是没有物存在，而是不知其为何物，造物本自然，故说是无物。俞樾云："大块者，地也。……司马云大朴之貌，郭注曰大块者无物也，并失其义。此本说地籁，然则大块者，非地而何！"此解有待商榷。因为"地"仅有事实义，而未有天长地久的价值义。"大块"一词另见于《大宗师》："夫大块载我以形，劳我以生，佚我以老，息我以死。"若依俞樾大块是地之说，仅能解释形气之生老死的变化，而不能解释超离生老死之上的四个"我"字的存在，此心神的我，当由超越之天道内在于万物而有，故大块作"天道"或"天地"解，才能作为万物存在的价值根源。郭庆藩据《一切经音义》引司马彪云"大块，谓天也"，较得其确切之义。寓言拟人化，大块噫气一如子綦仰天而嘘，是天地吐了一口气，就称为风；"是唯无作"，"作"当"起"解，除非此风不起；"作则万窍怒呺"，此风一起，吹向大地，穿过大地万种不同的窍穴，就会同时发出万种不同的声音。

"而独不闻之翏翏乎？山林之畏佳，大木百围之窍穴"，"而"是"尔"，马叙伦说，"翏"为"飂"省，《说文解字》："飂，高风也。""翏翏"是长风之声，意谓你独独没有听闻长风吹过的声音吗？"山林"，奚侗云："林，当为陵。"畏佳是嵔崔，山陵之嵔崔，是山陵起伏盘曲的样子，而百人合围的大木，树干枝条形成各个不同形状与大小的窍穴，"似鼻，似口，似耳"，形状有的像人体的鼻、口、耳，"似枅，似圈，似臼"，有的像物形的柱头斗拱、牛羊圈栏、舂米的石臼，"似洼者，似污者"，有的像地形的深池、泥坑。"激者，謞者，叱者，吸者，叫者，譹者，宎者，咬者"，不同的形状会发出不同声音，像湍水急流、羽箭射出的声音，像喝叱、呼吸、叫喊、号哭、深谷回声、鸟鸣清音等；"前者唱于而随者唱喁"，前后相随，于喁唱和；"泠风则小和，飘风则大和"，清风吹来就小声唱和，强风刮起就大声唱和。"厉风济则众窍为虚。而独不见之调调之刁刁乎"，成玄英疏云："厉，大也，烈也；济，止也。"言大风止息，众窍又归于虚，虽然万籁俱寂，树梢枝叶依旧摇摆不停，"调调刁刁"就是摇动之貌，此乃方才宇宙长风吹过大地的迹象余留，你会独独没有看到树梢枝叶还在摆动吗？这一长串对万窍不同形状的描绘与对万籁不同声音的形容，正意谓万籁皆从宇宙长风穿越万窍而来。

"地籁则众窍是已，人籁则比竹是已"，子游略有所悟地说，地籁是众窍发出的声音，人籁是乐管吹奏的声音。"比竹"本是并列的竹子，此就洞箫、七孔笛的气孔排列而言，意谓人谱奏而出的生命乐章。地籁与人籁我可以理解了，"敢问天籁"，请容许我究极地问：那什么是天籁？

子綦当机指点说，"夫吹万不同，而使其自己也"，天籁无声，不可言说，故仅就地籁、人籁从何而来，而逼显天籁。"吹万不同"是宇宙长风吹向大地，穿越万种不同的窍穴，而发出万种不同的声音；"使其自己"，此"自己"有两种读法，一是自己，一是自已。王船山读为万窍的"自已"，正与下文的"自取"相对应，云："终于自已者，始于自取。""已"与"取"相对，"已"当"止"解，万籁皆自己发声，也自己止息。宣颖云："使声由窍自出。"即读为"自己"。又云："彼众窍者，真以为自已耶，自取耶？果其自已自取，则噫气未作之先，何以寂然？既济之后，何以又寂然？则怒呺者，非无端而怒也，必有怒之者而怒也……则众窍于呺，皆不能无待也。"此说较贴近文中的义理内涵，"怒"非无端而起，必有其"怒之者"的源头。地籁人籁皆有待于"怒之者"而有其"怒",此宇宙长风,指称的是"大块噫气"之"作则万窍怒呺"的天籁,而与列子"御风而行"之属于现象自然的季节风,层次不同。

问题在,人籁地籁从天籁来,一如《老子》之"道大,天大,地大,人亦大"之一体皆大的整体肯定,那是存有论的语句,人籁地籁既从天籁来,那人籁之真与地籁之和,就是天籁在人间的直接彰显。而不能一如王船山以主体之心知为怒者,谓人籁地籁乃"激于气以引其知",又将物论理解为"形开而接物以相构者也",那等同《老子》所云之"心使气曰强"的负面意涵,物论成了心知执着形气所判别的相对是非,而不是天生本真的存在真实。故船山仅能无奈地说:"还其无作,而无不齐矣。"既无作不起,物论归于空无,还要齐什么呢?相对于船山而言,宣颖说理切当,云:"使自己对吹字说,言虽吹之,而未尝与也。咸字对万不同说,言虽万不同,而无弗遍也。"此言天地噫气吹向大地万窍,让万窍自身发出声音,"不与"是不介入不决定,而给出万窍"自己"的空间。再说万窍咸其自取,尽管万窍不同,而每一窍发出的声音,都一样是自己认取而有,"无弗遍"是没有不普遍皆然的。

总结在"怒者其谁"。不论地籁的万窍怒呺或人籁的比竹乐章,都是通过自己而发出的声音,但有没有人想过那发动者会是谁呢?"怒者"就是"作则万窍怒呺"的"作",是天地噫气的无声之声。没有天籁的发动,就不会有地籁的和声与人籁的真音,此逼显了天籁的"有"。然天籁本身的存在性格,在"有"之外,更根本的是"无",所谓无声之声,给出了万窍"使其自己"

而"咸其自取"的自在空间。故"怒者其谁"之后,既是叹号的"有",又是问号的"无",又有又无的"玄",就是道体天籁生成万物的实现原理。

第 2 章 证存无形之我的真君

大知闲闲，小知间间；大言炎炎，小言詹詹。其寐也魂交，其觉也形开。与接为构，日以心斗。缦者，窖者，密者。小恐惴惴，大恐缦缦。其发若机栝，其司是非之谓也；其留如诅盟，其守胜之谓也；其杀若秋冬，以言其日消也；其溺之所为之，不可使复之也；其厌也如缄，以言其老洫也；近死之心，莫使复阳也。喜怒哀乐，虑叹变慹，姚佚启态；乐出虚，蒸成菌。日夜相代乎前，而莫知其所萌。已乎，已乎！旦暮得此，其所由以生乎！非彼无我，非我无所取。是亦近矣，而不知其所为使。若有真宰，而特不得其朕。可行已信，而不见其形，有情而无形。百骸，九窍，六藏，赅而存焉，吾谁与为亲？汝皆说之乎？其有私焉？如是皆有为臣妾乎？其臣妾不足以相治乎？其递相为君臣乎？其有真君存焉！如求得其情与不得，无益损乎其真。

物论可以有双重的意涵，一是存有论的胜义，一是价值论的劣义。儒墨两家各有一套合理解释万物存在的思想体系，如儒家的性善说与墨家的兼爱论，属前者；儒墨两家之间自是而非他的相对是非，则属后者。庄子以"唯达者知通为一"的体悟，不在两家争端之外，再别立一家，故《齐物论》走的是超越两家又肯定两家的进路，用心在解消后者，成全前者，也就是化掉两家"是其所非而非其所是"的是非纷扰，而给出两家皆是而无非之并立两行的价值空间。

问题在，"吾丧我"的"吾"，是作为生命主体的"心"，此心灵的我可以摆脱形躯的我的局限，也可执着形躯的我而成为生命的负累。"大知闲闲，小知间间；大言炎炎，小言詹詹"，此对人间街头的相对是非，做出描述，大知见闻广博，小知见识狭隘；大言拉开声势，小言流于琐碎。《逍遥游》所说的"小知不及大知，小年不及大年"，是从生命本身的格局视野说小大，而《齐物论》所说的大言小言、大知小知，是从心知执着的二分说小大。故《逍遥游》立生命的小大，而《齐物论》破心知的小大。而破小大也是立小大，心知破而生命立，"大而化之"的"化"，就是其间的转关，它既是解消，又是转化。"其寐也魂交，其觉也形开"，心知执着的小大二分，会给生命带来压力，故睡眠时心魂交错，醒觉时打开耳目接物之门。"与接为构，日以心斗"，与物象接触，声色闯入心中，而构成心象，此心知执着的标准，在分别比较间，每日评估得失而成了争斗之场。

"缦者，窖者，密者。小恐惴惴，大恐缦缦"，此说的是由心斗的纷扰沉堕为情识的恐慌，缦像网罗，窖是深沉，密则隐秘，它既深沉又隐秘，且无所不在，小的恐慌是忧惧，大的恐慌则是心神不宁。"其发若机栝，其司是非之谓也；其留如诅盟，其守胜之谓也"，"司"当"主"解，成玄英疏云："机，弩牙；

箭,箭栝。"心知执着的发动,有如箭栝弩牙般的机巧操作,主导是非的执着与分别,深藏心中,如诅咒盟誓般拒绝妥协,坚持守住胜利的成果。前者是心知的执着,后者是情识的陷溺。"其杀若秋冬,以言其日消也;其溺之所为之,不可使复之也;其厌也如缄,以言其老洫也;近死之心,莫使复阳也",此描述由心知堕为情识的生命情态,执着陷溺伤损生命,像秋冬一般日趋凋零。"其溺之所为之",前"之"字当"于",后"之"字为语末助词,言陷溺在人为造作的对抗中,不可能让他回归生命的平静;心知封闭了自己,生命在衰老干枯中;心已失去本有的灵动,再也恢复不了它的生机活力了——此言主体生命的消杀、沉溺、尘封与僵化。

"喜怒哀乐,虑叹变慹,姚佚启态;乐出虚,蒸成菌。日夜相代乎前,而莫知其所萌",喜怒哀乐说人间遇合成败得失的情绪变化,虑叹变慹说生命的起落,在忧郁未来、叹惋过往、游移当前、惶怖生死之间打转,姚佚启态说人间的百态,以美好、纵逸、开放、修饰的姿态现身,就如同乐声从虚空来的幻声不定,与菌菇从蒸热来的幻形无根一般,不分白天晚上,交相出现在我们的面前,却不知它们到底是从哪里萌发出来的。

"已乎,已乎!旦暮得此,其所由以生乎!非彼无我,非我无所取。是亦近矣,而不知其所为使",此谓情绪变化,心思起伏与百般作态,若早晚找到它所从来的"此",它们想必可以平息消散了吧!"所由以生"就是"所萌",问诸般生命的烦忧,到底从何处萌生,早晚找到了终究的答案,就可以对症下药,而药到病除了吧!"非彼无我","彼"就是上文的"此"。从没有

"彼"就没有"我"来看,"彼"当是"形",没有我的形体不会形成"我"的意识;"非我无所取",没有了自我的意识,就不会有心知的执着。此与"咸其自取"的"取",所指涉不同。"非我无所取"是心知的执着,"咸其自取"则是地籁人籁经由自家窍穴而发声的自我认取,此乃天籁内在的存在真实。"是亦近矣",有此一省思,答案已呼之欲出,"而不知其所为使",却仍不知"使其所为"的主人究竟是谁。"其"指"形",关键在"形"的存在,不过还是要找出是谁任使它。

下文即展开一段精彩的论证:"若有真宰,而特不得其眹。可行已信,而不见其形,有情而无形。"假如生命当有一真正可以做主的存在,只是看不到它透显的眹兆;"可行已信,而不见其形",不过从生命可以一体运行的现象来看,虽看不到它的形象,却已信有使其所为的主宰在。"已信",郭注成疏都读成"己信",郭象注云:"行者,信己可得行也。"成玄英疏云:"物皆信之而行。"王船山云:"自信为然而遂行之,非有定形之可见也。"也持同样的解读。依上下文看来,此承上文"是亦近矣,而不知其所为使",因为没有"彼"的形体,就不会有"我"的意识;没有自我的意识,就不会执取天下万物。找到了"形"的症结所在,却依然不知其所为使,也就是不知谁可负责。因为可以做主,就当负责,所以要说"若有真宰",一定要有可以为生命做主的存在,才能合理解释生命是一体运行的现象。不过,它是无形的,故以假设的语气来进行讨论。总说是"有情而无形","情"当"实"解,有其实而无其形,此就生命当有一真宰而言,虽然看不到它,却是真实存在。宣颖云:"运动我者已信有之。"

此说较切合文中的意义。说"有其实",即对生命要有一主宰做出理论的认定。

"百骸,九窍,六藏,赅而存焉","赅"当"备"解,此就人之形体的生理结构说,讨论的起点在百骸、九窍、六脏皆完备地存在于人的形体中。而要问的是"吾谁与为亲",生命主体的我要跟哪一骸、哪一窍或哪一脏较为亲近呢?问我要与谁亲近,此有两个可能,一是"汝皆说之乎"——是一样的喜欢,一是"其有私焉"——还是你有私心的偏爱呢?不言可喻"其有私焉"是不可能的,因为缺一不可。那答案就在"汝皆说之"了。"如是皆有为臣妾乎",既是一样的喜欢,那大家都等同臣妾的地位,而臣妾不能当家做主,"其臣妾不足以相治乎",那就不能相互治理了。"其递相为君臣乎",或许还有一个可能,大家轮流当君臣,有如校园值日一般。此一设想亦不能成立,因为百骸、九窍、六脏的功能,是不可能相互取代甚或彼此统摄的。讨论至此,要合理地解释生命整体一致的现象,"其有真君存焉!"那就是在百骸、九窍、六脏之上,一定有"真君"的存在。"真君"即"真宰",指谓可以作为生命主体的"心"。"莫知其所萌"与"不知其所为使"的最后答案,就此揭露。船山所云"遍求其所萌而不得也",终究有了解答。

原来,情绪变化、生命起伏与人间百态,皆萌发于主体的"心",与物交接,而构成心象,由是而有大知小知、大言小言的执着与对抗,"日以心斗",心成为战场,再沉堕为大恐小恐的情识陷溺。依道家思考,生命的"困"由心知来,生命的"苦"由情识来。困苦的症结在心,所以功夫在心上做。尽管关键在"非彼无我"的"形",然"所为使"的是"心","心"就是"真君",心可以做主,心就要负责。解消心知执着与人为造作,生命的困苦,就可以离身远去。

"其有真君存焉",船山云:"疑其有真君,非果有也。"假如此说成立,又如何解读下一句"如求得其情与不得,无益损乎其真"？船山解云:"天之化气,鼓之激之,以使有知而有言,岂人之所得自主乎？天自定也,化自行也,气自动也,知与不知无益损焉。"又云:"所谓君者无君也,所谓宰者无宰也。"依此说,则生命起伏与人间百态,皆天地一气之化而已,人失去了自我做主的可能空间。实则庄子意谓不论求得其情,还是不得其情,"情"仍当"实"解,"求"是修养功夫,"得"是开显的理境,"求"可能"得",也可能"不得",如同孟子所云之"求则得之,舍则失之",功夫的求得与不得,对真君的实存来说,既不会增益,也无所减损。船山否定了"真君"的存在,功夫的求得与否,完全不可说,这一句话也就不可理解。

从天地的大宇宙而言,地籁、人籁之上,有其生命动力的源头,故以"怒者其谁邪"逼显天籁。

从人体的小宇宙来看,百骸、九窍、六脏之上,有其人生方向的主体,故以"其有真君存焉"证存真君。

地籁、人籁是有声之声,百骸、九窍、六脏是有形的我;而天籁是无声之声,真君是无形的我。唯无形的我,可以由体悟而体现无声之声的天籁。故"吾丧我",看似"心如死灰",实则心灵虚静,以观照且朗现道体天籁。两大段统合理解,才解答了颜成子游心中的困惑,也才了悟南郭子綦"女闻地籁而未闻天籁夫"的说解。

第3章　心知构成的是非二分

一受其成形，不亡以待尽。与物相刃相靡，其行尽如驰，而莫之能止，不亦悲乎！终身役役而不见其成功，苶（另本作"茶"）然疲役而不知其所归，可不哀邪！人谓之不死，奚益！其形化，其心与之然，可不谓大哀乎？人之生也，固若是芒乎？其我独芒，而人亦有不芒者乎？夫随其成心而师之，谁独且无师乎？奚必知代而心自取者有之？愚者与有焉！未成乎心而有是非，是今日适越而昔至也。是以无有为有。无有为有，虽有神禹，且不能知，吾独且奈何哉！

"一受其成形，不亡以待尽"，此主语承上之"真君"而来，"真君"无形，在天地造化间，禀受气化的安排，而寄身于形体，故曰成形。"不亡"，刘师培云："《田子方》作'不化'，窃以'亡'即'化'讹，'不化'犹言弗变，下云其形化，即承此言。"此言虽言之成理，然嫌勉强，因为"成形"之后不可能不化，唯一的可能，"不化"或"不亡"，指谓"真君"。"真君"不迁化或不亡失，"以待尽"，意谓"真君"寄身形体，以待生命能量的耗尽。成玄英疏云："夫禀受形性，各有涯量，不可改愚以为智，安得易丑以为妍，是故形性一成，终不中途亡失，适可守其分内，待尽天年矣。"成疏承郭注，以成性说"成形"，说的是天生的气禀，以不中途亡失解"不亡"，以待尽天年解"待尽"，均抛开"真君"，仅落在形气说。"不可改愚以为智，安得易丑以为妍"，此"用气为性"，不可免地成了定命论。实则，人性的内涵在天真本德，《人间世》有云："德荡乎名，知出乎争。""德"会在心知执着争逐名号中流荡失真，却可在无心无为、致虚守静中，"复归于婴儿""复归于朴"（《老子》二十八章）。生命的重心，不在形气才性，而在本德天真。这是由先秦老庄道家到魏晋新道家最大的扭转与沉落。

宣颖云："真君所在，人知之不加益，人不知不加损，惟人自受形以来，守之待死。""守之"是真君守住形体，以过此一生。就在"不亡以待尽"的人物处境与困限中，还得闯入"与物相刃相靡"的人间街头，且走上"其行尽如驰，而莫之能止"的人生道途，而落得"不亦悲乎"的人生结局。这一小段正是上文的"日以心斗"的写照。心执着自身，自我中心且自我膨胀，往外扩张势力范围，打天下抢名利。成玄英疏云："刃，逆也；靡，顺也。"此说过于平淡，且就逆反与柔顺两面言之，实则，看上下文语气，"相刃"是对抗，"相靡"是对决，挥刀相向，且砍倒对方，而不是说人生情境有顺有逆。"其行尽如驰"，言人生之行尽在路上奔驰，"莫之能止"，是"莫能止之"，意谓没有人停得下来，因为停下来就输了。此老子有云："驰骋畋猎，令人心发狂。""驰骋"是行尽如驰，"畋猎"是与物相刃相靡，而"莫之能止"的理由，就在"心发狂"，我心狂野狂乱，不敢停下来，唯恐失落了一片大好江山。人的一生竟落得这样永无休止的争夺与砍杀，不是令人深感悲伤吗？"终身役役而不见其成功，苶然疲役而不知其所归，可不哀邪"，终身为役所役，且心为物役，而辛苦劳累的尽头，又没有所谓的成功等在那里。"苶然"是疲累的样子，整个生命状态只是永无休止的疲累，也是永不止息的奔竞，竟不知归程何处，而无家可归，岂不是让人哀伤吗？"人谓之不死，奚益"，像这样的人生，人家会给出"就算不死，又有什么价值意义"的评论。

"其形化，其心与之然，可不谓大哀乎"，人物"成形"也"形化"，形体在岁月中成长，也在岁月中老去，心也随着形体一样日趋衰老，这可不是人生最大的伤痛吗？行文至此，而有一后设的省思，"人之生也，固若是芒乎？其我独芒，而人亦有不芒者乎？"船山云："芒，昧也。"问的是：这会是普天之下每一个人的共命吗？人生路上人人皆在盲昧中，还是只有我一个人独盲，而天下总有人不盲昧的呢？人物忙碌，人间迷茫，症结在"心"的盲昧，心不盲昧，走在人间不会迷失茫然，而人物也不会有"为谁辛苦为谁忙"之感了。因为忙得有方向，也忙得有价值。

牟宗三先生堂上讲课云："从篇首至此，为悟道之契机，存在的感受非常强烈真切，才能发为丰富的义理去展开。此老庄之所以为大家。开创由感受悟入，向郭名士非大家，感受不够，学力亦不足。"我们看庄子从忙碌说不亦悲乎，从茫然说不亦哀乎，从盲昧说不亦大哀乎，此身心灵三层次的痛切感，对人生之广大而深入的同情，才是一个大思想家的生命特质。

"夫随其成心而师之，谁独且无师乎？奚必知代而心自取者有之？愚者与有焉"，此"成心"与"道心"是超越的区分，有执着有分别的心是"成心"，无执着无分别的心是"道心"。《大宗师》篇是宗大道以为师，而《齐物论》篇则对"随其成心而师之"做出批判。"成心"，成玄英疏云："域情滞着，执一家之偏见者，谓之成心。"此解较贴近文中的意涵。憨山大师说是"现成本有之心"，已属道心、真心的层次，与上下文文气有隔。"成心"是"与接为构"，与物象交接而起执着，"师之"是以之为师，以自家执着的心知，作为价值的依据与取向。那有谁独独没有老师的引领呢？"奚必"是"何必"，"知代"从"日夜相代乎前"来看，是指涉知人间万象的流转更替，此"而心自取"，与上文之"非我无所取"，两"取"字皆"执着"之意，意谓何必一定要对人间万象之更替相代有所认知，且心又起执着的人才有呢？"愚者与有焉"，"愚者"相对于"知代而心自取者"而言，指谓既不知代，而心又无所执取的愚昧之人，他或许无知，不过成长路上习俗规范一定深植在他的心中，形成一套衡量的标准。"非彼无我"，人有了形体，就会有自我的意识，也会有自我防卫的机制。再无知的孩童，你抢他手中的玩具或食物，他一定会大哭抗拒。

"未成乎心而有是非，是今日适越而昔至也"，是说心知没有构成一套价值标准，而人间街头竟有是非的分判，那就好像说今天出发前往南越，而昨日就已到达一样不可能。"是以无有为有"，此说是把本来没有的事当作有，等同扭曲事实。"无有为有，虽有神禹，且不能知，吾独且奈何哉！"把本来没有的事当作有来说，虽然有大禹如神般的高明，尚且不能理解，我这么平凡的人又能奈他何呢？上一段"证存真君"，到了这一段"点出成心"，卿本佳人，已堕风尘，人生的盲昧由成心而起，生命的困苦也由成心而来。

第4章　儒墨是非的小成荣华

　　夫言非吹也，言者有言，其所言者特未定也。果有言邪？其未尝有言邪？其以为异于鷇音，亦有辩乎？其无辩乎？道恶乎隐而有真伪？言恶乎隐而有是非？道恶乎往而不存？言恶乎存而不可？道隐于小成，言隐于荣华。故有儒墨之是非，以是其所非而非其所是。欲是其所非而非其所是，则莫若以明。

　　"夫言非吹也，言者有言，其所言者特未定也"，人间的言语，跟吹万不同的天籁是大有不同的，因为言者要有所言，以自己的立场与观点，建构自家的理论系统，却可能落于主观，而是非不定。"果有言邪？其未尝有言邪"，既是非不定，那果真有所说吗？还是未尝有所说呢？"其以为异于鷇音，亦有辩乎？其无辩乎"，"鷇音"是初生之鸟破壳而出的声音，言者自以为与纯任自然的鷇音有别，此亦"言非吹也"之意。因为鷇音等同天籁，说了也等于没说，而言者虽有所言，而所言却落在不定中，此与鷇音之说了也等于没说，果真有分别，还是根本没有分别呢？庄子旨在解消，故重在"未尝有言"与"其无辩"之上。庄子即由此一批判性的反思,来论说儒墨的是非。

"道恶乎隐而有真伪?言恶乎隐而有是非?道恶乎往而不存?言恶乎存而不可?道隐于小成,言隐于荣华",此分三部分来论述。一是对存在现况的描述与反思,问大道到底隐藏到何处去了,不然的话,人间的道怎么会有真假之分呢?"恶"当"何"解,"恶乎隐"是隐于何,"恶乎往"是往于何,"恶乎存"是存于何。再问真言到底隐藏到何处去了,不然的话,人间的言怎么会有是非之别呢?对存在现况的描述在于,道有真假之分,言有是非之别;反思在于,意味着大道隐退不见了,真言也退藏流失了。二是对大道与真言的存在性格,通过发问做出表述,问大道有什么它所往而不存的,再问真言有什么它所存而不可的,转回正面的说法,大道所往皆存,真言所存皆可,此回应上一小段的"恶乎隐",大道所往皆存,故人间的"道"当该皆真而无假;真言所存皆可,故人间的"言"当该皆是而无非。今人间的道行已有真假之分,岂非反证大道已然退隐,今人间的言道已有是非之别,岂非反证真言已然失落。故第一句话的反思,理论根据在第二句话。而第三句话则是前面两句话的综合判定,大道隐藏于小成,真言隐藏于荣华。宣颖解"小成"为"偏见之人",解"荣华"为"浮夸之说"。人间道行困于小成,则失落了道体的"大";人间言道囿于荣华,则失落了言道的真实。《老子》云:"道可道,非常道。""可道"就是"小成",成于小则失其大,故云"非常道"。又云:"信言不美,美言不信。""美言"就是"荣华",荣于华则失其真,故云"不信"。"小成"是心知的执着,"荣华"是人为的造作,大道在心知执着中隐退,真言在人为造作中退藏。

　　以此三句话的论述，作为理论根据，合理地解释儒墨是非之所以形成，且迫使整个人间社会迷失在价值观的错乱之中。双方依据自家的价值体系，"以是其所非而非其所是"，"以"当"用来"解，"其"指对方，意谓用来"是"对方所"非"的，也"非"对方所"是"的，此等同唱反调，儒家所肯定的观点，墨家就非冲上街头否定不可，儒家所反对的观点，墨家就一定挺身出来支持。这一来，人间理序因两家对抗而错乱，而天下人也因错乱而迷失，价值的错乱逼出了存在的迷失。问题是，此一时代病痛的消解之道何在。庄子开出的药方是"欲是其所非而非其所是，则莫若以明"，"欲"是心的意图，当"想要"解，两"其"字都指谓双方，想要翻转这一困局，就得在双方所"非"之中，看到双方本有的"是"，也在双方所"是"之中，看到双方各有不足的"非"。那要如何看到？答案就在"莫若以明"。宣颖云："明字，正对恶乎隐说。"意谓将隐退的大道与隐藏的真言，重新照现回来。"明"是心虚静如镜的观照作用，这是放下自己而看到对方的大智慧。就庄子而言，是超离儒墨又同时照现儒墨，双方的道行所往而皆存，双方的言道也所存而皆可，保有二者的优越，又可以在并行中互补不足。

　　庄子以第三家的身份，竟代为化解儒墨两家的人间是非，且同时朗现双方物论的价值内涵，这是何等的大心胸、大气魄，何等的大智慧、大格局。

第5章　转"彼是"而为"是非"的是非无穷

物无非彼，物无非是；自彼则不见，自知则知之；故曰彼出于是，是亦因彼；彼是方生之说也。虽然，方生方死，方死方生；方可方不可，方不可方可；因是因非，因非因是。是以圣人不由，而照之于天，亦因是也。是亦彼也，彼亦是也。彼亦一是非，此亦一是非，果且有彼是乎哉？果且无彼是乎哉？彼是莫得其偶，谓之道枢。枢始得其环中，以应无穷。是亦一无穷，非亦一无穷也。故曰莫若以明。

万物的存在，在相对中没有不是被指称为"彼"的，也没有不是自称为"是"的。"自"当"从"解，"自知"的"知"，疑为"是"之讹。上言"自彼"，下言"自是"，正承上文无非彼、无非是的语句。意谓从"彼"的对方观点看，看不到"是"这一方的美好，从"是"的自家观点看，则可以看到"是"这一方的美好。不过，依《老子》"自知者明"来求解，"自知则知之"也可以解通，因为"明"是观照，就可以照现，所以说"则知之"。"彼"是出于"是"，"是"的原因也在"彼"，"彼"跟

"是"是两方同时并生的,阮毓崧云:"方,并也,方之本义,两舟相并也。"《说文解字》:"方,并船也。"故方生是相傍而生。在有"彼"的同时有"是",在有"是"的同时有"彼"。《老子》云:"有无相生,难易相成。"此有无、难易一如彼是、是非,皆相对而立,相因而成,统合地说,就是互相以对方为原因而成立。

"方"是现在进行时的观念,"方生方死,方死方生;方可方不可,方不可方可","生"与"死","可"与"不可"等相对的价值观念,皆同时成立而相互依存。有了"生"的这一面,就同时有了"死"的另一面,有了"可"的这一面,就同时有了"不可"的另一面,一面在被肯定中,一面在被否定中,两面同时并起。"因是因非,因非因是","是"与"非"也是互相以对方为原因而成立的,有了"是"就同时有了"非",有了"非"就同时有了"是"。从"彼是"转为"是非"的关键点,在心知的介入。"一受其成形",在物我间就有了"彼"与"是"的相对称号,问题在,心执着物,把价值标准执定在自己的身上,本来属于指称词的"是"与"彼",只是互分彼此,心知一介入,而成了价值观念的"是"与"非"了。把"此"的"是",说成"对"的"是",再将与"是"不同的"彼",说成"非"的"彼"了。此将"彼是"的"不同"直接转换为"是非"的"不对"。实则双方只是不同的"对",却被恶质地简化为"不对"。此将"不同"断定为"不对",既是主观的偏见,又是独断的傲慢。

"圣人不由",即圣人不会落在以"不同"为"不对"的偏见与傲慢中,跳开以"彼是"而为"是非"的自是非他,而以天道的超越观点往下观照。"亦因是也","因"当"顺任"解,顺任"彼是"之不同观点之所是而是之,而照现"彼是"双方之皆"是"而无非。此"照之于天"等同"莫若以明",从天道往下看,说"照之于天",从道心往外看,说"莫若以明",人无掉心知人为的执着与造作,也就回归道心无为的虚静明照,以虚静道心照现儒墨两家的"是",将两家的是非转成皆是而无非。

"是亦彼也,彼亦是也。彼亦一是非,此亦一是非","是"换个角度说也是"彼","彼"换个角度看也是"是",来自不同角度或立场的观点,各自形成一套是非标准,"彼"有一套,"是"也有一套。"果且有彼是乎哉?果且无彼是乎哉",由"彼是"的相互指称,而转成"是非"的价值二分,且"彼"有一套以自我为中心的是非,"是"也有一套以自我为中心的是非,那果真有彼是的分别,还是根本没有彼是的分别呢?因为"彼"也是"是","是"也是"彼",只是换个角度观点而已!船山有云:"夫其所谓是非者,岂是非哉?彼此而已矣!"说得贴切。"彼是莫得其偶,谓之道枢","彼"与"是"既相对而立,相因而成,没有对方的"彼",就没有自身的"是","莫得"是"得不到",不论"彼"或"是",都得不到自己的对偶,不能让它消失,也不能取代它,所以由彼是而转成的是非,也都不能挺立其自身。"莫得"在此有双重意涵,从"得不到"而转往"超越"走,超越相对而走入绝对,等同所谓的"照之于天"。"天"不在相对中,走入绝对,就是立身在道的枢纽。"枢始得其环中,以应无穷",道的枢纽,像是居于圆环的中心,以三百六十度运转,以回应周遭无穷的变化与是非的纷扰。

牟宗三先生有云:"从有儒墨之是非,至谓之道枢,是《齐物论》的主文。""是亦一无穷,非亦一无穷也。故曰莫若以明",此成玄英疏云:"夫物莫不自是,故是亦一无穷,莫不相非,故非亦一无穷。"从"彼是"转为"是非",那就一人一是非,一物一是非,故"是"是一无穷,"非"也是一无穷。心知执着无穷无尽,人为造作也就没完没了。唯有解消执着与造作,超离在无穷是非之上,以天道的高度来顺任万物的流转,顺任万物之所是而是之,人人皆是,物物皆然,人生顿时从自困自苦中,转向自在自得了。

第6章　无成亦无毁的儒墨两行之道

以指喻指之非指，不若以非指喻指之非指也；以马喻马之非马，不若以非马喻马之非马也。天地一指也，万物一马也。可乎可，不可乎不可。道行之而成，物谓之而然。恶乎然？然于然。恶乎不然？不然于不然。物固有所然，物固有所可；无物不然，无物不可。故为是举莛与楹，厉与西施，恢诡憰怪，道通为一。其分也，成也；其成也，毁也。凡物无成与毁，复通为一。唯达者知通为一，为是不用而寓诸庸。庸也者，用也；用也者，通也；通也者，得也；适得而几矣。因是已。已而不知其然，谓之道。劳神明为一而不知其同也，谓之朝三。何谓朝三？曰："狙公赋芧，曰：'朝三而莫四。'众狙皆怒。曰：'然则朝四而莫三。'众狙皆悦。"名实未亏而喜怒为用，亦因是也。是以圣人和之以是非，而休乎天钧，是之谓两行。

上一段"方生方死"，乃援《天下》篇惠施历物十事之"日方中方睨，物方生方死"之说，不说物在"生"的同时已步向死亡，日在方"中"的同时已往西偏斜。此从物象的至变中，以明差别对立之不能成立，因为一切都在动变的过程中，什么也停留不住。《齐物论》则转而说生死的执着二分，是同时并生的。这一段则借公孙龙《指物论》的"物莫非指，而指非指"与《白马论》的"白马非马"的名理，来说自家的玄理。你说万物莫非"能指"之"所指"，又说"能指"不是"所指"（概念不等于实在），精简地说，你已说它是"指"，又说"指"不是"指"，这在名理上自相矛盾，而不能成立。同样的道理，"白马非马"，"非"有歧义，一是不是，二是不等于，白马不等于马，这是常识，却造成白马不是马的诡异效应。精简地说，你已说它是"马"了，又说"马"不是"马"，这在名理上是自相矛盾而不能成立的。若要说指不是指，马不是马，不如由我道家的玄理来说，既不会构成矛盾，又可以通过玄理来解消执着与分别，消融彼是之分与是非之别，而归于皆是而无非的一体无别。

所以说，与其以"指"的观点，来说"指不是指"，不如以"非指"的观点，来说"指不是指"。"非指"不在"指"的对面，而在"指"的上面，超离在"指"的执着二分之上，此根本就无所谓"指"，如同"莫若以明"，冲垮了"指"的内涵规定，那"指"的外延范围，也随之溃堤，不仅可以说指不是指，不管说它是什么，也都可以被接受了。以"非马"说"马不是马"，也是这个道理。根本就无所谓"马"，解消"马"的执着与分别，也就是不以"成心"来说"马不是马"，那是名理上的矛盾，而以"道心"来观照，说马可以不是马，这是玄理的消融。王船山云："故以言解言之纷，不如以无言解之。"此说甚精到，以言解言，在成心的层次；以无言解言，则在道心的层次。郭象注云：

"以我指喻彼指，则彼指于我指独为非指矣。……若复以彼指还喻我指，则我指于彼指复为非指矣。"此将"指"与"非指"解为彼是之相对，彼是相对，由彼是转成之是非也相对。是非相对，"是"不一定是，"非"也不一定非，是非均定不住自己，由是说无是无非，此不是道心的观照，而只能是郭注所云的"将明无是无非，莫若反覆相喻"，此为平面的思考，而未有立体的统贯。

实则，"指"与"非指"，不是平面界域的区隔，而是层次上下的超越区分。"指"是有执着有分别的"成心"，"非指"是无执着无分别的"道心"，上下两句的"不若"，意谓以"成心"说不如以"道心"说，来得合理。说以我指说不若以彼指说的界域之分，只显谦让的气度；而未有由"指"升跃为"非指"之比较贴切而合理的解释。

且"非指""非马"喻"指之非指""马之非马"的玄理，可以体证"天地一指也，万物一马也"的形上理境，要说指，通通是指；要说马，也通通是马，天地可以是一指，万物也可以是一马。此与"天地与我并生，万物与我为一"的义理，是一体统贯的。吕惠卿云："天地虽大，无异一指，以其与我并生而同体也；万物虽众，无异一马，以其与我为一而同类也。"此亦将前后两段境界语，并观统合以求解，并生与为一，也是道心观照的一体境界。

"可乎可，不可乎不可。道行之而成，物谓之而然。恶乎然？然于然。恶乎不然？不然于不然"，此从"道行之而成"说"可"与"不可"，从"物谓之而然"说"然"与"不然"。"可"

是"道行"的价值判断,"然"是"物谓"的价值论定。"可乎可,不可乎不可",前面的"可"与"不可"是价值的判断,后面的"可"与"不可"是价值的标准,依合不合乎"可"的价值标准,而做出可不可的价值判断。而价值标准之所从来的价值根源则在于"道",故所谓"道行",是依据"道"的价值根源给出的价值标准,而做出可不可的价值判断,"可"则可行,而行之则有成,此之谓"道行之而成"。"物谓之而然","然"是物的存在价值,"谓之"是对物的存在价值做出论定。作为价值根源的"道",对万物的存在给出合理的解释,就是"物论"。故物的"然"是"物论"所赋予。各大家的学说、各大教的教义,皆是物论,依据"物论"对物的存在做出"然"与"不然"的价值论定。看上下文语句,"物"的然与不然,由"道"的可与不可而来。故可与不可说"道",然与不然说"物"。二者的联系在"行之"与"谓之",有道行的功夫,才能获致物然的评价,你的一生怎么行,人家就怎么说你,你"行之"而有成,人家就会"谓之"而得然了。

"然于然",是"然"的价值论定,来自合乎"然"的价值内涵;"不然于不然",是不以为然,此"不然"的价值论定,来自不合乎"然"的价值内涵。总说一句,"物谓之而然"的理论根据在"道行之而成"。这一段行文论述,刘文典承王先谦之说,认为"可乎可,不可乎不可"当在"不然于不然"之下,且要补上"恶乎可""恶乎不可"两句。实则,"道行之而成",上承"可乎可,不可乎不可",而"物谓之而然",下开"然于然""不然于不然",故不更动经文,在义理上不仅顺通,抑且圆融。

"物固有所然，物固有所可；无物不然，无物不可"，从天道内在于万物的存有真实来看，万物本来就有它自己的"然"、它自己的"可"，"然"是存在的合理，"可"是实践的合理。总体来看，从"道恶乎往而不存"的所往皆存，"言恶乎存而不可"的所存皆可来说，没有哪一物的存在是不然，也没有哪一物的存在是不可，这是《齐物论》对天地万物的存在所给出的整体大肯定。万籁的有声之声皆从无声之声的天籁而来，故万窍发出的生命乐章，大有不同，却都是天籁在人间的彰显。

"故为是举莛与楹，厉与西施，恢恑憰怪，道通为一"，"为是"即"为此"，为了这个道理，举凡莛的小与楹的大（或梁的横与柱的直），厉的丑与西施的美等心知的执着与分别，也带来了人间之大大诡异的诸多纷扰。成玄英疏云："恢者，宽大之名；恑者，奇变之称；憰者，矫诈之心；怪者，妖异之物。"此《老子》有云："正复为奇，善复为妖。"标榜正道，却逼出奇变的回应，本来的善德，反而成了妖恶，前者是扭曲，后者则变质，正奇善妖因相对而对抗，因对抗而决裂，此为人世间价值美好的大颠倒与全面的陷落。故超离执着对立与造作纷扰，在心知无执着分别，生命也就无障隔纷扰之下，万物回归道体的一体无别。

"其分也，成也；其成也，毁也。凡物无成与毁，复通为一"，"其"字就心知说，心知的执着分别，构成了一套是非的价值标准；而"毁"就生命说，因为这一套价值标准的构"成"，却带来了生命的"毁"坏，毁坏在心知执着与人为造作中，失落了生命的本德天真。以是而言，心知无成，生命即无毁。"凡物无成与毁"，即无成亦无毁之谓，"复通为一"，此一"复"字，如同《老子》所说的"复归于婴儿"与"复归于朴",婴儿天真,乡土素朴,皆是道在人间的表征,复归于道,而在道中通而为一。

"唯达者知通为一","达者"是通达的人,不过不是人情通达,而是道的体悟。"知"不是心知的执着,而是生命的觉醒,因体悟觉醒而通达于道。"道通为一"是描述道本来是一的存在样态,"复通为一"是通过修养功夫的回归于道,"知通为一"则是心体悟道的理境开显。"为是不用而寓诸庸","为是"是为了有此一悟,悟"道通为一"的存在之理,转而落在人生层面,而有生命当何去何从的省思。"不用"是不为世俗"有用之用"的价值标准所绑住,"不"是在解消中超离,解消了"用"的价值标准而超离出来,"寓诸庸",而把存在的价值寄托在生命本身的大用。心知执着的用,再有用也只是世俗的小用;生命本身的用,看似无用,实则是自家的大用。这就是"庸也者,用也"的实质意涵。故"庸"与"用"分属两个不同的层次,"用"从心知说,"庸"从生命说,"不用"是心知的解消,"寓诸庸"则是生命的释放。"用也者,通也",生命本身的用,有了伸展朗现的空间;"通也者,得也",普天之下每一个人的生命得到了释放,也得到伸展,而活出自家的本德天真;"适得而几矣","适"当"就在"解,"几"当"近"解,近于道之谓。就在每一个人的自在自得中,"道"的生成原理也就充分地实现。

"因是已",即顺任万物之所是而是之,"是之"是朗现每一存在物的"可"与"然",也就是"无物不可,无物不然"。"已而不知其然,谓之道","已"当"如此"解,成玄英疏云:

"仍前生后之辞","不知其然"——不知"然"从何而来,"谓之道"——实则"然"所从来的"所以然",就在无心自然的"道"。"劳神明为一而不知其同也,谓之朝三",未料,不知的人,却还劳累自己的心神,"为一"是去寻求与万物合而为一的可能途径,而不知万物在道体的统贯之下本来就是一体无别的,就像是"朝三"这一小故事所说的生命困惑。

"何谓朝三?曰:'狙公赋芧,曰:"朝三而莫四。"众狙皆怒。曰:"然则朝四而莫三。"众狙皆悦。'"故事从管理猴群的老人说起,"狙"是猕猴,"公"是老人,"赋"是给与,"芧"是山果。猴公每天早晚要分发山果给众猴子食用,他做出政策性的宣示说:早上给三个,晚上给四个。众猴子听了都大发脾气。猴公立刻转变政策,改口说:既然大家反对,那么为了尊重大家的感受,我们就早上四个,晚上三个,如何?众猴子听了就转怒为喜,猴心大悦。"名实未亏而喜怒为用,亦因是也",朝三暮四与朝四暮三,名异而实同,总数不增也不减。成玄英疏云:"其于七数,并皆是一,名既不亏,实亦无损。"从名号看来,似乎有异,从实质来看,则完全等同,喜怒之间只是猴子的习性与感受,"未亏"是未增加预算支出。猴公是达者,不坚持自己的理念想法,完全顺应众猴子的情绪反应,而给出尊重。依《人间世》孔子说颜回"未达人心""未达人气"来看,猴公则跟众猴子的心同在,跟众猴子的气同行,"喜怒为用"是完全以猴子的感受,作为决策的根据,而不认为这是众猴子对管理者权威的挑衅。既是"因是也",又是"寓诸庸",此从"知通为一"的体悟,而有"复通为一"的修养,再完全朗现"道通为一"的形上理境。

总结出,"是以圣人和之以是非,而休乎天钧,是之谓两行","是以"是"以是",即因此之意,圣人的道行在消融人我相对的是非,而归于一体的和谐。"和"可以解为由"和解"走向"和谐","消融"意谓解消而后融和,而归于一体。"休"是完全放下,"钧"多本作"均",《寓言》篇亦作"天均",成玄英疏云:"自然均平之理也。"故"休乎天钧",是在天道无心自然的均平之下,完全解消对自家物论的执着与坚持,而给出物论可以平齐的精神空间。如是,儒墨两家的是非纷扰,就可以化解,且转出物论可以平齐,也可以两行之"道通为一"的价值天地。

第 7 章　无成则无亏的真君明照

　　古之人，其知有所至矣。恶乎至？有以为未始有物者，至矣，尽矣，不可以加矣。其次以为有物矣，而未始有封也。其次以为有封焉，而未始有是非也。是非之彰也，道之所以亏也；道之所以亏，爱之所以成。果且有成与亏乎哉？果且无成与亏乎哉？有成与亏，故昭氏之鼓琴也；无成与亏，故昭氏之不鼓琴也。昭文之鼓琴也，师旷之枝策也，惠子之据梧也，三子之知，几乎皆其盛者也，故载之末年。唯其好之也，以异于彼，其好之也，欲以明之彼。非所明而明之，故以坚白之昧终。而其子又以文之，纶终，终身无成。若是而可谓成乎？虽我亦成也。若是而不可谓成乎？物与我无成也。是故滑疑之耀，圣人之所图也。为是不用而寓诸庸，此之谓以明。

　　讲形上的价值源头，托诸古之人。"其知"说的是其人的理解体悟，说"有所至"，又问"恶乎至"，是则"有所至"的"至"，乃中性义，当"到达"解，如是问"恶乎至"才有意义，且若将"至"解为"至极"，则下文之"至矣，尽矣"，反成多余。此自问自答，理解体悟之最高层次在"未始有物者"，"至"是穷其高，"尽"是尽其理，"未始有物者"，即所谓的终极原理，因为最高，所以也是最后，"不可以加矣"，当然也就不可能再增加什么或提升什么了。第二层次在"有物而未有封"，第三层次在"有封而未有是非"，第四层次在"有是非"。逐层下降，从"未始有物"而有物，从"未有封"而有封，从"未有是非"而有是非。"未始有物"是太初道境，"有物未有封"，是有了形体的存在，还未有封限的障隔；"有封未有是非"，是物与物之间，有了"彼是"的封限障隔，不过心知还未起执着，将形体的"彼是"，转成心知的"是非"；"有是非"是有了"是其所非而非其所是"的纷扰了。此"未始有物"就生命存在而言，指涉"其有真君存焉"的"真君"，"有物"指涉"一受其成形"的形躯，"有封"指涉"其觉也形开"的"彼是"之分；"有是非"指涉"与接为构"之心知执着的是非之别。

"是非之彰也，道之所以亏也；道之所以亏，爱之所以成。果且有成与亏乎哉？果且无成与亏乎哉？"此言是非的彰显，正是大道所以亏损的原因，意即"道隐于小成"，是非的彰显就是"小成"，大道的亏损就是"道隐"，故所谓的"亏"，无所谓"损"，只是隐退而已；此有如《老子》所云的"大道废，有仁义"，此"有仁义"是"小成"，而"大道废"也就是"道隐"。而所往皆存的大道在人间隐退，以好恶为是非的私心偏爱，可能正大行其道。"是非之彰"是心知的执着，"爱之所以成"已是情识的陷溺。看上下文语句，"道之所以亏"作为中介，将"是非之彰"等同"爱之所以成"，由是可知，所谓"是非"，未有客观意义，仅是主观的偏见。既然人间是非无异私心偏爱，那么人间所谓的"道"，果真是有所成有所亏，还是根本就无所成也无所亏呢？

"有成与亏，故昭氏之鼓琴也；无成与亏，故昭氏之不鼓琴也"，此上下两句皆是倒装语句，当是"昭氏之鼓琴也，故有成与亏；昭氏之不鼓琴也，故无成与亏"，"昭氏"即下文之"昭文"，"有成与亏"是有成与有亏，"无成与亏"是无成与无亏。昭氏鼓了琴，所以有所成，同时有所亏，成了弹奏的这一乐曲，却遗落了未弹奏的诸多乐曲；昭氏没有弹琴，所以无所成，也无所亏。没有演奏出某一曲调，也就没有遗落其他的诸多曲调。不过，看下文"其好之也，欲以明之彼。非所明而明之"的批判，"有成"说的是心知，"有亏"说的是生命，成了心知的专精，而亏了生命的本德。反之，消解了心知的专精专业，却存全了生命的本德天真。

"昭文之鼓琴也，师旷之枝策也，惠子之据梧也，三子之知，几乎皆其盛者也，故载之末年。"昭文是鼓琴名家；师旷是盲眼乐师，擅长音律，"枝"当动词用，"策"是杖，"枝策"是拄着手杖以敲出音节；惠子是名理专家，"据梧"有如隐几而坐，靠着梧桐树干，以与天下好辩者论辩析理。《德充符》说惠子"倚树而吟，据槁梧而瞑"，"吟"是论辩声，瞑是闭目养神。不论鼓琴、枝策还是据梧，"几乎皆其盛者也"，"几"当"尽"解，尽心竭虑，皆是一时之盛，登上了专业的高峰。"故载之末年"，陈寿昌云："载，事也，从事于斯，老年弥笃。"林希逸云："末年，晚年也，言从事于此终其身也。"就因为成就绝高，所以能坚持一生,在自家的专业领域,享有盛名,发光发热,因为有成就感,所以能长久。

"唯其好之也,以异于彼,其好之也,欲以明之彼。非所明而明之,故以坚白之昧终。"虽说"三子之知",实则庄子批判省思的对象,似乎只在惠子之据梧,鼓琴、枝策只是陪衬,"非所明而明之"的论断,专为"坚白之昧"说,而与鼓琴、击节不相干。"好之"可能是一生的志趣,然"此"一自家的"好之",是用来"以异于彼",那就不纯是志趣之所在了,而是心知的执着,以此"好之"的专精专业,跟天下人互别苗头,"其好之也,欲以明之彼",此"明之彼"的"明",不是"莫若以明"的虚静明照,而是心知执着的卖弄与人为造作的炫耀了。此"明"不仅凸显自身的光彩亮丽,而且意在把对方比下去。

"非所明而明之",是对此一生命意态最贴切的评断,不当明的反而去明它,那当明的本德天真反而不明。此"明"之不当,你的好竟成了天下人的不好,这真是天大的冤枉,怎么会将自家的美好转为天下人的伤痛呢?道家的"明",是虚静观照的智慧,在观照中照现,在照现中生成,"非所明而明之"的卖弄炫耀,让自己神采飞扬,逼天下人黯然神伤,那就失落了道家"莫若以明"的生成智慧了。"故以坚白之昧终",本来惠施的名理重在"合同异",公孙龙的名理重在"离坚白",不过庄子笔下就以坚白之论来界定名家的名理,《天下》篇说惠施"以反人为实,而欲以胜人为名",故看似"明",实则"昧","明"在胜人,而"昧"在反人。"昧"是昏昧,重在以名言析辩胜人,反而失落了生命的天真美好,是谓反人。此与《老子》所说的

"明道若昧"，在人生的价值取向上正好相反，光明的大道把自身隐藏在看起来像是昏昧中，"若"是看起来像，实则不是。此隐藏是修养功夫，是内敛涵藏的大智慧，不让自己的光彩成为天下人的负累。故明道看似昏昧，实则是"光而不燿"（《老子》五十八章），"不燿"是不卖弄炫耀，不刺伤别人的眼神。此"若昧"与"不燿"，避开了"非所明而明之"的昏昧。

"而其子又以文之，纶终，终身无成"，此谓惠施之子意图传承父业，扩大这一倚树而吟的光彩，"纶终"是遗绪已尽，已无成长的空间，"终身无成"，此言心知的成，则是生命的毁，故终其身一无所成。此另有不同的断句与解读："而其子，又以文之纶终。""文"指谓昭文，"其子"是昭文之子。俞樾认为，"之昧"与"之纶"，必相对为文，古字"纶"与"论"通，而"论"可当"知"解，而《淮南子》"论"与"明"对言，则"纶"亦明也。"以文之纶终"，意谓以文之所知者终，亦即"以文之明终"，正与惠子"以坚白之昧终"前后呼应。问题在，那师旷枝策怎么独独被遗忘了！此一断句另起"文之子又以文之纶终"之义，以昭文之子而与惠施对显，似与文中语句的意义不相应，故依陈寿昌《南华真经正义》本在"文之"断句来诠释，似较贴切。

"若是而可谓成乎？虽我亦成也"，倘若惠施名家，不免"以坚白之昧终"，而"其子又以文之"，仍因"纶终"，而落在"终身无成"的无奈结局，竟可以说是"成"的话，"虽我亦成也"，船山云："不言亦何尝不成。"宣颖云："以亏为成，则孰非成者。"两家均未解释"我"究何所指。此所谓"我"，可能是

"非彼无我,非我无所取,愚者与有焉"的"我",人有了形躯,才会有彼是之分的自我意识,进而建构成自我防卫的壁垒。此本质上与惠子据梧的意态贴近,惠子据梧算是有所成的话,那普天之下每一个从彼是之分进而自以为是的人,也是有所成了。"若是而不可谓成乎? 物与我无成也",像惠施好发怪论,"能胜人之口,不能服人之心"(《天下》),且被评断为"弱于德,强于物","强于物"是心知的"成","弱于德"是生命的亏,此虽成一家之言,却失落了本德天真,惠子一生不可以说是有成的话,则普天之下每一个由相彼而自是的人,比诸三子的"知之盛",唯恐大大不如,也就不能说是有所成了。

"是故滑疑之耀,圣人之所图也。为是不用而寓诸庸,此之谓以明。"王先谦云:"虽乱道而足以眩耀世人,故曰滑疑之耀,圣人必谋去之。"此采负面的解释。另宣颖云:"滑疑,不明貌。滑疑之耀,不明中之明也。"又船山云:"滑乱不定,疑而未决,恍惚之中,有其真明。"此持正面的解释。从"圣人之所图"来看,"图"当"求"解,既用心求成,似乎正面的解释较切合原意。此有如老子所云的"明道若昧"与"光而不耀","滑疑"即若昧而不耀,故"滑疑之耀"即是涵藏的光明,就不会"非所明而明之",而"以坚白之昧终"了。"为是"是为了这一理由,"不用"是不落在心知执着的世俗之用,"而寓诸庸",而将生命寄托在自家本身的大用。"此之谓以明",这是通过生命主体的虚静明照而照现的天真本德。天真本德的朗现,就是生命的大用了。

第8章　有无在每一当下的同时并现

今且有言于此，不知其与是类乎？其与是不类乎？类与不类，相与为类，则与彼无以异矣。虽然，请尝言之。有始也者，有未始有始也者，有未始有夫未始有始也者。有有也者，有无也者，有未始有无也者，有未始有夫未始有无也者。俄而有无矣，而未知有无之果孰有孰无也。今我则已有谓矣，而未知吾所谓之其果有谓乎，其果无谓乎？天下莫大于秋毫之末，而太山为小；莫寿乎殇子，而彭祖为夭。天地与我并生，而万物与我为一。既已为一矣，且得有言乎？既已谓之一矣，且得无言乎？一与言为二，二与一为三。自此以往，巧历不能得，而况其凡乎！故自无适有，以至于三，而况自有适有乎！无适焉，因是已。

"且"为语气词，当"即将"解，即将推出一个说法，"此"指称这一段"有始也者"的因果追溯，而"是"所指称上一段"古之人，其知有所至矣"的价值析论，不知这一段的体道论述与上一段的价值评析，是同类呢，还是不同类？"此"是从"有始""未始有始""未始有夫未始有始"之不断上升的表述，

"是"是从"未始有物""有物未有封""有封未有是非""有是非"之不断下降的析论。此宣颖云:"上言古人之知是层层顺推而下……此言有始有无,是层层逆溯而上。"此说独到。二者之间的"同",在于都是通过追问的方式,试图显发"道"的根源性存在与其落在人间的流转变化;二者之间的"不同",就在于上一段往下降,而这一段却往上升。"相与为类",是二者处境等同,颇有同是天涯沦落人的味道。"则与彼无以异矣","彼"指称上文"与是类乎"的"是",也就是"有言于此"的这一段,跟上一段的论说也就没有什么分别了。尽管一者下降,一者上升,二者皆以理论的追问,去抉发生命的本源,终究是得不到解答。

"虽然,请尝言之",虽然情况如此,还是容许我说说看吧。"有始也者,有未始有始也者,有未始有夫未始有始也者",依因果关系的理性思考,天地万物的生成总有一个肇始发端,而"有始"之先,有一个还没有开始的开始;此"未始有始"之先,又有一个还没有开始之还没有开始的开始。反正,"未始有夫"可以不断地加上去,有如数学的二次方、三次方一般,保证无穷无尽,没完没了。

"有有也者,有无也者,有未始有无也者,有未始有夫未始有无也者",老子说"有生于无",庄子言天籁,从"怒者"说天籁的"有",又从"其谁"说天籁的"无","无"与"有"都是"道",也都是天籁,"无"是天道的自我解消,"有"就老子言是天道内在于万物,就庄子言是给出万物"咸其自取"的空间,故"无"比"有"更先在,"有"从"无"来。此言天地万物的生成，总有一个"有"的源头，"有"之上则是天道本身的"无"，本来本体论的根源性思考，到此已然清楚。未料，理论的追溯是一无穷后退的历程，通过庄子的生命关怀，那是"莫之能止"，且"不知其所归"的困境。故"无"之上是"未始有无"的"无无"，"未始有无"之上是"未始有夫未始有无"的"无无无"，此"未始有夫"也是可以不断地加上去的，从"无"的二次方、三次方，一直往上攀升。因为"道"要"行之而成"，概念的思辨与理论的建构，根本得不到生命终究的解答。

"俄而有无矣，而未知有无之果孰有孰无也"，此言与其落在不断往上追溯而无穷后退的思辨困境，不如回到每一当下的生命现场，"俄"当"顷"解，在当下生命实感是"有""无"一体并现，同时是"有"，又同时是"无"，"无"解消了"有"，"有"不会成为生命的负累。下文说，却不知有无之间，果真何者是有，何者是无，意谓道体的"有""无"是一体的两面，而在每一当下的存在之理，也是一体并现的。由是而言，"俄而有无矣"，是从往上追溯而无穷后退之理论的困境中脱困而出，在生命的实感中，有一存在的体悟。

"今我则已有谓矣，而未知吾所谓之其果有谓乎，其果无谓乎"，现在我已经有所说了，却不知在我所说的话里，果真有所说，还是根本就无所说呢？这是随说随扫的表达方式，有所说是"有"，无所说是"无"，既有所说同时又无所说，把所说的随即化掉，有无在每一当下的生命实存中，是一体并现的。

"天下莫大于秋毫之末，而太山为小；莫寿于殇子，而彭祖为夭。天地与我并生，而万物与我为一。"天地万物在天道有无的一体并现之下,"并生"是时间的一体无别,"为一"是空间的一体无别。所以秋毫之末的小可以是大,而泰山之高的大也可以是小;夭折的殇子可以是寿,而高寿的彭祖也可以是夭。道心无执着无分别,不显空间相,也不显时间相,故无时间寿夭的分异,也没有空间大小的区别。

"既已为一矣,且得有言乎?既已谓之一矣,且得无言乎",我既与天地并生,与万物为一了,我还能有所言说吗?且已经说它是一了,还能不有所言说吗?"一与言为二,二与一为三。自此以往,巧历不能得,而况其凡乎",本来之"一",与所言之"一"是二,再加上说"一"之言,则已成三。此宣颖云:"所说之一也,说一之言也,与道之本一也,为三。"此说精到。道本来是一,当然没有言说的空间,不过,已经说它是一了,怎么可能没有言说呢?这一来,就由本来之一,一转而为"言一之我"与"所说之一"之主客相对的"二",再加上"说一之言",作为"言一之我"与"所言之一"的中介桥引,将已主客相对为二,再重新接合,通而为一,那岂不是成了"三"吗?像这样通过言说以论道而展开的思辨历程,其烦琐纠结,就算善巧的历算家,也算之不尽,何况是平凡的众人呢?

"故自无适有,以至于三,而况自有适有乎!无适焉,因是已。"成玄英疏云:"自,从也;适,往也。夫至理无言,言则名起。故从无言以往有言,逸言则至乎三,况从有言往有言,枝流分派,其可穷乎!"从不得有言的道体之"无",往有言之主客为二的"有"走,加上说一之言,已经到了"三",何况是从各家物论与物论间的分歧与纷扰走呢?不要再走因果追溯而无穷后退的思辨之路了，解消心知执着的自是与人为造作的非他，心虚静以明照，顺应各家之所是而是之，让各家的"是"都得以朗现，没有哪一家被排挤、被抹杀。

第9章 由"知"进为"不知"的生命极致

夫道未始有封,言未始有常,为是而有畛也。请言其畛:有左,有右,有伦,有义,有分,有辩,有竞,有争,此之谓八德。六合之外,圣人存而不论;六合之内,圣人论而不议。春秋经世先王之志,圣人议而不辩。故分也者,有不分也;辩也者,有不辩也。曰:何也?圣人怀之,众人辩之以相示也。故曰:辩也者,有不见也。夫大道不称,大辩不言,大仁不仁,大廉不嗛,大勇不忮。道昭而不道,言辩而不及,仁常而不成,廉清而不信,勇忮而不成。五者园而几向方矣,故知止其所不知,至矣。孰知不言之辩,不道之道?若有能知,此之谓天府。注焉而不满,酌焉而不竭,而不知其所由来,此之谓葆光。

此言大道从来没有封界,真言也从来没有定常。此义由"道恶乎往而不存,言恶乎存而不可"来,道所往皆存,言所存皆可,也就是道无所不在,故"未始有封",言无所不可,故"未始有常"。"为是",船山解云:"为下八德故有畛。"此以下文之"八德"解"是"字,似嫌牵强。各家物论的体道真言,本来所存皆可，问题出在为了证成自家的"是"，而有了"畛"域。成玄英疏云："畛，界畔也。"林希逸云："至道至言，本无彼此，因人心之私有个'是'字，故生出许多疆界。"陈寿昌云："是己者必非人，一涉自是之见，便分畛域。"此说贴切。

"请言其畛：有左，有右，有伦，有义，有分，有辩，有竞，有争，此之谓八德"，"左右"是就实然之现象言，指谓自然之方位，"伦义"是就应然之价值言，指谓人文的名分。郭象注云："伦，理也；义，宜也。""伦"是人际关系的合理分位，"义"是人我互动的价值合宜。"分辩"，船山解云："物辩曰分，言分曰辩。""辩"就"言"说，"分"就"物"说，"分辩"是心知的执着与分别。"竞争"则是人为的造作与对抗。郭象注云："并逐曰竞，对辩曰争。"成玄英疏云："并逐胜负，对辩是非。"就因为有了胜负与是非的执着分别，也就带动了并逐与对辩的造作对抗。此船山解云："自有适有，而各据为心之所得，见为德而守为常，以立其封，发若机栝，而留如诅盟，皆八德之为也。"道未有封界，言未有定常，此"八德"即人心之执着自家以为定常，而与他家划清界线。故"德"不是指称"德行"，而是分辩伦理，竞争义的范畴，成玄英疏云："德，功用之名也。……有此八种，斯则释前有畛之义也。"此说确当。

"六合之外，圣人存而不论；六合之内，圣人论而不议。春秋经世先王之志，圣人议而不辩"，六合是上下四方，已穷尽所有，怎能有超离其外的存在，故内外之分，要有合理的解释。成玄英疏云："六合者，谓天地四方也。"郭象注云："六合之外者，谓万物性分之表耳。"成玄英疏跟进，云："六合之内，谓苍生所禀之性分。"此以"表"解"外"，表象其外，而性分其内。依郭象"物各有性，性各有极"之说，所言皆殊异性之才性气性，故性分无异气禀，而气禀皆形之于外。郭象注又云："非性分之内，则未尝以感圣人也，故圣人未尝论之。"此说牵强，性分气禀总在形象间，圣人治天下，怎能无感其外，而专论其内？

由是言之，内外之分不就六合本身说，而就人生关怀说，"六合之外"是在人生之外，与人生不相干，"六合之内"是在人生之内，与人生直接相干。"圣人存而不论"，此所存的是宇宙论；"圣人论而不议"，此所论的是存有论。"春秋经世先王之志"，《春秋》乃经世之书，记载保存了先王的理想。"志"，成玄英疏云："志，记也。"当动词用。"圣人议而不辩"，所议的价值论，虽给出价值的议论，却不做评断分辩。此即所谓之"微言大义"。所议论的即大义所在，不做评断分辩，就是微言。

"故分也者，有不分也；辩也者，有不辩也"，依据价值标准做出价值判断，是为有分有辩，此就心知说。"有不分"是有不可分判的，"有不辩"是有不可辩解的，此就生命说。并逐胜负与对辩是非的分判辩解，反而失落了大道的全体大用，故云："道隐于小成，言隐于荣华。"并逐胜负是小成，对辩是非是荣华。在心知的执着分别与人为的造作纷扰间，生命的美好真实，也就隐藏失落了。

"曰：何也？圣人怀之，众人辩之以相示也。故曰：辩也者，有不见也。""曰何也"，是自问，问理由何在。自答在"圣人怀之"，有如"道者万物之奥"（《老子》六十二章），"怀之"是"奥藏"，"奥藏"是无限的包容。何以能够？因为圣人无执着、无分别。天下众人却一定要并逐胜负,对辩是非,用来相互夸示,所以说,任何辩解,都会失落了大道的"大"与真言的"真"。

"夫大道不称,大辩不言,大仁不仁,大廉不嗛,大勇不忮",此言大道不可称道,大辩不可言辩,大仁不可执着仁,大廉不可显露圭角,大勇不可存有忌害之心。宣颖云:"嗛,无圭角。"从下文之"廉清"来看,"嗛"是以清廉自许。不称、不言、不仁、不嗛、不忮的"不",是解消心知的执着与人为的造作,否则,称道、言辩、仁执、廉清、勇忮,因有心而变质,由有为而扭曲,此为自我否定与自我异化,故加上"不"的化解作用,而作用的结果是保存了本来"道"的"大","言"的"大","仁"的"大","廉"的"大","勇"的"大","不"是修养的功夫,也是生成的智慧。

"道昭而不道,言辩而不及,仁常而不成,廉清而不信,勇忮而不成",这五句中的"不",不是作用层的化解,而是实有层的失落。道称而昭明,则失落道的自然,辩解而言说,则失落德的天真。"常",江南古藏本作"周",郭象注云:"物无常爱,而常爱必不周。""周"当"周普"解。仁心地求其定常,则失落了仁的遍在;廉还要为自己辩白,天下人反而认为你不可信;勇的担当却老在忌害他人处用心,反而承担不了大任。

"五者园而几向方矣",此言"大道不称""大辩不言""大仁不仁""大廉不嗛""大勇不忮"之诡词为用的论述,是通过"不称""不言""不仁""不嗛""不忮"之心知执着的化解作用,而作用的结果是保存了"大道""大辩""大仁""大廉""大勇"

的本真实有。此正如"有而不有"与"无而不无"之不滞于有与不死于无的双向圆成，这五者以化解的作用来保存实有，本来是浑然圆通。"几向方"，成玄英疏云："园，圆也。几，近也。"而"方"是"方正"。宣颖云："五者本浑然圆通，今务于所见，则滞于迹，尽向方矣，方不可行也。"此"几"当"尽"解。道求其昭，言求其辩，仁求其常，廉而自清，勇而有忮，此即"向方"的执着与造作，有如《人间世》所言之"端而虚，勉而一"的端勉，船山云："端则非虚，勉则非一。"此心知的执着与人为的造作，等同否定了生命自身。陈寿昌云："圆则灵明四达，方则滞迹一隅。"王船山亦云："为道、为言、为仁、为廉、为勇，皆自据为德而迫欲示人，则道本圆而使人向方。"此"为"是有心而为，自据为德而迫欲示人，就是"几向方"。自据为德则成自身的负累，迫欲示人则压迫他人，负累则累坏了自己，压迫则迫害了他人，在求成的同时，带来了毁坏。故云："其成也，毁也。"

"故知止其所不知，至矣。"郭象注云："所不知者皆性分之外也，故止于所知之内而至也。"此不知与知，是平对的区隔，而不是超越的区分。此有如小鸠斥鷃的飞之至，却不是至足之足的极致。宣颖云："但知不知为不知耳。"似采孔子"不知为不知"之说。解此句话，要引老子所云之"知不知，上；不知知，病"来对看求解，"知不知"就是"知止其所不知"，而"上"就是"至矣"。"止"有依止停靠的价值意涵，如同《大学》的"止于至善"，只有至善，是最高也同时是最后，才可以安身立命，值得每一个人依止停靠。"知"是心知的执着，"不知"加一个

"不",是解消心知的修养功夫,超离在心知的执着之上,如同"指"莫若"非指","马"莫若"非马","知"也不如"不知"。"知"是成心,"不知"是道心,从成心进至道心,而以道心照现万物,这才是最高理境的开显,故云"至矣"。道昭、言辩、仁常、廉清、勇忮是"知",不称、不言、不仁、不嗛、不忮则是"不知",化解了心知的执着,也就可以保存体道生命的人格之大。

"孰知不言之辩,不道之道?若有能知,此之谓天府",有谁能体悟人世间有尽在不言中的辩解,有不落言诠的说道呢?倘若有此体悟,体道生命的心怀,就如同天上的府库一般,可以无限奥藏万物。不言、不道是无心,而无心冲虚,一如道体天府,"注焉而不满,酌焉而不竭",水不断地注入,它也不会盈满,水不断地倒出,它也不会竭尽。此老子云:"道冲,而用之或不盈;渊兮似万物之宗。"道体冲虚,深渊如天府,妙用无穷而永不竭尽,就是注入不满,酌出不竭。"而不知其所由来,此之谓葆光",林希逸云:"葆,藏也,藏其光而不露,故曰葆光。"王船山云:"葆之者,非为封为畛,据为己德也;无不在吾所葆之中,故曰天府。"如是,"葆光"亦即"滑疑之耀",含藏的光明本在冲虚无心。此陈寿昌云:"照之以天,而藏之以府。善蓄光彩,此之谓也。"又云:"大哉天府,至有至无,其中无尽藏,弥光弥晦,是非两遣。""照之以天"是道的"有","藏之以府"是道的"无",有无同体,故谓天府。弥光弥晦,有如"明道若昧",是非双遣是超离在心知二分的相对是非之上。

第10章 "德进乎日"的释放天下

　　故昔者尧问于舜曰:"我欲伐宗、脍、胥敖,南面而不释然。其故何也?"舜曰:"夫三子者,犹存乎蓬艾之间。若不释然,何哉!昔者十日并出,万物皆照,而况德之进乎日者乎!"

　　此一"故"字,上承天府葆光之说,天府是无限地包容天下,葆光是自我的内敛涵藏,而这一小段寓言即是从自我涵藏说包容天下的印证。

　　从前尧问于舜说,我想要讨伐宗、脍、胥敖三小国,我君临天下,怀抱教化天下的理想性与使命感,三小国在圣王教化之外,竟成了自己良心的负担。"不释然",是心放不下这三小国。请问何以如此? 舜答道,这三小国的存在,就好像蓬蒿艾草般,藏身在天地的一角,它们又不妨碍你,怎会成为你的负担呢? 说得精确点,你为什么就不能放开它们呢? 此上下两"释然","南面而不释然"说的是尧自家心放不开的负累与沉重感,"若不释然"说的是对地处边陲的三小国,你为什么不放过它们。二者不可分,心放不下,因为心起执着,着迹即成负累。尧为圣王的执着，就在化成天下。天下理当在我的德泽广被间，这三小国竟在我的人文化成之外，岂非反证我的圣王志业犹未完成吗？依儒家"天下有道，礼乐征伐自天子出"的义理，若有诸侯国在礼乐体制之外，则当出兵征伐，责求对方接受礼乐教化，而纳入天下的理序中。此将征伐三小国的行动合理化。

"昔者十日并出，万物皆照，而况德之进乎日者乎"，在古老传说的年代，说有十个太阳同时出现，万物都在阳光的普照中，此言在蓬艾间的三小国，亦当在圣王的德化礼治间。郭象注云："蓬艾乃三小国之妙处也。"意谓在天地自然间与世无争，自在自得。这一寓言，本在批判尧以圣王自许而教化天下的有为治道，竟不能包容三小国藏身在蓬艾之间。船山云："若三子存乎蓬艾之间，而与较是非，则尧与蓬艾类矣。"此评尧以圣王的高度，而与三小国论是非，其气度心胸跟蓬艾一样偏狭。

《淮南子·本经训》有一段记载："尧之时，十日并出，焦禾稼，杀草木，而民无所食。尧乃使羿上射十日。"高诱注云："羿射去其九。"庄子借神话传说，而引向人文反思。郭象注云："夫日月虽无私于照，犹有所不及，德则无不得也。而今欲夺蓬艾之愿而伐使从己，于至道岂弘哉！"成玄英疏云："进，过也。……日之照，无心者也。德之求辩乎是非，方且以有心出之，又进乎日之照矣，人何所措手足乎！"两家以为日照无心，万物还有自处的空间，人德有心，难以逃离，如《人间世》之所云："无所逃于天地之间。"此言人德之害，远大于日照。实则，"而况德之进乎日者乎"，意谓何况人的德可以越过太阳呢。此"德"乃道家存有论的"德"，是人人天生本真的无心之"德"，而不是儒家

"仁者爱人"的有心之"德",故郭注成疏以"有心"说"德",根本背离道家的义理。人的德可以越过太阳,在太阳虽无心遍照,却灼伤天下,而人有价值的自觉,可以通过无心无为的修养过滤生命的情热,而涵藏心灵智光,虚静观照而照现天下。故阳光虽无心遍照,却不免灼热伤人,此为现象的自然;而人德虚静观照,却可以生成人间,则为境界的自然。"德之进乎日"的内涵底蕴,就在从"葆光"之自我涵藏的修养,开显"天府"之包容天下的理境。

第11章　死生无变的神人境界

啮缺问乎王倪曰:"子知物之所同是乎?"曰:"吾恶乎知之!""子知子之所不知邪?"曰:"吾恶乎知之!""然则物无知邪?"曰:"吾恶乎知之!"虽然,尝试言之。庸讵知吾所谓知之非不知邪?庸讵知吾所谓不知之非知邪?且吾尝试问乎女:民湿寝则腰疾偏死,鳅然乎哉?木处则惴栗恂惧,猿猴然乎哉?三者孰知正处?民食刍豢,麋鹿食荐,蝍蛆甘带,鸱鸦耆鼠,四者孰知正味?猿,猵狙以为雌,麋与鹿交,鳅与鱼游。毛嫱丽姬,人之所美也;鱼见之深入,鸟见之高飞,麋鹿见之决骤,四者孰知天下之正色哉?自我观之,仁义之端,是非之涂,樊然殽乱,吾恶能知其辩!啮缺曰:"子不知利害,则至人固不知利害乎?"王倪曰:"至人神矣!大泽焚而不能热,河汉冱而不能寒,疾雷破山飘风振海而不能惊。若然者,乘云气,骑日月,而游乎四海之外。死生无变于己,而况利害之端乎!"

这段寓言对话,通过"三问三不知"展开。

啮缺、王倪是尧时贤人,《天地》篇说:"啮缺之师王倪。"

王元泽云："啮缺，道之不全；王倪，道之端。"此有如今之"道号"。第一问：先生知道万物都同样地自以为是吗？"同是"的另一解释是"共同认可的价值标准"，这样的解释在庄子的思想体系里，是不可能成立的。因为"然于然""可乎可"，皆来自心知的执着与认定。给出来的回答是我怎么会知道？此"吾恶乎知之"，说我从何知道，即是"不知"之意。第二问：你既然说不知，那么请问你知道你不知的道理吗？还是我怎么可能知道的回答。第三问：既不知物，又不知我，那么请问，物我之间都成了不可知的存在吗？仍以我怎么会知道回应。成玄英疏云："岂独不知我，亦乃不知物，唯物与我，内外皆忘，故无所措其知也。"此说贴切。三问三不知，重点不在对象的"可不可知"，与主体的"能不能知"，而在"知"的本质是执着，故"知"有其封闭性与局限性，因"有成"即"有毁"，故答以"吾恶乎知之"的"不知"。"不知"超越在"知"之上，而不是与"知"相对的"不知"，不是盲昧不知，而是解消知，超离知，从"知"的封闭性与局限性超离出来。此即"知止其所不知，至矣"之最为贴切的解释。"知"是"成心"，有成即有亏，"不知"是"道心"，无成也就无亏。"知"一定落在物我相对中，"不知"就从相对中超离，是为物我两忘，各自"是"自家的"是"，"然"自家的"然"，而不会落在自是非他的相刃相靡中。

"虽然，尝试言之。庸讵知吾所谓知之非不知邪？庸讵知吾所谓不知之非知邪"，虽然物我之间不能在"知"的层次相知，我还是尝试着说解一番。王引之云："庸，犹何也，犹安也。""庸"与"讵"同义，故亦称"庸讵"。"庸"在此不能当

"用"解，而当"何"解。你怎么知道我所说的"知"，不正是无所知呢？你怎么知道我所说的"不知"，不是真正的知呢？"不知"的道心，观照万物，也生成万物，这才是真正的"知"；"知"的成心，在有所成的同时又有所毁，反而落在无所知的封闭困境。

下文又以三问来破解心知执着的自以为是。

"且吾尝试问乎女：民湿寝则腰疾偏死，鳅然乎哉？木处则惴栗恂惧，猿猴然乎哉？三者孰知正处？""且"，是承上启下的语气词。尽管如此，我还是尝试地问你，人寝卧在湿气重的地方，就会腰酸背痛，甚至半身不遂，那泥鳅会吗？住家在树上，就会惴栗惊恐，那猿猴会吗？三者间，谁能知何者才是理想的住处呢？"民食刍豢，麋鹿食荐，蝍蛆甘带，鸱鸦耆鼠，四者孰知正味？""刍"指称食草的牛羊，"豢"指称食谷的犬豕，"荐"是草，"蝍蛆"是蜈蚣，"带"是蛇，"甘"当动词用，"甘带"是以带为美味，"耆"当"嗜"解，"耆鼠"是好吃腐鼠，"鸱"是猫头鹰之类的鸟。人吃家畜，麋鹿吃草，蜈蚣吃小蛇，鸱鸦乌鸦吃鼠，这四者间，谁能说何者是标准的美味呢？"猿，猵狙以为雌，麋与鹿交，鳅与鱼游。毛嫱丽姬，人之所美也；鱼见之深入，鸟见之高飞，麋鹿见之决骤，四者孰知天下之正色哉？"雄的猵狙好以猿为雌，麋与鹿混交，此雌雄之间，误以为同类而交配，泥鳅与鱼在泥水间共游。毛嫱丽姬是人间的美女，不过鱼看到了却往深水游，鸟看到了却往高处飞，麋鹿看到了却立即奔走逃离——"决骤"是立即快速跑开——它们似乎都受到了极大的惊吓，请问四者间，何者才是真正的美色呢？陈寿昌云："三问三答,皆曰不知。非不知也,不欲用其知也。至曰孰知正处,孰知正味,孰知正色,则真不知者矣。"此所谓"不用知"是解消知之意,"真不知"是没有标准答案,唯"莫若以明"与"因是"而已!

"自我观之,仁义之端,是非之涂,樊然殽乱,吾恶能知其辩",从王倪之"道的端倪"来看,从仁义的争端,走上是非的道途,"殽"当"杂错"解,林希逸云:"樊然,纷然也。"人间社会纷扰杂乱,我怎么能判定由仁义转成是非之谁是谁非的分别呢?

"啮缺曰:'子不知利害,则至人固不知利害乎?'"王倪本道家观点,将仁义视同是非,啮缺再进一步,将是非直接等同利害,更贴近世俗民间。"不知利害"是没有利害的分别,先生不知利害,请问至人心中本来就没有利害的分别吗?"王倪曰:'至人神矣!大泽焚而不能热,河汉冱而不能寒,疾雷破山飘风振海而不能惊。若然者,乘云气,骑日月,而游乎四海之外。死生无变于己,而况利害之端乎!'"成玄英疏云:"至者妙极之体,神者不测之用。"王倪回答说,至人的人格已到了圣而不可知的神妙境地了,虽大泽焚烧,他也不会有火热的感受。成玄英疏云:"冱,冻也。"河汉的水结冰了,他也不会有冰寒的感受,甚至疾雷破山飘风振海,各本无"飘"字,成玄英疏云:"雷霆奋发而破山,飘风涛荡而振海。"成玄英本亦作"飘风",江南李氏本有"飘",今据补。闪电迅雷可以劈破高山,暴烈风势可以振动大海,却不能让他有惊恐的感受。像他这样的至人人格,人间权势名利的成败得失,一如天地间的灾变撼动,一概不放在心上,也就可以随顺云气，而与日月同在并行，遨游在人间尘垢污染之外。利害之最大，且为切身之痛的死生，都不能撼动他的生命自身，何况是身外物的利害争端呢！郭象注云："与变为体，故死生若一。"此言与天地气化同行，生死仅是气之聚散而已。王船山云："物论之不齐，依于仁义；仁义之辩，生乎是非；是非之争，因乎利害；利害之别，极于生死。"此说精到。仁义流落而为是非，是非变质而为利害，利害之极在生死。生死看开，利害、是非、仁义等物论争端，又何足放在心头。又何苦作假、作秀而演出虚妄的戏码呢？

第12章 "予谓女梦"亦梦的自我解消

瞿鹊子问乎长梧子曰:"吾闻诸夫子,圣人不从事于务,不就利,不违害,不喜求,不缘道;无谓有谓,有谓无谓,而游乎尘垢之外。夫子以为孟浪之言,而我以为妙道之行也。吾子以为奚若?"长梧子曰:"是黄帝之所听荧也,而丘也何足以知之!且女亦大早计,见卵而求时夜,见弹而求鸮炙。予尝为女妄言之,女以妄听之,奚?旁日月,挟宇宙?为其吻合,置其滑涽,以隶相尊。众人役役,圣人愚芚,参万岁而一成纯。万物尽然,而以是相蕴。予恶乎知说生之非惑邪!予恶乎知恶死之非弱丧而不知归者邪!丽之姬,艾封人之子也。晋国之始得之也,涕泣沾襟;及其至于王所,与王同筐床,食刍豢,而后悔其泣也。予恶乎知夫死者不悔其始之蕲生乎?梦饮酒者,旦而哭泣;梦哭泣者,旦而田猎。方其梦也,不知其梦也。梦之中又占其梦焉,觉而后知其梦也。且有大觉而后知此其大梦也,而愚者自以为觉,窃窃然知之。君乎,牧乎,固哉!丘也与女,皆梦也;予谓女梦,亦梦也。是其言也,其名为吊诡。万世之后而一遇大圣,知其解者,是旦暮遇之也。"

此借瞿鹊子与长梧子的一席对话以论道。王船山云："鹊有知，梧无知，瞿，两目惊视貌。鹊目不宁，梧寿最长，亦寓为之名。"此说精彩。瞿鹊子向修道有成的长梧子请教，说我曾听闻孔夫子对以下之体道者人格行谊的评论。体道的圣人不用心在事务上，不近利也不避害，心中无利害之分，也就无所求，不攀缘道。什么都没说，好像什么都说了；说了什么，也等同没有说。如同《知北游》所说的"终身言，未尝言；终身不言，未尝不言"。道不可说，在不可说中说，说了等于没说，以消解语言的困限。不求人间名利，也不攀缘道，就可以遨游在人世尘垢之外。孔子对上述圣人行谊的描述，给出了"孟浪之言"的评价。成玄英疏云："孟浪，犹率略也。"憨山大师云："孟浪，谓不着实。"也就是随兴之言而不着边际。而我却以为是"深得道妙"的体悟。"奚若"是"何若"，不知先生以为何者的评论才是贴切的？

"长梧子曰：'是黄帝之所听荧也，而丘也何足以知之！且女亦大早计，见卵而求时夜，见弹而求鸮炙'"，长梧子听闻了瞿鹊子的引述，就针对这一段圣人言行的描述，与两个人的不同评价做出回应。成玄英疏云："听荧，疑惑不明之貌。"说你引述的圣人言行，连黄帝听了也会感到迷惑，孔丘这个人又凭什么可以理解参透，而阁下你抛出"妙道之行"的直接肯定，也说得太快了。"大早计"是计之过早，仅听闻其体道之言，而未观其体道之行，就如同看到了母鸡下的卵，就马上想到了可以有司晨的公鸡——"时"当"司"解——看到了射鸟的弹弓，就想到了可以有烤鸟的美味一样言之太早，也操之过急了。

"予尝为女妄言之，女以妄听之，奚？旁日月，挟宇宙？为其吻合，置其滑涽，以隶相尊。众人役役，圣人愚芚，参万岁而一成纯。万物尽然，而以是相蕴。"在"孟浪之言"与"妙道之行"的两极评价间，我尝试着为你说说看，也请你放下你既定的观点，姑且听听看吧！"奚"如同"何如"的征询语气，意谓先生意下如何？"旁日月"是依傍日月，与日月同在之意；"挟宇宙"，孟子所谓"挟泰山以超北海"，"挟"可当"怀抱"解，是与宇宙同行之意。"为其吻合"，"吻"是"两唇之相合"，所为的是跟天地万物合为一体的"复通为一"；"置其滑涽"，成玄英疏云："置，任也；滑，乱也；涽，暗也。"置其滑涽与为其吻合，上下相对，滑涽与吻合相对，是昏乱混杂之意，"置"亦与"为"相对，可当"弃置不顾"解，似乎比随而任之更贴切。《大宗师》有云："假于异物，而托于同体。"可对照求解，"为其吻合"是"托于同体"，"置其滑涽"是"假于异物"，万物的存在皆寄身在不同的形体，而真君道心则依归于道体的一体无别，并由此得出"以隶相尊"的论断。成玄英疏云："隶，皂仆之类也，盖贱称也。……以隶相尊，一于贵贱也。"看上下文似乎不是专为卑贱人物平反，故"隶"可以泛指每一个人所隶属的形体，"以隶"即"假于异物"，而"相尊"则在"托于同体"。人人天真本德，皆天籁在人间的彰显，"为其吻合"即就此同体之天真本德，相互尊重，"置其滑涽"即放开人我形物才气之清浊强弱的分异。"众人役役，圣人愚芚"，成玄英疏云："役役，驰动之容；愚芚，无知之貌。"天下人为役所役，"役役"是役于役，上"役"字当动词用，下"役"字当名词用，指谓形气物欲的牵引，在心知介入之下，已走离实然的层次，一转而为执着造作，反过来压迫生命的本真，所以说是心为物役。圣人则无心无为，看起来像是愚昧，实则是朴质，"参万岁而一成纯"，参入万岁的时间长流，"一"是真君道心，"成纯"成其精纯，仍保有生命本德的纯真。"万物尽然，而以是相蕴"，万物的"然"，在道心的虚静观照之下一一照现，"以是相蕴"的"是"，指称"万物尽然"的"然"。万物就在人籁之真间而保有地籁之和，"相蕴"是相互蕴涵。"以隶相尊"是以有限而成其无限，"以是相蕴"，是保有人籁之真而成全地籁之和。

"予恶乎知说生之非惑邪！予恶乎知恶死之非弱丧而不知归者邪"，我怎么知道执着生死而有的悦生之情，不是自家心中的困惑，我怎么知道执着生死而来的恶死之感，不是像一个迷途在外的童稚找不到回家的路呢？"丽之姬，艾封人之子也。晋国之始得之也，涕泣沾襟；及其至于王所，与王同筐床，食刍豢，而后悔其泣也。予恶乎知夫死者不悔其始之蕲生乎？""丽之姬"之"之"字，为语助词；筐匡通用，"匡"，正也，宣颖解为"安"。像美女丽姬，是艾地封人的女儿，晋王刚要娶她过来的时候，她告别父母家人，伤感泪流沾湿了衣襟，等她到了王宫之后，与君王高枕安眠，享用美食，而后悔当初怎么会那样不舍哭泣。此"后悔"之说，对出嫁女儿心欠缺同情的了解，且语涉凉薄，暴露庄子对家人亲情少有亲切的体会，以此来破解悦生恶死的好恶之情，可能是心知执着所带来之一时的困惑。所以结语说，我怎么知道死去的人，不会后悔当初不管多痛苦也想要存活下来的坚持呢？

"梦饮酒者，旦而哭泣；梦哭泣者，旦而田猎。方其梦也，不知其梦也。梦之中又占其梦焉，觉而后知其梦也"，在睡梦中品酒享乐的人，清晨醒来不免哭泣，因为美好不再；在睡梦中哭泣的人，清晨醒来，庆幸自己逃离噩梦，赶快跑去打猎庆贺。人在梦中，不知自己正在做梦，且在梦中，又占起自己梦境的吉凶来，一直要等到清醒过来之后，才知道刚刚是做了一场梦。

　　"且有大觉而后知此其大梦也，而愚者自以为觉，窃窃然知之。君乎，牧乎，固哉"，再深进一层言之，"大觉"指谓人生的彻底觉悟，"大梦"指称心知执着之幻形不定与幻声无根的迷梦。人有了大彻大悟之后，才豁然醒觉成败得失与是非死生之执着分别与奔竞争逐，是一场人生大梦。司马彪云："窃窃，犹察察也。"而愚昧的人还自以为醒觉，可以清楚地知道自己想要什么。实则仍在一场自以为精明得意的大梦中。老在人间街头扮演主导宰制的权威角色，真的是生命的固有鄙陋啊！"君乎，牧乎"，各家注皆以"君"为贵，而以"牧"为贱。实则，窃窃然以察察为明的人，自我估评乃主导与引领时代走向的人，"牧"可当"引领"解，如旧时州牧，不是一州的长官吗？

　　"丘也与女，皆梦也；予谓女梦，亦梦也。是其言也，其名为吊诡。万世之后而一遇大圣，知其解者，是旦暮遇之也。"陆德明云："吊，至也。"卢文弨云："诡，异也。"故"吊诡"是大大的诡异。孔丘所说的"孟浪之言"，与你所说的"妙道之行"，此对体道生命的评论，都落在言诠中，而言语道断，有如做梦般不真实。而我说你们两个在梦中的本身，也在梦中。

　　本来，孔丘与瞿鹊子以言语说道有如在梦中的评论，此为

"对象语言",可视为第一序;而说出这一评论的本身,此为"后设语言",可视为第二序。二者分属不同的层次。故不能给出你说我们在梦中,你本身也在梦中的论定,这是"对象语言"与"后设语言"的混淆,也就是自我指涉的谬误。因为我说你们两个在梦中的本身,理当受到保护,否则等于自我否定,是为不正当循环的谬误。如《墨经》有云:"以言为尽悖,悖;说在其言。""悖"同"悖",是悖谬、谬误之意,"说",是陈述理由。意谓把一切言语都看作悖谬的本身,是悖谬的,理由在那会否定了这句话的自身。此"以言为尽悖"是"对象语言",说"以言为尽悖"的这句话为"后设语言",不能以第一序的对象语言来指涉第二序的后设语言。故这句话当修正为"以言为尽悖,不悖;说不在其言"。"不悖"是不能指涉其自身,"不在其言"是这句话本身要受到保护。就庄子而言,予谓女梦,本非梦,以言语说道是梦,而我说你们两个在梦中的这句话本身,不能是梦,不然岂非梦话连篇,等同没有意义了。兹举一例,市政府在公设布告栏内贴出一张公告,上写几个大字:"禁止在此张贴。"它指涉的对象是已在此张贴或即将来此张贴者,但不包括这一张公告的自身。故民间不能站出来指责,说既然禁止在此张贴,怎么官方率先贴了一大张,果真容许州官放火,而不许百姓点灯吗?因为这样的质疑问难,就是犯了自我指涉的谬误。

以当代语言哲学的立场,要保护每一个人都有发言的权利,不能用他所说的话,逼他否定他自己。故"予谓女梦",当该非梦也,"以言为尽悖",也当该不悖,而受到保护。大大的诡异在,庄子竟放弃了自我的保护,把"非梦也"说成"亦梦也"。

这是道家生命的大智慧，不保护自我，而解消自我，我说你们两个在梦中，我也在梦中，我陪你，我没有优越感，也没有高人一等，大家一起放下，而"复通为一"。这就是滑疑之耀与葆光的自我涵藏，就在内敛涵藏中体现了"道通为一"的理境。此陈寿昌云："名曰吊诡，实则大有妙道存其中也。"

"万世之后而一遇大圣，知其解者，是旦暮遇之也"，万代之后，能遇到一位大圣人，以其智解妙悟，揭开深藏在诡词为用中的生命大智慧，就好像早晚会遇到他一般幸运。

第13章　忘年忘义的和以天倪

"既使我与若辩矣，若胜我，我不若胜，若果是也，我果非也邪？我胜若，若不吾胜，我果是也，而果非也邪？其或是也，其或非也邪？其俱是也，其俱非也邪？我与若不能相知也，则人固受其黮暗。吾谁使正之？使同乎若者正之？既与若同矣，恶能正之！使同乎我者正之？既同乎我矣，恶能正之！使异乎我与若者正之？既异乎我与若矣，恶能正之！使同乎我与若者正之？既同乎我与若矣，恶能正之！然则我与若与人俱不能相知也，而待彼也邪？何谓和之以天倪？曰：是不是，然不然。是若果是也，则是之异乎不是也亦无辩；然若果然也，则然之异乎不然也亦无辩。化声之相待，若其不相待。和之以天倪，因之以曼衍，所以穷年也。忘年忘义，振于无竟，故寓诸无竟。"

"既使"即今之"即使"。人间是非，本在物论。物论是合理地解释万物的存在，问题在，不同家派的物论，落在人间而言，即成相对的是非。二者皆属相对的对，没有人可以是绝对的对。在我是则彼非、彼是则我非之下，是非仅能依凭论辩而分胜负。庄子的质疑在，即使我跟你进行一场论辩，你胜了我，我胜不了你，你果真就"是"，我果真就"非"吗？反过来说，我胜了你，你胜不了我，我果真就"对"，你果真就"错"吗？二者之间可能有一个为"是"，可能有一个为"非"，另有可能二者"皆是"与二者"皆非"。难题在，我跟你各据立场，各有角度发言，彼此间走不出自己，也就看不到对方。李颐云："黮暗，不明貌。"依此看来，人我之间本来就处在暗昧不明的状态中。

要走出此一幽谷困境，或许可以请一个公证人来做出裁决。问题在有谁可以来当公证人？请观点跟你相同的人来当公证人，他既已认同你了，怎么能公正？请观点跟我一致的人来当公证人，他既已肯定我了，怎么能公正？找一位观点跟你我都不同的人来当公证人，他的观点既已跟你我都不同了，怎么能当公证人？找一位观点跟你我都相同的人来当公证人，他的观点既已跟你我都相同了，又怎么能当公证人？一个是我这边的人，一个是你那边的人，一个是另立一说的人，一个是两边都不得罪的人，情势如此，那么我跟你，跟天下人，都落在不能相知的困境中。幽谷依旧，"而待彼也邪"，船山云："天道之彼。"又云："彼者，滑湣之天府，不可为名，而固有在之辞。"宣颖云："总煞一句，尚待谁正？"看上下文，宣颖之说较贴切。船山以下文之"和之以天倪"来解"彼"之意涵，实则它的语意很素朴，只是说还能等待谁来做出分判！

"化声之相待，若其不相待。和之以天倪，因之以曼衍，所以穷年也"，此依宣颖《南华经解》本，将这一小段上移至"何谓和之以天倪"之上，理由在总得先说"和之以天倪"，下文再问"何谓",上下文意得以顺承,且"待彼也邪",也得立即给出"若其不相待"的解答,义理较连贯。郭象注云:"是非之辩为化声,夫化声之相待,俱不足以相正,故若不相待也。"宣颖解"化声"为"是非变化之声",又解"相待"为"欲待人正",此承郭象注。成玄英疏云:"夫是非彼我,相待而成。"彼我相对,是非亦相对,心知执着彼是而为是非,故是非没有客观普遍的意义,反而是主观的偏见。此本质上相互对待的是非,试图通过论辩的胜负以分判孰是孰非,却有"待彼也邪"之不可能获致定论的感叹结语。唯有"若其不相待","若其"是"或可"之意,或许可以把本来相待的是非,看作不相待。此"看作"乃由"照之于天"与"莫若以明"的观点而照现。

在"彼是莫得其偶"的情况下,"彼"得不到"是","是"也不能取代"彼",仅有跳开彼是相对,而超越在彼是之上。"谓之道枢",是站在天道的枢纽上,"枢始得其环中,以应无穷",道枢是圆心,万物环绕圆心而转,以应万物本属相对的无穷是非,此将环绕圆周周边的相对是非,扭转而为"不相待",这就是"和之以天倪"——"和"是解消对待,而融入道枢天倪;"天倪"是天道透显的端倪。天道一体无别,万物从对列相待中,转成不相待,各回归自己的是自己的然,那就是"因之以曼衍"。成玄英疏云:"曼衍,犹变化也,因,任也。"宣颖解"曼衍"为"无畔岸也",此谓顺任无穷尽的变化。实则,"因之"如同"因是已",道心顺任万物之所是而是之,万物之所然而然之,虽变化依旧,却是无执着无分别的与天地并生,与万物为一。"所以"当"用来"讲,在人人皆可物物皆然的一体无别中,才值得去穷尽有生之年的自在美好。

"何谓和之以天倪？曰：是不是，然不然。是若果是也，则是之异乎不是也亦无辩；然若果然也，则然之异乎不然也亦无辩。""何谓"重点不在什么是"和之以天倪"的界定问题，而在为什么要"和之以天倪"的理由论述。人间彼是的论辩，旨在"是"与"不是"，"然"与"不然"的分判。"是"的存在，果真是"是"了，那正面的"是"，有别于负面的"不是"，再清楚不过了，又何须人为地辨别；"然"的存在，果真是"然"了，那正面的"然"，有别于负面的"不然"，也是很明确的了，又何须人为地辨别。

"忘年忘义"，船山云："生死忘而忘年，是非忘而忘义。"庄子从"成形"而有"彼是"，再心知执着，转"彼是"而为"是非"；另从"形化"而有少、中、老的阶段区分，再"其心与之然"，而有"生死"的执着分别。此人间天下的"是非"纷扰，与人物自我的"死生"伤痛，乃人生两大困苦。"忘"是解消执着与分别，解消纷扰，也远离伤痛，而让生命在无分别也无穷尽之中，活出本有的自在美好，这就是"振于无竟"的真正意涵。成玄英疏云："振，畅也；竟，穷也；寓，寄也。"宣颖云："鼓舞无穷之际。"不论说是畅发或鼓舞，"振"是重振生机活力，故人生道上要将生命寄寓在"无何有之乡"，从心的无何有，而有"无限制"也无穷尽的存在时空，去展开"大而化之"的逍遥游。故《逍遥游》的根基，在《齐物论》，"无竟"是"无何有"，"无何有"是"无待"，那就自在逍遥了。

第14章　如影随形的生命流落

罔两问景曰:"曩子行,今子止;曩子坐,今子起;何其无特操与?"景曰:"吾有待而然者邪?吾所待又有待而然者邪?吾待蛇蚹蜩翼邪?恶识所以然!恶识所以不然!"

"景"即"影",影子本不清晰,是为"罔";"罔两",向秀云:"景之景也。"是影子拖带出来的影子,是影子的二次方。故"罔两问景曰"是"影之影"问"影"说。此有如童话卡通,以"影子影"与"影"作为这一段寓言对话的主角。大文豪的庄子,展现的是丰富的想象力与灵动的幽默感,说出了大哲人的庄子对生命存在的真切体悟。"曩",成玄英疏云:"昔也。"指称刚才这个时刻。刚才我看你正在行走,现在你却突然间停了下来;刚才你坐得好好的,现在你却突然站了起来。为什么老兄你如此没有特立独行的操守呢?这是严重的质疑与抗议。因为影之影在影子的起坐不定与行止无常间,会陷落在不被告知而老被牵动的无奈中。

影子回答说:你不要怪我,我是不得已的,作为人家影子的我，老依附在形体的身上，是行是止，要起要坐，可不是我自己所能决定的。我是被形体拉扯牵动，才会如此行止无常与起坐不定。不过，也请你不要责难我所待的那个人，因为他本身也是有所待的。"吾有待而然"是不由自主，"吾所待又有待而然"是不能做主。"吾待蛇蚹蜩翼邪"，我所待的这个人，他的处境身份，有如蛇所蜕的皮、蝉所脱的壳一般，他不是蛇本身，也不是蝉本身。既然他只是蜕的皮、脱的壳，故从他的身上，你怎么能去了解生命现象之所以如此、所以不如此的理由所在。因为"影子"有待于"形"，而"形"自身又有所待，"然"与"不然"，不是形体所能主导。上文有云，百骸、九窍、六脏，皆为臣妾而不足以相治，是为了合理地解释生命一体统合的现象，而证存在百骸、九窍、六脏之上另有"真君"的存在。

这一段寓言，上承"待彼也邪"的理路，唯"吾所待又有待"，"影子"所待的是"形体"，而"形体"又另有所待，此所待者何，犹未给出解答。曾国藩以"景为形使"说"有待"，以"形为气使"说"又有待"，似乎以"一气之化"作为生命现象之"然"与"不然"的主宰者。此说背离庄子证存真君与逼显天籁，以合理解释万物存在的诠释系统，在是非化声中，"待彼也邪"所待的是不相待的"天倪"，在影之影与影、影与形的"所待而然"的纠葛间，隐藏在"恶识所以然，恶识所以不然"背后的终究解答，当是在百骸、九窍、六脏之上的"真君"，真正可以做主的生命主体。此陈寿昌云："夫有待而然，然与不然，任之可也。至非影非形，别有真宰，能游心于物之初。"在是非相待间，"任之"是"因是已"，顺任对待双方之所是而是之，即可跳开"仁义之端"与"是非之涂"的纷扰。而影有待形，形又另有所待，前者不由自主，后者不能做主，故主导生命动向的人，不是影之影，不是影，也不是形，而是别有真宰，称之为真君的生命主体。此心游于"物之初"，游于万物存在的天生本真，也就是"和之以天倪，因之以曼衍"之意。

　　处在尖端科技与繁华都会的现代街头，人跟人之间的相处，看似更亲密，实则更疏离，靠网络信息维系个人与群体的联结，流行、时髦与新潮，在虚拟情境中打转，很快成了泡沫。人生的处境，不仅是媒体炒作与商品营销的"罔两"，根本就是"罔万"，是影子的万次方，什么都从网络媒体来，而没有自家的用心与观察，没有自家的心得与感受，真的成了"恶识所以然，恶识所以不然"的虚拟存在，成了蝉所脱的壳与蛇所蜕的皮一样的空壳，人生至此能不痛切反省，而朗现生命主体的真君，从昏睡中觉醒，带我们回归天真本德的自然美好吗？

第15章　庄周梦蝶的物化有分

昔者庄周梦为胡蝶，栩栩然胡蝶也，自喻适志与！不知周也。俄然觉，则蘧蘧然周也。不知周之梦为胡蝶与，胡蝶之梦为周与？周与胡蝶，则必有分矣。此之谓物化。

王叔岷云："昔者，犹夜者，古谓夜为昔。"某一个夜晚，庄周在睡梦中，竟发现自己成了一只在花园翩翩起舞的蝴蝶。成玄英疏云："栩栩然，忻畅貌也。喻，晓也。"另李颐云："喻，快也。"快意自得之意。它正得意于自己可以随心所欲满园飞舞，就在这个当下，忘掉了本来名为庄周的那个人。

"俄然"，是顷刻间，成玄英疏云："蘧蘧然，惊动之貌也。"没多久，从梦中醒来，才赫然发现自己还是原来叫庄周的那号人物。这个时候，心中闪现一个大问号，不知刚刚是庄周梦为蝴蝶，还是现在蝴蝶梦为庄周呢？在气化的流转与人事的变迁中，人会以不同的姿态出现，不知哪一段是梦，哪一段是觉？在此一梦境中，周可以是蝶，蝶可以是周，只要解消了形体的局限，打破了物我之间的藩篱，情景交融而物我两忘，这是大文豪的庄周。

急转直下的转关,端在"周与胡蝶,则必有分矣。此之谓物化"的结语。不论是周梦蝶,还是蝶梦周,终究每一个人都会在自己的梦境中醒来,所以周与蝶,总要回归自己的天生本真。"分"是存有论意义的性分,不管梦境有多美,庄周还是要回头做庄周自己,蝴蝶还是要回头做蝴蝶自己。此一"必有分"的大觉,打破了大文豪生命交会的美感意境,庄周终究要回归大哲人的本有分位。

"此之谓物化",王船山云:"化之在物者。"宣颖云:"周可为蝶,蝶可为周,可见天下无复彼物此物之迹,归于化而已。"又云:"我一物也,物一我也,我与物皆物也,然我与物又皆非物也,故曰物化。"唐君毅云:"随之而化,物我冥合。"徐复观云:"物化的境界,是物我一体的艺术境界。"看近、现代四大家的说解,船山、宣颖重"物化"的功夫义,唐、徐重"物化"的境界义。故"物化",兼有功夫与境界二义。从庄周梦蝶而言,梦境中形物的局限被消解了,打破了人我之间"成形"的障隔,此回应篇首"吾丧我"的功夫义,"物化"即是"丧我",在解消局限与打破障隔间转化,有如《逍遥游》的"化而为鸟"的蜕变转化。故说"物化",无异说"至人无己"之亦功夫亦境界,"无"掉"己"与"化"去"物"是功夫;"无己"与"物化"描述至人人格与万化冥合的修养境界。王船山有一段深具洞见的诠释,云:"是非之所以自成,非声之能有之也,而皆依乎形。有形则有象,有象则有数,因而有大有小,有彼有是,有是有非;知由以起,名由以立,义由以别,以极乎儒墨之竞争,皆形为之也。而孰知形亦物之化，而非道之成纯者乎？故于篇终申言物化。"船山拈出是非皆依乎形的关键观点，可以回应"非彼无我，非我无所取"所指涉的"彼"，乃是"一受其成形"的"形"，若无此一成形，不会有彼是之分，也就不会有心知执取物形的是非之别了。

　　此段寓言展现了修养功夫的三部曲：一是周是周，蝶是蝶，这是"觉"的存在处境；二是周不是周，蝶不是蝶，同时周可以是蝶，蝶可以是周，这是"梦"的修养功夫；三是周更是周，蝶更是蝶，通过生命的交会与融入，而与万物冥合，此开显的是"大觉"的生命理境。此从"觉"的"迹"与"梦"的"冥"，再体现"大觉"的"迹而冥"，正与青原惟信禅师所证成的修行三关，千古呼应。"老僧三十年前未参禅时，见山是山，见水是水"，这是第一关；"及至后来亲见知识，有个入处，见山不是山，见水不是水"，这是第二关；"而今得个休歇处，依前见山只是山，见水只是水"，这是第三关。此"只是"又何止"只是"，根本就是最高理境的开显。此即庄子"周与胡蝶，则必有分"之真实生命的朗现。看来禅门修行三关似乎受了"庄周梦为蝴蝶"这一寓言的重大启发，就生命智慧而言，道佛两大家前后辉映，也千古呼应。庄子《齐物论》的奥义妙旨，在平齐儒墨两大家的物论教义之外，也消融了道佛两大教的道行进路。

养生主第三

【解题】

解析此篇题旨，可有三说：

一是"养生"之主，如郭象云："生以养存，则养生者理之极也。若乃养过其极，以养伤生，非养生之主也。"此以"养生"连读，而以"理之极"说养生之"主"。

二是养"生之主"，如宣颖云："谁为生主，无可指也，真宰真君前篇又已昭揭，此篇止写养之之妙。"此以"生主"连读，生主即作为生命主体的"真君"。王船山亦云："形，寓也，宾也；心知寓神以驰，役也，皆吾生之有而非生之主也。……养形之累显而浅，养知之累隐而深。"既非养形，又非养知，则养"生之主"者，就在养"心"。

三是统合上述两种说法，归结而为："养生"之主，在养"生主"。如憨山云："本篇教人养性全生，以性乃生之主也。"此以"全生"说"养生"，而以"养性"说养"生之主"，意谓养生之道，就在养"生之主"的心性。

千年解庄传统，有此三说并列，第三说统括前两说，较能凸显本篇之题旨要义。从"为善无近名，为恶无近刑"之"缘督以为经"，与"庖丁解牛"之主题寓言来看，皆指涉"生之主"的虚静涵养；再以"火传也，不知其尽也"来看，重在"不知"的心知解消，此亦在"心"上做功夫。

庄子以解牛喻养生，而解牛之道，端在"无厚入有间"，意谓牛体有间，而刀刃无厚，故说是解开牛体，实则解消主体，此即"养生"之主在养"生主"的意涵所在。"缘督"是循虚而行，"不知"是解消心知，都落在"心"上说。

第1章 "以有涯随无涯"的存在困局

　　吾生也有涯，而知也无涯。以有涯随无涯，殆已；已而为知者，殆而已矣。为善无近名，为恶无近刑。缘督以为经，可以保身，可以全生，可以养亲，可以尽年。

　　"吾"，泛指人世间的每一个人，"生也有涯"，从"一受其成形，不亡以待尽"来看，成形而待尽，已注定此生有涯岸，有限界的终局。这是亘古以来人人皆然的宿命与伤痛。人生仅有百年岁月，端看自家如何活出这百年人生的美好。

　　在"生也有涯"的人物命限之外，我们又面对"知也无涯"的人间缘会。我只是我，我不可能是别人，所以我们被迫地往人间街头去找朋友，分享他们的光彩，以丰富生命的内涵。"知也无涯"，从"其觉也形开，与接为构"来看，官觉接物，而心起执着，故"知"不是客观认知的知识学问，而是心知对人间万象的执着。人间街头什么都有，而我们什么都想要，每天演出权势争逐与名利奔竞的人间大戏。且我们心中想要的也随着街头流行与网络信息在不断地扩大与加深中，有如滚雪球般越滚越大，大到可以淹没生命自身，也覆盖了人间的真情与人生的理想。人生岁月流落在"其行尽如驰，莫之能止"的漂泊中，没有人停得下来，因为停下来就输了。

不仅我们自己想要的太多，更严重的是你想要的，天下人也想要，大家冲上街头打天下，纷扰纠缠，加上权谋算计，而形成难解的心结，此之谓"日以心斗"，战火从街头延烧到自家的心头。船山云："知生于心，还以乱心。"又云："知之变迁，缘喜、怒、哀、乐，虑、叹、变、慹，而生左右、伦义、分辩、竞争之八德。"此解心起执着之"知"，乃由人物自我的"八情"，而往人间天下的"八德"走。"八情"是喜怒哀乐的情绪流转与虑叹变慹的生命起伏，而"八德"则在天下人我间，借以分辩伦理与竞争义宜的名号范畴。此自我绑住了天下，也在天下的罗网中受苦。

宣颖以"年命在身有尽"说"生也有涯"，以"心思逐物无边"解"知也无涯"，此说解精准，在各家注中独擅胜场。"年命在身有尽"，是人物的有限性，"心思逐物无边"，是人间的复杂性。而人生是人物走在人间，二者联结，就成了人生的存在处境，也就是有限的人物，走上复杂的人间，等于人生的命运，人物有限命定，而人间复杂难运。庄子《逍遥游》正回应"生也有涯"的有限性，而开拓从有限走向无限的自在空间；《齐物论》正回应"知也无涯"的复杂性，而朗现从复杂回归于单纯的自得理境。

"以有涯随无涯，殆已。""随"当"追逐"解，而"殆"是危殆，此一"随"字，将生有涯而知无涯的存在处境，串联而成存在的困局。成玄英疏云:"用有限之生逐无涯之知,故形劳神弊而危殆者也。"生有涯的年命有尽,而逐知无涯的心知无边,势必形神俱疲,而难竟其功,故"殆已"意为那是不可能的任务。再从"终身役役而不见其成功"来做一价值的评估,终身为役所役,形劳神累,却不知所为者何,故"殆已"不仅是事实的不可能,而更是价值的不值得。此生虽有限,分分秒秒可都是真的,心知看似无限,名利权势却是假的,故"以有涯随无涯",等同以生命的真实,换取人为的虚假,当然是不值得的。"已而为知者,殆而已矣","已"当"如此"解,已知结局如此,却不想回头,仍一头栽进打天下的不归路,那庄子就给出了"殆而已矣"的终局判定,意谓已走入绝境,再也找不到出路了。

"为善无近名,为恶无近刑",此即针对心知的困与生命的苦,开出对治的药方。依道家思考,心有知的作用,而知的本质是执着。可心知所执着的就在美丑善恶的价值二分。成玄英注云:"要切而言,莫先善恶。故为善也无不近乎名誉,为恶也无不近乎刑戮。"此将"无"说成了"无不"。看上下文当"毋"解较贴切。"无"是告诫语,当"不要"解。这两句话可调整为"无为近名之善,无为近刑之恶"来理解,而不失原有的意涵。且这两句话不能拆开两半来说解,因为善恶相对,要一体求解。其根本意涵在无为善,无为恶,近名、近刑只用以形容善恶在人间所引发的反响。且无为的源头在无心,善恶的执着与分别,都是"名";而善恶的执着分别所拖带出来的压力与伤痛,也都是"刑",所以,善恶的二分,既是"名",也是"刑"。故"无近名"与"无近刑",说的是不要有心知的执着,也不要人为的造作,前者是"名",后者是"刑"。从不知善不知恶,到无为善无为恶,善恶一起解消放下,无名也就无刑了。此有如《齐物论》所说的有成即有亏,无成也就无亏之意。心知"成"了,生命却亏了,成了"名"也受了"刑",成名人同时也是受刑人。上下两句一起说,心知不要有善恶的执着与分别,生命就不会承受这一执着分别所拖带出来的压力与伤痛了。

"缘督以为经",即上承前两句而做出的综括语。成玄英疏承郭象注的"顺中以为常",云:"缘,顺也;督,中也;经,常也。善恶两忘,刑名双遣,故能顺一中之道,处真常之德。"宣颖云:"不可指其为善,不可指其为恶,善恶之迹俱无所倚,惟缘中道以为常也。何故兼言为恶,夫徇知有为,而为神明之累,善与恶均也。知善恶之均者,于缘督之义其庶乎!"成玄英与宣颖两家,堪称解人。"善与恶均"的体悟,与"善恶两忘,刑名双遣"的一体放下,深具洞见。不过郭注成疏将"缘督以为经",解为"顺中以为常",却不易理解。除非"中"当"冲"解,冲是"虚",虚是"无",正回应无为善无为恶,与不知善不知恶的意涵。否则,说"顺一中之道",而与"处真常之德"相对,"一"可说是"道",而"中"乃不偏不倚之谓,不偏善恶两端之意。此曲为之解,尚可讲通。

王船山云:"身前之中脉曰任,身后之中脉为督。督者居静,而不倚于左右,有脉之位而无形质者也。缘督者,以清微纤妙之气循虚而行。……不居善之名,即可远恶之刑。"此解"缘督以为经",为"循虚而行",合乎"中"当"冲"的理解,而"不居善之名,即可远恶之刑",可谓先得我心,所见略同。

有了"顺中以为常"或"循虚而行"的处世智慧,就可以扭转"殆而已矣"的存在困局,而回归天生本真的自然美好。"可以保身,可以全生,可以养亲,可以尽年",就以身心灵三层次的现代观念来理解,"保身"是保有形躯生命的存在,"全生"是存全生命的真实,"养亲",陈寿昌云:"存养受生始气,《黄庭经》所谓道父道母也。"此解已近道教养生之义。《老子》二十章有云:"我独异于人,而贵食母。""母"指谓"道","食母"实则是从"德"往"道"回归的巧喻说法。"保身"在"身"的层次说,"全生"在"心"的层次说,"养亲"在"灵"的层次说。保有形身,又存全天真,乃由天真之德往母体之道回归,最后统贯三层次。"可以尽年",是享有天生本有的年岁,这一解,彰显了"养生"之主在养"生主"的主题意涵。

第2章 游刃有余的处世智慧

一、目视、心知、神遇的解牛三层境

庖丁为文惠君解牛,手之所触,肩之所倚,足之所履,膝之所踦,砉然向然,奏刀騞然,莫不中音。合于桑林之舞,乃中经首之会。文惠君曰:"嘻,善哉!技盖至此乎?"庖丁释刀对曰:"臣之所好者道也,进乎技矣。始臣之解牛之时,所见无非牛者;三年之后,未尝见全牛也;方今之时,臣以神遇而不以目视,官知止而神欲行。依乎天理,批大郤,导大窾,因其固然。技经肯綮之未尝,而况大軱乎!"

"庖丁"是掌厨的男士,为君王展示解牛的过程。这是寓言故事,但情节铺排得也合情合理。庖丁是仆役,何以能为文惠君做一专业的演出?且是解牛的场景?想必君臣之间相处日久,已有相知的情谊,且得到君王的信任。依宣颖的说解:"以手推牛,以肩就牛,以足踏牛,以膝压牛。四句解牛之形。"此细说解牛的动作。除了"形"其容之外,尚有配其"音"的描述:"砉然"是骨肉离析的声音;"向然"当读成"响然",是随刀而响应;"奏刀"是进刀,"騞然"是随出刀的挥舞节奏,而发出气之回旋激荡的声音。"中"当"合"解,"莫不中音"是没有不合乎音乐的节奏。"合于桑林之舞,乃中经首之会",成玄英疏云:"桑林,殷汤乐名也,经首,咸池乐章名,则尧乐也。"意谓合乎桑林乐章的舞蹈动作。又云:"音中桑林,韵符经首也。"此解"乃中经首之会",与"合于桑林之舞"前后呼应,言其舞蹈律动与乐章节奏应合。唯王船山云:"牛之经脉有首尾,脉会于此则节解。"并云:"旧说,非是。"意谓刀解经脉首尾相接之处,则整只牛体的结构随之解开。此说切合文中的意义。

文惠君观赏了庖丁解牛的过程,叹为观止,赞美地说:"真美妙啊,一个人解牛的技艺,怎么可能达到如此高超的境地!"成玄英疏云:"譆,叹声也。""盖"音义等同"盍",当"何"解。庖丁放下刀,答道:"臣一生所追寻的是'道'的体现,早已越过'技'艺的层次了。"这可不是"技"艺的演出,而是"道"的理境开显。显然,庖丁是隐逸人物,藏身于此,为君王展现的正是治国之道。

庖丁将解牛从君王解读的器用技艺,拉回自身的道行现场,将自家解牛的功夫,分三进阶之三层境来解说。"始臣之解牛之时,所见无非牛者",刚开始解牛的时候,眼中看到的没有不是牛的,也就是整头牛出现在自己的面前,成了自己的压力与负担;"三年之后,未尝见全牛也",过了三年的磨练之后,眼中就不再看到整头牛了,意谓在经验累积与技艺精熟之后,牛的形体血肉不见了,只着眼牛体的骨架结构;"方今之时,臣以神遇而不以目视,官知止而神欲行",成玄英疏云:"遇,会也。""神遇"即以心神与牛体交会,而不再用肉眼看了。

问题在,第一层境是用"肉眼"看,第三层境是以"心神"会,那第二层境是用什么看,会只看到骨架,而没有看到血肉?答案藏在"官知止而神欲行"的解读上。历代注疏与当代学者都以两层境来理解,一是目视,一是神遇。如成玄英疏云:"谓目主于色,耳司于声之类是也。既而神遇,不用目视,故眼等主司,悉皆停废,从心所欲,顺理而行。"宣颖亦云:"手足耳目之官不用,心神自运。"此官知连读,而与神遇上下两层对应。当代学者刘笑敢将"官知止"解为"五官和知觉的作用停止",且将"三年之后"与"方今之时"混同不分,皆属"神遇",而与"目视"上下两层对应;崔大华亦然。凡此皆漠视甚至抹杀了原典而不求甚解,好像"未尝见全牛"的第二层境根本就不存在一般,均固守"以神遇而不以目视",而忽略了"官知止而神欲行"的妙蕴奥藏。"神欲行"就是"神遇",心神随顺自己的感应前行,而以神会牛,此一理境在"官与知皆止"的条件下,才得以开显。"官"是感官,"知"是心知,感官目视,属第一层境的"所见无非牛";心知抽象,属第二层境的"未尝见全牛";第三层境在官能与心知皆停止其作用,而以神遇会牛,所看到的则是牛体的神韵风骨,此有如山水画的大家,所捕捉到的灵气神采一样的高妙境界。

这三层境的进程,可以在《人间世》的"心斋"功夫,得到印证与支持。"听之以耳"是"目视","听之以心"是"心知","听之以气"则是"神遇"。"气也者,虚而待物"的"虚",正是"神遇"的"神",而"待"也就是"遇"了。这可不是对待的"待"与相遇的"遇",说是"虚",说是"神",心致虚守静,生发神用无方的妙运,那就是"照之以天"而"莫若以明"的超越观照了。故遇牛待物是观照物,照现物也就等同生成物了。成玄英疏以"从心所欲,顺理而行"解"神欲行",前半句尚贴切,后半句则不妥。反而宣颖"心神自运"之说,较切合生命主体以神会牛的本来意涵,因为"神欲行"是主体心灵的神感神应,而"理"则有存有论的客观意义。故"顺理而行"之说,不如"心神自运"之说妥贴。统合言之,解牛三层境:一是牛在那儿,是具体的血肉;二是牛不见了,是抽象的骨架;三是牛又回来了,则是生命的理境。

"依乎天理,批大郤,导大窾,因其固然。技经肯綮之未尝,而况大軱乎",这一小段,说"神欲行"的自然流行,那把刀正是生命主体的象征,宣颖云:"刃即神之喻也。"故"神欲行"即是那把刀的解牛行程,"天理"仅是形气的构成之理,未有形而上的价值意涵。刀的动向顺应且融入牛体天生的纹理。"郤"当"隙"解,"批大郤"是批开筋骨的空隙。成玄英疏云:"窾,空也,骨节空处。""导大窾"是引刀通过骨节间的空处。二者皆"因其固然",顺应牛体本来的结构。"技经肯綮之未尝",俞樾云:"郭注以技经为技之所经,殊不成义。……肯綮并就牛身言,技经亦当同之。技疑枝字之误。……枝谓枝脉,经,谓经脉。枝经,犹言经络也。"此说言之有据。再依船山说,"肯"为着骨肉,而"綮"为筋结处,由于整句话的主语是"刀",故宣颖云："我技精妙,骨肉连着处,吾刀未尝一经之。"此说不可从,一者"技"不当"技术"解,二者"经"亦不当"经过"解,可以解读为枝脉与经脉,"未尝"可以解为吾刀皆未尝碰触。若"尝"当"试"解,则为未曾以刀尝试之。"而况大軱乎",经络筋结尚且不去碰触,何况是大的骨头呢?

二、"无厚入有间"的游刃有余

"良庖岁更刀,割也;族庖月更刀,折也。今臣之刀十九年矣,所解数千牛矣,而刀刃若新发于硎。彼节者有间,而刀刃者无厚;以无厚入有间,恢恢乎其于游刃必有余地矣,是以十九年而刀刃若新发于硎。虽然,每至于族,吾见其难为,怵然为戒,视为止,行为迟。动刀甚微,謋然已解,如土委地。提刀而立,为之四顾,为之踌躇满志,善刀而藏之。"文惠君曰:"善哉!吾闻庖丁之言,得养生焉。"

此下即回归生命主体的"刀"而现身说法。说,好的庖人,是一年换一把刀,因为只切割肉;一般的庖人,因为老去砍斫骨头,就得一个月换一把刀。释德清云:"折,斫也。"俞樾以为"割""折"都当用刀言,而不能是郭象注与宣颖解所说的"中骨而折刀"的意思。一切割,一砍斫,前者岁更刀,后者月更刀,因为砍斫比切割对刀身的磨损更大。今臣用以解牛的这把刀,已十九年之久,解的牛只已有数千头了,请看我的这把刀,就好像刚从砥石磨出来一样崭新完好。"新发于硎",宣颖解"发"为

"磨也"，"硎"为"砥石"。理由在，我的刀从来就不去切割，也不去砍斫，而是解开。

下文再说解牛的原理，"彼节者有间"，就外在牛体来说，是骨节都有空隙；"而刀刃者无厚"，再从生命主体而言，是刀刃没有厚度。成玄英疏云："用无厚之刀，入有间之牛。"人生是人物走在人间，自我走向天下，人物自我没有厚度，而人间天下却存在着空隙，以无厚的主体走入有间的客体，"恢恢乎其于游刃必有余地矣"，任何窄小空间都有如无限宽广的天地，主体的刀可以在那里回旋挥舞，一点也没有挤迫感，甚至还觉得有多余的空间呢！"是以十九年而刀刃若新发于硎"，就因为游刃而有余，所以我这把刀历经十九年了还完好如初呢！人间世是人跟人构成的关系世界，是结构体，一定存在着可以解开的空间。关键在，生命主体的这把刀，能够无己无功无名，能够丧我物化地自我解消吗？"无厚"是解消心知的执着与形躯的障隔，也就可以解消自我，而融入天下了。

游刃有余，话说得轻松，实则，过程中的每一步骤，都是心神专注，而不敢大意。"虽然，每至于族，吾见其难为，怵然为戒"，"族"读为"簇"，郭象注云："交错聚结为族。"宣颖云："筋骨聚处。"每到筋骨交错聚结之处，眼看这把刀难以通过，"怵然"是警惕貌，"为戒"是引以为戒。"视为止，行为迟。动刀甚微"，视觉为之而止，"止"有专注集结的意涵，郭象注云："不复属目于他物。"意谓眼光专注于筋骨交错处；"行为迟"，是动作为之而迟，说的正是"动刀甚微"，刀在牛体骨节间行走，好像动了又好像没动。在若有还无间，"謋然已解"，宣颖云：

"謋，解貌。"奚侗云："疑为磔字之误。"《广雅·释诂》："磔，开也。"这两种说法正与下文"已解"相应，意谓牛体崩解，"如土委地"，陈寿昌云："委，犹落也。"宣颖云："如土崩然。"有如尘土飘落大地般垮了下来。"提刀而立"，生命主体完成了活出一生的艺术作品，有如独立高岗上，意态昂扬，展示那把解开人物有限与人间复杂，且完好如初的生命之刀。"为之四顾"，回首一路走来面对挑战，却能迎刃而解，有一分放下自得的美感；"为之踌躇满志"，得意于生命自我的价值体现，"踌躇"，郭象注以"自得"言之，成玄英疏则以"闲放从容"言之，此道家式的踌躇满志，就在从容自得。"善刀而藏之"，郭注成疏皆以"拭"解之，实则，刀循虚而行，未割未斫，经络筋骨未尝碰触，何须拭刀。故"善刀"之"善"，当从"藏之"而言，有如老子"水善利万物而不争"之"善"，就从"不争"言之，道家通义"善"在无心自然，亦即不执着，不以为善之意。故"善刀"是生命自我的内敛涵藏，以免显露自家的锋芒与气势。

"文惠君曰：'善哉！吾闻庖丁之言，得养生焉'"，文惠君大为赞叹地说："多么不可思议啊，我听了庖丁一席话，就此体悟了养生之道！"此船山有云："所谓不德之上德也，内以养其生，外以养天下，一而已矣！"何止养生之道，更重大的是为政之道，总要"以无厚入有间"，君上无心无为，天下自然归于平治。

第3章　有名即有刑，无名则无刑

公文轩见右师而惊曰："是何人也？恶乎介也？天与，其人与？"曰："天也，非人也。天之生是使独也，人之貌有与也。以是知其天也，非人也。"泽雉十步一啄，百步一饮，不蕲畜乎樊中。神虽王，不善也。

这两则寓言，乃诠释"为善无近名，为恶无近刑"的事例。第一则是右师之介，第二则是泽雉神王，人文之高位有名即有刑，而自然之平淡无名则无刑。

"公文轩"是寓言主角的称号，大概其人出现在政府的联合办公中心，因地以为名。"右师"乃一人之下万人之上的官职头衔。公文轩看到位高权重的右师，内心大为震惊，抛出了一个问题：他到底是何等样人，身居高位，怎么会只有一只脚？是天生的，还是人为的？成玄英疏云："介，刖也。"而"刖"是砍去脚的重刑。他兀自参详了许久，只好以不确定的语气自问自答地说：一定是天生的，而不是人为的。"天之生是使独也"，司马彪云："一足为独。"是上天生他只给了一只脚，"人之貌有与也"，

"有与"有二解：郭象注云："两足共行曰有与。"船山云："相并曰与。"故"有与"是两脚并行，意谓放眼天下，每一个人的形貌，都是两脚成对。"以是知其天也，非人也"，因此可知他只有一只脚，是天生的，而不是人为的。此解上下文构成矛盾，既谓人人天生两足，何以又谓一足是天生的？故当另外求解，"与"当动词用，陈寿昌云："道与之貌，天与之形，故曰有与也。"此引《德充符》之说，"与"是赋与，人的形貌都是天道生给他的，就由此说"知其天也，非人也"。问题在，此意仍有难解之处，天道大公无私，怎么只生给他一只脚？成玄英疏云："假使犯于王宪，致此刑残，亦是天生顽愚。"此堪称曲为之说。严复云："分明是人，乃说是天，言养生安于无奈何之命。"不论是判为天生顽愚之天与，与安于无奈何之命，皆失落此一寓言所寄寓的痛切省思，把"人为"说成"天生"，乃绝大的反讽！且名就是刑，有名即有刑，"名"在心知的执着与分别，"刑"在生命的压迫与伤害。右师位高权重，却得付出被砍掉一只脚的惨痛代价，故右师之介，正是有名则有刑的最佳写照。

再把镜头从人文街头，转向自然天地。看水泽中的鸟，每走十步啄一下鱼，每走百步饮一口水，成玄英疏云："蕲，求也；樊中，雉笼也。"意谓泽雉从来不祈求自己被豢养在鸟笼中。"神虽王"，说的仍是泽雉的神王。整句话一气贯串，主语是泽雉，虽笑傲于江湖之上，神气昂扬，说的是自在自得的精神饱满。"不善也"，是自我的解消。宣颖云："盖樊中虽无惊惧之苦，亦不以为适也。"此说误以樊中鸟为神王，陈寿昌云："言泽雉惟未历樊中束缚之苦，故以泽中之饮啄为常，神气虽旺，初不觉其善，忘适之适如此。"此说最贴切而精当。郭象注、成玄英疏亦以"至适忘适"解之，堪称解人。此"不善也"是不自以为善的"无名"，"神王"则是生命完足的"无刑"。

这两段寓言，印证了"为善无近名，为恶无近刑"的生命大智慧，两段寓言与两句义理，乃一体之两面，不可分开求解。右师有右师之名，即有"介"之刑；泽雉有"不善"的无名，则有"神王"的无刑。故人文的位高权重，有名即有刑；而自然的平淡朴实，无名则无刑。

第4章　安时处顺的死生悬解

老聃死，秦失吊之，三号而出。弟子曰："非夫子之友邪？"曰："然。""然则吊焉若此，可乎？"曰："然。始也吾以为其人也，而今非也。向吾入而吊焉，有老者哭之，如哭其子；少者哭之，如哭其母。彼其所以会之，必有不蕲言而言，不蕲哭而哭者。是遁天倍情，忘其所受，古者谓之遁天之刑。适来，夫子时也；适去，夫子顺也。安时而处顺，哀乐不能入也，古者谓是帝之县解。"指穷于为薪，火传也，不知其尽也。

这段寓言的主要情节，是借"老聃死"，秦地的隐者人物前来吊丧而展开。"失"，另本作"佚"，故"秦失"不是成玄英疏所说的"姓秦名失"，而是隐者的自隐无名。这位方外友人在丧礼上竟干号三声就出来了。老聃门下弟子受不了，责难地说："先生不是老师的朋友吗？"他老兄竟能一点也不惭愧地回答说"是啊"；弟子再追问："既然是老师的朋友，那么行礼仅具形式，而欠缺实质可以吗？"他老兄理直气壮地答道："可以啊！"众弟子本来质疑他行礼如此可以称得上朋友吗，未料，他反过来说我是,而你们不是。他论述的理由是:我以为出席丧礼的人,都会是老聃的朋友,现在我才发现他们不够格做老聃的朋友。成玄英疏云:"蕲,求也。彼,众人也。"刚才我进来行礼的时候,看到在现场哀悼的人,有年老的人哭了,好像在哭自己的儿子,有年少的人哭了,好像在哭自己的母亲,他们用来跟老聃告别的情意,一定背离老聃平素的教导,说出了超过情分的话语,也哭出了逾越友道的哀伤。陈寿昌云:"言众人会吊于此,或言或哭,如此之痛,殊非老子当日预期之本意。"众家说之间,此说最贴切。

"是遁天倍情","是"指称上述或言或哭的越分失当,成玄英疏云:"夫逃遁天理,倍加俗情。"此所说的"天理",当是自然天的气化理序,"倍"可以当"增益"解,故"倍情"是增益人情困扰之意,另可以当"背"解,意谓背离人间情理之常。"忘其所受",亦可有二解:一为忘了受形于大块自然的存在实然,一为忘了自身受教于老子的生死智慧。"古者谓之遁天之刑",陈寿昌云:"之,犹赴也。"自古以来就说是逃离有生有死的生命自然,而被心知执着所困住。此"遁天"已涵蕴"人为",心知执着是名,人为造作则是刑。

"适来,夫子时也;适去,夫子顺也",道家说生死,老子以"出入"说,庄子以"来去"说,出入说生死两头,来去说中间行程。宣颖直以"时当生"与"时当死"说解,此跳开语句,未分解即言其意涵,意谓"时间到了就自然生,时间到了也就自然死"。这句话可以调整为"夫子之来,适其时也,夫子之去,适其顺也",其中义理更为显豁。"适"可当"会"与"偶然"解，意谓夫子来到人间，正好是造化机遇的偶然，夫子离开人间，则是行程归趋的必然。

"安时而处顺，哀乐不能入也"，陈寿昌云："安于时而处以顺，后起之哀乐自不得入其胸中。"道家的"安"，是不求安的安，也就是从放下说安，接受来时气化的偶然，而面对总是要去的必然，无执着分别，无趋避造作，哀死乐生的两极波动，就不会干扰生命的平静。"古者谓是帝之县解"，此谓面对也接受有生必有死的存在终局，就可以解开生死的倒悬之苦了。成玄英疏云："帝者，天也。为生死所系者为县，则无死无生者，县解也。"此"帝"，不能是主宰之天，也不能是形上之天，而当是自然之天，且是现象自然之天。宣颖云："人为生死所苦，犹如倒悬，忘生死，则悬解矣。"为生死所系，也就为生死所苦，前者说"名"，后者说"刑"。另从道家的"道法自然"而言，"帝"当"蒂"解，有如瓜熟悬挂在棚架上，是为倒悬，瓜熟而蒂落，就是解开倒悬。此不能率尔解"生"是"倒悬"，而"死"是悬解，那就误解太甚，与《齐物论》所说的死生梦觉一样，不能说"生"是"梦"，"死"是"觉"，而是心知执着是"梦"，解消执着分别是"觉"。同样的道理，有名有刑是"倒悬"，无名无刑则是"悬解"。

"指穷于为薪，火传也，不知其尽也"，宣颖云："指，可指而见者也；可指之薪虽尽，而不可指之火自传，无有尽时也。"另说"指"为"脂"，脂膏可以裹薪点燃，而有照明之用，"穷"是"穷尽"，不论是看得到的薪木，还是裹着脂膏的烛薪，总是会烧为灰烬，不过在每一火光闪现的当下，心中却不知有穷尽的时候。重点在"不知",《齐物论》有云:"知止其所不知,至矣。""不知"是解消心知的执着,从"无名则无刑"到"无厚入有间",着力点都在"无"的修养上。尽管"生有涯"而"知无涯",通过"不知"的化解,完全给扭转了过来,"生"一如火传而可无涯,"知"一如薪尽而为有涯。

唯此非灵魂不灭之说,说"生无涯"也不是长生不老,而是在每一当下火光闪现,而开显生命的理境。此生有限,因无己无功无名的无待,而可以"逍遥游";心知无涯,因丧我物化与虚静明照,而可以"齐物论"。前者转有限而为无限,后者解复杂而为单纯。由是言之,"养生"之主,就在养"生之主",也就可以得到确解了。

人间世第四

【解题】

此篇标题,未如前三篇标示全篇主题,仅见人与人之间关系世界的描述,有如牛体结构的微妙与复杂。

孔子有云:"鸟兽不可与同群,吾非斯人之徒与而谁与!"人生而为人,当在人间做人,不可逃离人群,而与鸟兽混居同处。此其分别在,儒家重在人际关系网的安立,以亲情与道义来维系复杂多变的人际互动;道家重在解开人际关系网的纠结,以"命"的不可解与"义"的无所逃,来凸显人际关系的两大困境,唯有在不求安中而安之若命的自我解消。

人间世是人跟人之间所构成的关系世界,既是构成,就会有间隔空隙,只要生命自我的刀刃无厚,引刀而入人间天下的牛体有间,即可迎刃而解。宣颖解云:"人与人相聚而成人间,人与人相积而成人间之世,始而交接,中而交构,终而交残。"人与人交接聚成人间,人与人交构积成人间之世,却在交接往来,交构奔竞间,在名利心与权力欲的争逐下,而走向交残之路。此意谓人间世之纠结纷扰,殊难破解,唯做心斋功夫,"虚以待物"而已!

故王船山云:"此篇为涉乱世以自全,而全人之妙术。""妙术"指谓体道的智慧。释德清亦云:"此篇盖言圣人处世之道。……而其功夫又从心斋坐忘,虚己涉世可无患矣。极言世故人情之难处。"就因难处,所以要做功夫,以灵动智慧穿越人世的难关。王先谦云:"人间世,当世也。……末引接舆歌云:来世不可待,往世不可追也。此漆园所以寄慨,而以人间世名篇也。"此说凸显了《人间世》当立身于当世的入世态度,往世已无可追回,来世又难以等待,人唯活在每一当下,人世再艰难,亦可"乘物以游心,托不得已以养中",即以人物之有限而求心灵之无限,以人间之复杂而求生命之纯真自在。

第1章 外王救人的两极困境

一、摆荡在灾人与益多之间的未达

颜回见仲尼,请行。曰:"奚之?"曰:"将之卫。"曰:"奚为焉?"曰:"回闻卫君,其年壮,其行独,轻用其国,而不见其过。轻用民死,死者以国量乎泽若蕉。民其无如矣。回尝闻之夫子曰:'治国去之,乱国就之。医门多疾。'愿以所闻思其则,庶几其国有瘳乎!"仲尼曰:"譆,若殆往而刑耳。夫道不欲杂,杂则多,多则扰,扰则忧,忧而不救。古之至人,先存诸己,而后存诸人。所存于己者未定,何暇至于暴人之所行!且若亦知夫德之所荡,而知之所为出乎哉?德荡乎名,知出乎争。名也者,相轧也;知也者,争之器也。二者凶器,非所以尽行也。且德厚信矼,未达人气,名闻不争,未达人心。而强以仁义绳墨之言术暴人之前者,是以人恶有其美也,命之曰菑人。菑人者,人必反菑之,若殆为人菑夫!且苟为悦贤而恶不肖,恶用而求有以异?若唯无诏,王公必将乘人而斗其捷。而目将荧之,而色将平之,口将营之,容将形之,心且成之。是以火救火,以水救水,名之曰益多。顺始无穷,若殆以不信厚言,必死于暴人之前矣!"

颜回求见孔子,向老师辞行——"奚"当"何"解,"之"当"往"解——孔子问何所往,答将前往卫国;再问所为何事,答听闻卫君正值壮年,行事独断,把国家当作自身随意挥洒的舞台,而毫不反省自己是否做得太过分了,将全国人民逼入死地。无端牺牲生命的人不计其数,如同草芥一样可以填平水泽。成玄英疏云:"蕉,草芥也。"另郭嵩焘云:"蕉与焦通。……若蕉者,水竭草枯。如火爇然。"王先谦云:"如以火烈而焚之之惨也。"另陈寿昌云:"平,旧讹作乎,蕉音樵,草芥也。死者相枕藉,填平其泽,如草之多。所谓老弱转乎沟壑也。"此说详尽,唯改"乎"为"平",未见何所据。"民其无如","如"当"往"解,卫国人民不知何处可以归往。我曾听闻夫子说过,平治的国度可以离去,危乱的国度就当停留,就像医院大门总会挤进许多等待救治的病人。出身儒门的我,愿以老师平素教导我的,来思考救治的理则。"庶几其国有瘳乎",成玄英疏云:"庶,冀也;几,近也;瘳,愈也。"意谓或许卫国人民还有得救的可能。

这是道家想当然的儒家行谊,实则孔夫子说的是"危邦不入,乱邦不居"——危乱的国度儒家人物是不愿意进入,也不想停留的。这样的表态,正是针对像卫君这样的君王,给出不以为意的价值批判。依据儒家积极入世的性格,就"理"而言想救人救世,那就危邦当入,乱邦当居。问题是,危乱的国度,不可能实现自己的理想，甚至子路还死在卫国的政争内乱中，还不如周游列国，寻求有识之君，或者回归鲁国讲学，培育养成第二代，为时代留下新生的希望。此之谓"天下有道则见（现），无道则隐"，与"用之则行，舍之则藏"。"有道"就是重用贤能之士，那就现身行道，"无道"就是贬抑贤能而昏昧独断，那就隐藏自身。这段话说卫君的"壮"在"轻用其国"，"独"在"不见其过"，而"过"在"死者以国量"，正是无道之世。

孔门弟子颜回最贤，堪称孔门第一人，儒门救世有如医门，故颜回自觉当前应该去救治卫国的病痛，请老师容许自己远行，说了一段像极子路"道之不行，已知之矣"的激越话语，未料被孔子迎头浇了一盆冷水。

孔仲尼回答说："谮，若殆往而刑耳。""谮"是不以为然的叹气声，"若"是"汝"，"殆"当"近"解，是恐怕或将会的意思，"刑"是"刑害"，意谓你此去恐怕难以全身而退了。做出此一预测性的论断，其理由在，从"道"作为人间价值理序来说，是不求杂多的，因为杂多带出纷扰，纷扰就救不了天下。自古以来最有涵养也最有智慧的人，一定道理先存之于自身，再求存之于天下，倘若存之于自身都尚且未定，哪里会有多余的空间，去稳住暴乱的人君呢！

"且若亦知夫德之所荡，而知之所为出乎哉"，再深进一层来思考，你了解天真本德的荡失，而心知带来人为是怎么来的吗？此抛出问题，郭象注云："德之所以流荡者，矜名故也；知之所以横出者，争善故也。"成玄英疏云："知德荡智出之所由乎哉！"下文再给出答案，"德荡乎名，知出乎争"，本德荡失于名号的追逐，而名号是心知执着的产物，是为了跟天下人争排名，抢光彩的。"名也者，相轧也；知也者，争之器也。"成玄英疏云："轧，伤也。"宣颖云："名起则相倾压，争起则以知为具。"意谓名号是用来相互倾轧的，而心知是争逐的利器。"非所以尽行也"，宣颖云："非所以尽乎行世之道也。"因为二者对生命而言，都极具杀伤力，不能用以活出生命的自然美好。

　　道家所说的"知"，不是儒家所说的本心良知，而是心知的执着，成玄英所说的"智出"，正是老子"慧智出，有大伪"之意。"慧智出"是心知的执着，"有大伪"是人为的造作，名号执着，争逐造作，让本德失真，而生命伤痛，此即"养生主"。"名"就是"刑"之意。

　　"且德厚信矼，未达人气，名闻不争，未达人心。"成玄英疏云："矼，确实也。"此言颜回自身德行深厚，诚信确实，却与人的气化流行有隔阂，与人的心灵感受有障碍。也就是说你的气在他的气之外，你的心在他的心之外，你未能与他的气同行，未能与他的心同在，你在他之外，所有你的好，都将成为他的压力与伤痛。"而强以仁义绳墨之言术暴人之前者"，所以你的卫国之行，是外在且强迫性地用仁义道德、绳墨规范的言语，在暴君的面前畅论述说。郭嵩焘有云："术暴人之前，犹言述诸暴人之前。"另"术"刘文典解为"炫"，是炫耀或卖弄的意思。"是以人恶有其美也，命之曰菑人"，此等同用他的恶，来凸显自身的美，这样的人我们就给他一个称号叫"灾人"。"菑人者，人必反菑之"，灾人是带来灾难的人，逼得对方要为自己平反，以取得心理的平衡，这样对方就一定会把灾难还报在他的身上。"若殆为人菑夫"，颜回你恐怕会在卫君的反制之下被伤害。就美丑善恶的相对二分来看，"善"是以他人的恶来凸显自身的善，"美"是以他人的丑来凸显自身的美。此美丑善恶的执着分别是"名"，而这一执着分别所带来的压力与伤痛是"刑"，所以成名人，同时是受刑人。成名人是把别人逼上"恶"的窘境，也就是所谓"以人恶有其美"的灾人，受刑人就在"人必反菑之"，孔子就由此断定颜回此行一定被伤害，而难以全身而退。

再说，儒家的立身处世之道，在"己欲立而立人，己欲达而达人"，人物走在人间，一要挺立人物自我，二要通达人间天下。你自我挺立，也要让天下人跟你一样地自我挺立，你自己通达人间，也要让天下人跟你一样地通达人间。道家的省思在"如何可能"，你在己立己达的同时，要解消自己，才可能与天下人的气同行——此之谓达人气，也才可能与天下人的心同在——此之谓达人心。达人气是体贴，达人心是贴心。你不在他之外，你才不会以灾人的姿态出现，也才能避开"反灾之"的灾难，你的好才可能成为他的好；不会成为他的不好，就不会在对方的反感反扑中受到伤害。

"且苟为悦贤而恶不肖，恶用而求有以异"，此下再将思考层面，从主体往客体位移。假如卫君果真是赏识贤人，而远离不肖者的话，"恶"当"何"解，"有以异"，是有可以凸显跟别人不同之处，又何须你展现与他人不同的独特风格？卫国一定不乏贤能之士，还要等你前去才救得了卫国吗？可见卫君根本不是悦贤恶不肖的明主，你的才学志气，就算"有以异"他人，还不是一样被排拒在政治朝廷之外吗？何况只要你踏入他的权势运作之场，情势就此完全改观。

"若唯无诏，王公必将乘人而斗其捷。"成玄英疏云："诏，言也。""唯"当"只有"解，也可以用"除非……否则……"的语式来连接上下文：除非你不说话，否则你一开口，那一群王公权贵就等在那里，挑你的语病漏洞，好卖弄他的敏锐反应与辩才无碍，并压垮你的锐气。"而目将荧之，而色将平之，口将营之，容将形之，心且成之"，你面对孤立无援而身陷重围的窘境——"而"当"尔"解，成玄英疏云："荧，眩也。"——你的眼神在权势的眩惑之下而不敢直视，你的脸色将由昂扬而委顿下来，你的口才将迎合他的心意而发言，且形之于色，你的神情将转为服帖顺从，你一心只想成就他的威望。本来想挑战他的威权，却反而成了他的智囊团跟后援会。"是以火救火，以水救水，名之曰益多"，此等同在火上加油，反而助长了火势，引水来救水，反而泛滥成灾一般，扩大且加深了灾情，这一情势的颠倒翻转，可以称之为"益多"。

"顺始无穷，若殆以不信厚言，必死于暴人之前矣"，始一顺，终将无穷，甫一见面，即顺承威权，此后再也挡不住君王的气势飙涨。"以不信厚言"，各家注均"厚言"连读，成玄英疏解为"忠厚之言"，宣颖解为"深谏"，陈寿昌解为"进言不止"，有如交浅言深之意——此解欠妥。以未得信厚之身份进言，似较贴切，因颜回孤身前往，又首度晋谒进言，不可能过于厚言，此与双方之交情互信直接相关。此解未免将颜回说成子路了。"必死于暴人之前矣"，在专断猜疑的暴君面前，说爱民治国之道，必死无疑。统括而言，颜回此去，不是扮演"灾人"的角色,就是自我异化,而转成"益多",前者伤了自身,后者害了天下,这就是知识分子政治救人的两难困境。

二、端虚勉一的执而不化

"且昔者桀杀关龙逢,纣杀王子比干,是皆修其身以下伛拊人之民,以下拂其上者也,故其君因其修以挤之,是好名者也。且昔者尧攻丛枝、胥敖,禹攻有扈,国为虚厉,身为刑戮,其用兵不止,其求实无已,是皆求名实者也,而独不闻之乎?名实者,圣人之所不能胜也,而况若乎!虽然,若必有以也,尝以语我来!"颜回曰:"端而虚,勉而一,则可乎?"曰:"恶!恶可!夫以阳为充孔扬,采色不定,常人之所不违,因案人之所感,以求容与其心。名之曰日渐之德不成,而况大德乎!将执而不化,外合而内不訾,其庸讵可乎!""然则我内直而外曲,成而上比。内直者,与天为徒。与天为徒者,知天子之与己皆天之所子,而独以己言蕲乎而人善之,蕲乎而人不善之邪?若然者,人谓之童子,是之谓与天为徒。外曲者,与人之为徒也。擎跽曲拳,人臣之礼也,人皆为之,吾敢不为邪!为人之所为者,人亦无疵焉,是之谓与人为徒。成而上比者,与古为徒。其言虽教,谪之实也。古之有也,非吾有也。若然者,虽直不为病,是之谓与古为徒,若是则可乎?"仲尼曰:"恶!恶可!太多政法而不谍,虽固亦无罪。虽然,止是耳矣,夫胡可以及化!犹师心者也。"

此下举两事例,说"好名"与"求实"所引发的灾难与伤痛。

首例，夏桀杀贤臣关龙逢，商纣杀庶叔王子比干，两人忠心进谏而引来杀身之祸。成玄英疏云："伛拊，犹爱养也；拂，逆戾也。"此皆修养自身，以臣下身份去怜爱人主之民，这是臣下拂逆君上的不敬表现，所以君王冲着他们的人格修养，而加以排挤入罪。这是喜爱贤名的后遗症。

次例，尧攻丛枝、胥敖，禹攻有扈，战火毁人国土，生命伤亡无数。"其用兵不止，其求实无已"，历来注解皆指谓三小国，成玄英疏云："此三国之君，悉皆无道，好起兵戈，征伐他国。"此谓三小国贪求实利，而大动干戈。"是皆求名实者也"，此成玄英与宣颖仍认为仅指称三小国，王船山与王先谦则认为泛指三小国与尧禹。诸家解说，皆欠妥。整段话上承"好名"，下开"求实"，而终结在"求名实"，此有脉络可寻：关龙逢与王子比干好贤德之名，尧禹好圣王之名。此"好"是心知的执着，"求实"则属人为的造作。"求实"一定依名以求实，而不能凭空说求实，三小国有何名可依以求实，诸家解说不知老庄本绝仁弃义，亦绝圣弃智，所绝弃的正是仁义圣智的名号。"德荡乎名，知出乎争"，心知执着圣贤的名号，反而失落了圣王贤者的本德。尧禹由好名而求实，好圣王之名而求圣王之实，圣王是内圣外王。儒家的内圣外王之道，端在"礼乐征伐自天子出"之天下一统的理想，故不容许三小国逃离在圣王教化之外，今三小国不接受礼乐教化，故有尧攻丛枝、胥敖，禹攻有扈的征伐行动。"国为虚厉，身为刑戮"，说的是三小国的国土成为一片废墟，三小国的人民身为刑戮。"其用兵不止，其求实无已"，说的是尧禹圣王，为了证明自身是名实相符的圣王，故以不断地用兵征伐，逼三小国接受礼乐教化。"是皆求名实者也"，"皆"指谓尧跟禹，怎能是什么都不是，什么名都没有的三小国呢！

"而独不闻之乎？名实者，圣人之所不能胜也，而况若乎！"孔子以上述两事例，指点颜回。不论是两贤人还是两圣王，皆好名以求实，心知执着且人为造作，竟不容许三小国在礼乐教化之外，而用兵征伐，将三小国夷为平地，造成伤亡无数，这不是圣王理想的自我异化吗？故孔子问颜回，你没有听闻这样的道理吗？执着"名"以造作"实"，连圣王也不能克服这一求名实的价值制约，何况是欠缺历练与考验的你呢？因为颜回也是本儒门，是医门之名，以求医卫君之实。"胜"是自我克制，而不是压制三小国，自我解消圣王的执着与造作，而免于圣人伤人的自我异化。这一对应儒家圣王治道的价值反思，除了老子"绝圣弃智""绝仁弃义"与"圣人不仁""圣人无常心"的自我解消之外，《齐物论》有"尧欲伐宗、脍、胥敖，南面而不释然"的真切自省，而以人的德可以内敛涵藏，不会像阳光直接曝晒地灼热伤人，而释放了边陲三小国的自在空间。此两则寓言的人物情节几乎等同，结果却完全相反，一"求实无已"，一"德进乎日"，做出了"在"或"不在"的存在抉择，发人深省。另在《大宗师》更开启了"与其誉尧而非桀也，不如两忘而化其道"的超越之路，问他何以堕为桀？因为他想当尧。想当尧是"好名"，堕为桀则是"求实"，此如同《齐物论》的"其成也，毁也"，与《养生主》的有名即有刑。两忘是没有尧与桀的执着二分，化其道则是回归天道自然的一体无别，人世间就不会有想当尧舜却堕为桀纣的吊诡悲剧了。

"虽然,若必有以也,尝以语我来!"孔子说了一长串的大道理之后,忽然想到颜回可是大弟子,此行一定有他依凭的理由,故语气一转说:虽然我说出了诸多的不可以,不过你还是可以说出做此决定的价值理据。"以"当"因"解,也当"用"解,此非自然的因果,而是人文的理据。此船山有云:"'以'生于其心,'有以'则作于其气。"此解精彩之极。"生于其心"是心知的执着,"作于其气"则是人为的造作,心知执着即未达人心,人为造作则未达人气。故"有以"反成颜回此行最大的理障包袱。颜回亦人间第一等人,故以"虚"的功夫,而开显"一"的理境回应。"虚"则解消执着造作,"一"则回归天道自然,此亦"两忘而化其道"之意。问题就出在"端"跟"勉","端"是端起庄严的架势,摆出认真的姿态;"勉"是勉力强行,近于老子所说的"心使气曰强"与"强行者有志"。此船山云:"盖端而虚,则非虚;勉而一,则非一也。"因为"端"有心,而"勉"有为,已非本来的"虚"与"一",就在自我异化中扭曲变质,等同自我否定。颜回请教老师,我已经很用心地"虚"了,很用功地"一"了,总可以达人心、达人气了吧!

未料,孔子的回应是"恶!恶可",叹了一口气,说那怎么可以。端已非虚,勉则难一,你有自家的理据凭借,反而未达人心,也未达人气。"夫以阳为充孔扬,采色不定",成玄英疏云:"阳,刚猛也;充,满也;孔,甚也。"就因为气有未达,反而心知鼓动气,是生命刚猛之气充于内,进而甚扬于外,此充斥于内而激荡于外的气色神情,未见涵藏,显得闪烁不定。"常人之所不违,因案人之所感,以求容与其心",陈寿昌云:"案,揣测之意。"也因为心有未达,仅能等待对方心意宽闲,不会拒人门外的时刻,去揣摩对方的感受,期求能接纳自家的观点。如此进言劝谏,仅能每一天一点一滴地累积,就算是逐日浸润透入的小德,尚且成不了,何况是大彻大悟而生命完全翻转的大德呢!此谓人格穿透力与生命感染力才是大德。端勉有心有为,"将执而不化",终究人我生命有隔,难以感应而化成对方。"外合而内不訾,其庸讵可乎",仅能在外在形迹上求合,此宣颖云:"外即相合,而无自讼之心。"陈寿昌云:"外既若与之迎合,中亦无所责难。"仅顺应而未责难,逼不出对方内心的自我反思,未有批判,反见附和,而转成"益多"。既不能从根本上改变卫君的行事风格,又怎能救得了卫国上下呢?

这一段话,郭象、成玄英、宣颖皆解为讥评卫君年壮行独的话;唯王船山、陈寿昌解为孔子评断颜回"端而虚,勉而一"何以"恶可"的析论。此说上下文较能通贯。因为颜回仅在辞行阶段,根本未入卫国,卫君壮独也只是传言,何能以一整段仿若眼前的描述来形容其神情意态!孔颜师生对话,孔子问的是"若必有以",检讨颜回凭什么可以说服卫君,改变他的独断言行,重点不在想当然地说卫君会有何等恶质的反应,而在端勉依旧未达,改变不了卫君,也救不了卫国人民。

端虚、勉一二事,通不过孔子的检验,颜回再举三条,作为劝谏卫君的理据。"内直"说是"与天为徒","徒"当"徒属"或"道途"解,有如老子的"生之徒,十有三,死之徒,十有三",意谓走在什么路上,就是属于那一方面的人。"内"是天生本有,"直"是天真,故"内直"是保有天真。"外曲"说是"与人为徒","外"与人相处,"曲"有如《齐物论》的"因是",而"因"是顺任,"因是"是顺任每一个人的对而给出肯定。老子说"曲则全",可不是委曲求全,"曲"是心知的化解,而化解的作用就在保存人我间的和谐,此之谓"曲则全"。故"外曲",成玄英疏云:"外形委曲,随顺世间者,将人伦为徒类也。"看似委曲实则是修养,随顺人间而非曲从。"成而上比"说是"与古为徒",郭象注云:"成于今,而比于古也。""成"是以理劝说有成,"上比"是托诸古人,故"成而上比",有如儒家"托古改制"的意涵。

"然则"是大转折语,既然两事不被肯定,那么我再举三条。"与天为徒者,知天子之与己皆天之所子,而独以己言蕲乎而人善之,蕲乎而人不善之邪?若然者,人谓之童子,是之谓与天为徒",跟天道一样无心自然,体认大皇帝跟自己都是天所生之子,一样天生本真,你还会独以己言之所善,而祈求天下人一样以为善,独以己言之所不善,而祈求天下人也一样以为不善吗?人人皆天真,独以己言作为天下人"善"与"不善"的价值依据,那纯属多余。故把"善"还给天下人自身,有如老子所云之"百姓皆谓我自然",让天下人都以为人生的美好都从自身来。像这样的为人,人家就会说他天真如孩童,这就是"与天为徒"的自在天真了。

"外曲者,与人之为徒也。擎跽曲拳,人臣之礼也,人皆为之,吾敢不为邪!为人之所为者,人亦无疵焉,是之谓与人为徒。""外曲"相对于"内直"而言,内直是与天为徒,"直"是天生本真，外曲是与人为徒，"曲"是解消自己，而顺应他人。"擎"是执笏，"跽"是跪拜，"曲拳"是打躬作揖，皆属为人臣下当行的礼数，人人皆行礼如仪，我可以不依礼而行吗？人家怎么做，我也跟着怎么做，不对抗流俗，不标新立异，别人就不能挑剔我的过错，这就是"与人为徒"的表现。

"成而上比者，与古为徒。其言虽教，谪之实也，古之有也。非吾有也。若然者，虽直不为病，是之谓与古为徒，若是则可乎？""成而上比"乃"内直"与"外曲"的综合体，他说的话语虽有责求教导的实质意涵，却说那是自古以来就有的，不是出自我自身，像这样的托诸古人，虽然说了"内直"的真心话，却有如同"外曲"的顺应效果，人家听了也不会以为那是批判性的重话，这就是"与古为徒"的表现。像上述所说，请问夫子这样可以吗？

"仲尼曰：'恶！恶可！太多政法而不谍，虽固亦无罪。虽然，止是耳矣，夫胡可以及化！犹师心者也。'"孔子回答语气评断依旧。啊！这怎么可以！郭注成疏在"太多政"断句，"法而不谍"连读，实则，《论语》有云："政者，正也。"宣颖云："正人之法。"释德清云："言挟上三术，而法则太多，犹不稳当也。"故在"太多政法"断句，解读较稳妥。成玄英疏云："谍，修理也，当也。"此谓纠正他人的做法倘若过于烦琐的话，人家可能无所适从。虽然可以不引来罪责，不过说了半天，它的效用也仅止于此而已，又怎么能化入对方呢？此郭象注云："罪则无矣，化则未也。"成玄英疏云："胡，何也。""师心"，是师其成心之谓，而"成心"是心知的执着，此谓以成心作为立身处世的价值依据。成心是自己想好一套,去跟人家对话论道,当然未达,又怎能化入对方的生命呢!

三、唯道集虚的心斋待物

颜回曰:"吾无以进矣,敢问其方。"仲尼曰:"斋,吾将语若,有而为之其易邪?易之者,皞天不宜。"颜回曰:"回之家贫,唯不饮酒不茹荤者数月矣。若此,则可以为斋乎?"曰:"是祭祀之斋,非心斋也。"回曰:"敢问心斋。"仲尼曰:"若一志,无听之以耳,而听之以心;无听之以心,而听之以气。听止于耳,心止于符,气也者,虚而待物者也。唯道集虚。虚者,心斋也。"颜回曰:"回之未始得使,实自回也;得使之也,未始有回也:可谓虚乎?"夫子曰:"尽矣。吾语若!若能入游其樊,而无感其名,入则鸣,不入则止。无门无毒,一宅而寓于不得已,则几矣。绝迹易,无行地难。为人使易以伪,为天使难以伪。闻以有翼飞者矣,未闻以无翼飞者也;闻以有知知者矣,未闻以无知知者也。瞻彼阕者,虚室生白,吉祥止止;夫且不止,是之谓坐驰。夫徇耳目内通而外于心知,鬼神将来舍,而况人乎!是万物之化也,禹舜之所纽也,伏戏几蘧之所行终,而况散焉者乎!"

"颜回曰:'吾无以进矣,敢问其方。'"颜回的端虚勉一,与内直、外曲、上比的"有以",诚如船山所云:"多其术于心,杂扰而无定。"都被孔子一一断为不可。颜回心想,我都"究天人之际"了,也"通古今之变"了,这样还不能"成一家之言"

吗？所以说我没有什么更高明的理念可做依凭了，就请老师直接指引一条明路吧！"仲尼曰：'斋，吾将语若，有而为之其易邪？易之者，皞天不宜。'"总说一个"斋"字，我来告诉你。依郭象注所云："夫有其心而为之者，诚未易也。"郭庆藩校释依陈碧虚《庄子阙误》引张君房本及注文补上"有"下一"心"字。实则，未加"心"字，意义更显豁。问题不在你"有"，而在"有"的本身。你的思考一直专注在想要以你的"有"来改变卫君，怎么可能会是容易的呢！因为你的"有"，在他之外，也就未达人心，未达人气。以为自身的"有"，即可改变对方，未免看得太容易了。"皞天不宜"，向秀云："皞天，自然也。"那是背离于天道自然的存在之理。此与下文所说的"斋"，其根本精神在"无"，正回应颜回的迷思，要把自身的好加到对方的身上。实则，道家义理是要放下自己的好，才可能照现对方的好，而照现对方的好，就是达人心达人气，达而后能化。否则你在他之外，你的"有"再高明，都是他的压力负累，反而激起反感与抗争。

颜回一听闻"斋"字，立即回应，"斋"还不容易吗？我家贫困本来就吃斋茹素很久了——"颜回曰：'回之家贫，唯不饮酒不茹荤者数月矣。'"成玄英疏云："茹，食也。"不喝酒不吃荤已有数月之久，"若此，则可以为斋乎？"请问老师，像这样可以吗？算不算作"斋"的功夫？"曰：'是祭祀之斋，非心斋也。'"孔子回答说，那是祭祀斋戒的"斋"，可不是在心上做"无"之消解功夫的"斋"。"回曰：'敢问心斋。'"颜回说，那请老师教导心斋功夫要如何进行？"仲尼曰：'若一志，无听之以耳，而听之以心；无听之以心，而听之以气。'""若一志"另本作"一若志",专一心志,此同于《逍遥游》所说的"其神凝",神凝就是志一,依道家义理,心志专一与心神凝聚在致虚守静的主体观照。故下文即言"无听之以耳,而听之以心",不要用耳目官能去接触世界万象的流转变化,因为生命会被牵引而去;再深进一层,"无听之以心,而听之以气",不要用你的心知去执取天下的贤名货利,因为会干扰妨害生命的自然美好。问题在,"听之以气"要做何解?本来人的存在处境,是心在气中,而心有"知"的作用,"知"的本质是执着,心执着气,也禁闭了气的自然运行。老子云,"心使气曰强","强行者有志"与"专气致柔",这三句话可以说是解读心斋功夫的锁钥。此言心使气、志强行,即非"虚其心""弱其志"(《老子》三章)而开显的专一,而是"多则扰,扰则乱"的杂多扰乱,甚至扭曲妨害。心不使气,志不强行,心知退出,让气回归气的自在,此即在"无听之以心"中"听之以气",被心知禁闭的气,因无掉心知的执着而得到了全面的释放,回归"气"的自身。此"气"的自在自得,就是"然"从自身来的自然,从无心之修养功夫所开显的是境界的自然、价值的自然,而不是现象的自然、事实的自然。故"气"有两层次可说,一是未做修养功夫之现象意义的实然之气,一是做了功夫修养所开显之价值意义的理境之气。

此"听之以耳",等同庖丁解牛三层境之"目视";而"听之以心",等同"心知";"听之以气",则等同官、知皆止的"神遇"。故"听之以气"有如"神欲行",心在解消了自身中释放了气,是生命的释放与心灵的自由,不受官能的禁闭与心知的束缚,随心神之所欲,而自在自得地运行。

"听止于耳，心止于符，气也者，虚而待物者也。唯道集虚。虚者，心斋也。""听止于耳"，当是"耳止于听"的误倒，因与"心止于符"相对应。"止"就其作用而言，"耳"的作用充其量也仅能听取外在的声音。"心止于符"，成玄英疏云："符，合也。心起缘虑，心以境合。"此言心起攀缘之思虑，必求与外境相合。俞樾云："言心之用止于符而已！"问题在，是外物符合我心，还是我心符合外物？宣颖云："止于意之所合耳，盖心所思之理而验焉谓之符。"此言用心所思之理，而验之于外在事物，看是否符合我心所思之理。陈寿昌云："必有心以求其符合。"有心即自家心知的执着，以责求外在事物符合我执着的价值标准。而船山云："心可使符乎气之和，而不符乎耳。"其解读断句为"心止于符气也者"，"气者生气也，即皡天之和气也。"如此解读，抹杀了听之以心与听之以气的差别。故成、王两家解，不如宣、陈两家说，可以凸显心知的执着与人为的造作所带来的障隔与对抗。

"气也者，虚而待物者也"，此听之以气的"气"，当从"无听之以心"的"无心"来解，无听之以心就可达人心，而"听之以气"就是达人气了。"虚"即无心，"待物"的"待"，看似对待，却言"虚而待"，也就是《逍遥游》所说的"无待"。无待即是从心知二分的相互对待中超离的超越观照。此照现物，等同"生成"物。此一"生成原理"，即在解消主体的心知，心不执着气，不宰制气，气无须压抑，也不被扭曲，气得到全面的释放，而还归气的自身。此从"虚而待物"所界定的"气"，是在观照物中生成物；是在放开"气"中成全"气"，而使生命回归自然的感应与情意的跃动。

"唯道集虚。虚者,心斋也","道"生成万物,"集"当"归止"解,此道的生成作用,本在道体冲虚。唯落在人生的修养来看,道就在吾心虚静的当下临现。这一"虚而待物",且"唯道集虚"的"虚",就是在"心"上做斋戒功夫的"心斋"。这也展示修养功夫的三层境,一在听之以耳,二在听之以心,三在听之以气。由听之以耳进至听之以心,要加上一个"无";由听之以心再进至听之以气,也要加上一个"无"。此加上一个"无"字,也就是"虚"的修养功夫。人待物要"虚",道生物要"虚",上下统贯,也就是天道唯在吾心虚静中朗现,此之谓"唯道集虚"。"唯道集虚",郭象注云:"虚其心,则至道集于怀也。"最得善解。另宣颖云:"道来于此。"亦得其旨。"此"指谓主体的"虚",道在吾心之虚静中临现,或道只依止于心灵的虚静上。

"颜回曰:'回之未始得使,实自回也;得使之也,未始有回也:可谓虚乎?'"这是一句极有存在感的话,颜回终于将思理重心从卫君客体,移回自家主体。成玄英疏云:"未禀心斋之教,犹怀封滞之心。"船山云:"使,教也。"即未得夫子心斋功夫之教导,心中还有一个颜回的自我执着,得了夫子的教导之后,心中就不再有自我的执着了。请教老师,这样可以说是"虚"了吗?孔子的回答给出肯定。"夫子曰:'尽矣。吾语若!若能入游其樊,而无感其名,入则鸣,不入则止。'""尽"是充尽,说已充分体现"虚"的意涵。我来告诉你,你进入了他的权力樊篱,犹能无心自在地游,而不会受君上威权的撼动。此所谓"樊",就在其"名",樊篱是实质的权力,"名"则是心中的桎梏,为名号所压迫，否则，你会被牵引而成了"益多"之自我异化的负面角色。对方敞开心怀可以说话，你才说心里的话，对方狂傲自大，你就不说心里的话。"无门无毒，一宅而寓于不得已，则几矣"，"无门无毒"，宣颖解为"不开一隙，不发一药"，可能是"虚而待物"之意，也就是"无名无刑"，你不执着名号，就不会引来刑害；"一宅"是宅于一，"一"是此心的虚静，"几"当"庶几"解，不会以"灾人"的身份出现，而寄身于人世间，你不能让它停下来的机遇变故，或许可以免于卫君"反灾之"的伤害。

"绝迹易，无行地难。为人使易以伪，为天使难以伪"，在人间消失比较容易；在人间行走而不留下足迹，是比较艰难的。为人所使而执着造作，就容易作假；为天所使而纯任天真，就不可能作假。"闻以有翼飞者矣，未闻以无翼飞者也；闻以有知知者矣，未闻以无知知者也"，仅听闻以有形的翅膀而让生命起飞的，还没有听闻以无形的翅膀而让生命起飞的；仅听闻以成心的"有知之知"去知的，还没有听闻以道心的"无知之知"去知的。

"瞻彼阕者，虚室生白，吉祥止止；夫且不止，是之谓坐驰。"成玄英疏云："阕，空也。"司马彪云："白，日光所照也。"王船山云："阕，音缺，牖也，隙也。"从窗牖缺口看出去，则空虚的室屋会透入阳光，此"室"比喻"心"，心虚静明照即透显光明。"吉祥止止"，等同"虚室生白"，成玄英疏云："言吉祥善福，止在凝静之心。""吉祥"是"白"，吉祥美好一如温暖的阳光，"止止"是"止于止"，上"止"字当动词用，是依止停靠之意；下"止"字当名词用，指谓"虚室"。此可与"唯道集虚"

对看,"止止"就是"集虚","止于止"等同"集于虚","集"是众鸟归止,而道临现人间,当然是人生最大的吉祥了。因为道生成万物,天地之大德曰生,岂不是天大的吉祥吗?"夫且不止",意谓此心一直静止不下来,老子有云:"始制有名,名亦既有,夫亦将知止,知止可以不殆。"此谓名号要止于真实,就不会追逐空名而毁坏了生命的本真。"是之谓坐驰",成玄英疏云:"谓形坐而心驰也。"意谓生命就"形虽坐而心犹驰"了,故重点不在"坐"而在"止"。"坐驰"用今天的话头来说,那就是结构中的漂泊,"坐"是纳入结构理序中,"驰"是流落在体制轨道之外,现代人在婚姻中找婚姻,在工作中找工作,似乎永远也定不下来。

"夫徇耳目内通而外于心知,鬼神将来舍,而况人乎",成玄英疏云:"徇,使也。"耳目本是外逐,今使之内通;"外"乃超离之意,心知本是执着,今使之超离。耳目不外逐,心知不执着,既"无听之以耳",又"无听之以心",而升跃在"听之以气"的层次,而"气"是"虚而待物",也就是"唯道集虚",道在生命主体的虚静观照中朗现,吉祥即止于心的虚静,而虚室永远生发光明。道临现人间,鬼神将来此舍止,何况是平凡的人呢?"是万物之化也,禹舜之所纽也,伏戏几蘧之所行终,而况散焉者乎",此乃天地借以生万物的终极原理,舜禹圣人借以"生"百姓的中心枢纽,伏羲几蘧古帝王终身所要坚持的价值依据,何况是世俗民间的一般人呢?

第 2 章　行走人间的两大难关

一、人道之患与阴阳之患的内外交逼

叶公子高将使于齐，问于仲尼曰："王使诸梁也甚重，齐之待使者，盖将甚敬而不急。匹夫犹未可动，而况诸侯乎！吾甚栗之。子尝语诸梁也曰：'凡事若小若大，寡不道以欢成。事若不成，则必有人道之患；事若成，则必有阴阳之患。若成若不成而后无患者，唯有德者能之。'吾食也执粗而不臧，爨无欲清之人。今吾朝受命而夕饮冰，我其内热与！吾未至乎事之情，而既有阴阳之患矣；事若不成，必有人道之患。是两也，为人臣者不足以任之，子其有以语我来！"

叶公是封在叶地的楚国公卿，其字子高，其名诸梁，将出使齐国，先请教孔仲尼，说：楚王付托在我身上的任务是很重大的，齐国是大国，对待他国前来的使者，一定是礼数周到，表面看来充满敬意，实质上对你任使之所诉求，却一点也不放在心上。一般人都很难说服他，何况是有权有势的诸侯君王呢！"栗"当"惧"解，我很是担忧害怕。记得先生曾经说过，"若小若大"是"或小或大"，不论天下事是小还是大，"寡不道以欢成"，郭象注云："夫事无大小，少有不言以成为欢者耳。"成玄英疏云："夫经营事绪，抑乃多端，虽复大小不同，而莫不以成遂为欢适也。"郭注以"言说"解"道"，成疏以"经营事绪"说"道"，均失其义。实则"道"乃无心自然的因应处事之道，意谓没有不依"道"而可以欢然成事的。《庄子》寓言请孔子当代言人，理当从道行以成事，才可谓欢然，否则已在根本上失落了道家的价值观点。

"事若不成，则必有人道之患；事若成，则必有阴阳之患"，此谓君命之事，倘若未能完成，那么一定会有论罪惩处的人道之患；倘若幸能成事，那么也一定会有患得患失的阴阳之患。人道之患来自政治的权力，阴阳之患来自心头的焦虑。"若成若不成而后无患者，唯有德者能之"，不论成与不成，而能免于人道与阴阳之双重忧患的，只有无掉心知执着与人为造作的人才做得到。此"有德者"，指谓的不是存有论的德性，而是修养论的德行，道家即以修养论的"不德"，来成全存有论的"有德"，"不德"是"心"不求"得"，就不会有"失"的压力与恐惧。

在引据孔子所说的教言之后，再回归自身的处境与困惑。"吾食也执粗而不臧，爨无欲清之人"，陈寿昌云："执，用也；臧，精也。爨，司火者；清，凉也。"意谓我的口味向来粗淡，而不讲究精美，是烹调不求清凉的人。"今吾朝受命而夕饮冰，我其内热与"，现在的我，却早上甫受君命，而晚上就开始喝冰水,我的内心正火烧般地灼热。郭象注云:"喜惧战于胸中,固已结冰炭于五藏矣!"此"内热"说的是"阴阳之患"。"吾未至乎事之情,而既有阴阳之患矣;事若不成,必有人道之患。是两也,为人臣者不足以任之,子其有以语我来",此"情"当"实"解,我还没进入实务的折冲,已有得失皆患的惊恐;倘若使命不成,则人道之患的权势迫害已等在前头。这两大患的内外交逼,作为人臣的人实在承受不起,"有以"一如"若必有以也,尝以语我来",有什么凭借可以解开难题的,"来"则是句末的语气词,意谓先生一定有什么道理可以教导我,解消我心中的困惑。

二、不解不逃的安义若命

仲尼曰:"天下有大戒二:其一,命也;其一,义也。子之爱亲,命也,不可解于心;臣之事君,义也,无适而非君也,无所逃于天地之间:是之谓大戒。是以夫事其亲者,不择地而安之,孝之至也;夫事其君者,不择事而安之,忠之盛也。自事其心者,哀乐不易施乎前,知其不可奈何而安之若命,德之至也。为人臣子者,固有所不得已。行事之情而忘其身,何暇至于悦生而恶死!夫子其行可矣!"

这一段是孔子给出的教言,试图解消叶公子高所难以承受的两患交逼。"大戒",成玄英疏云:"戒,法也。"宣颖解为"大经法"。此解不贴切,看下文一者言不可解之命,二者言无所逃之义,说的是人生的两大难关。因为人生是人物走在人间,人物有"生也有涯"的"命",人间有"知也无涯"的"义",前者解不开,后者逃不掉。所以,"大戒"不是什么不能逾越的大经大法,而是人生不得不承受,也不得不通过的两大难关,正与《论语》所谓的"君子有三戒",两相呼应。郭象注有云:"若君可逃而亲可解,则不足戒也。"当是此意。此言普天之下的每一个人,都有两大难关,一是"自我"的"命",一是"天下"的"义"。"命"是父母生成的,"义"是君上责求的。人间儿女皆父母所生,所以一生爱自己的父母,这就是命。儒家认定父母生的此身是"命",包括形貌才气,庄子却只认子女对父母的爱才是"命"。爱发自"心",而这一发自心的爱,是永远解不开的。这一命感比儒家还彻底,不必经由"欲仁仁至"的价值自觉来说孝道之本,而直接认此心对父母的爱,就是人生最大的"命"。故孝敬父母,不是德行,而是命定,不必修养,认命就是了。

在父子之命外,又说君臣之义,没有人不活在人间,而人间世的群体社会,一定有平治天下的体制架构,依礼法而行,而合乎理序的就是"义"的价值标准。此一人间公义的统领执行者就是君王。故臣下子民的奉事君王,就在依循天下的义理而行,此之谓臣之事君,义也。未料,这一本有客观意义的"义",竟成了臣下要绝对服从君上的枷锁,这是威权体制下的价值扭曲,压缩了人性伸展的自在空间。问题在,不管你到哪里都有君权王法,天地虽大,却无处可逃。宣颖解"命"为"受之于天",解"义"为"人所当为",陈寿昌云:"其命相属,是以天合者;其分相统,是以人合者。"以天合的"爱之命",是天伦;以人合的"义之分",则是人伦。故虽说是并列的两大难关,实则性质有异。

因此，奉养双亲的人，是不论境遇的顺逆，都要认爱亲之命，这就是孝亲的极致表现；奉事君上的人，是不论使命的难易，都要尽君臣之义，这就是忠君的最高表现。此孝之至与忠之盛，都从"不择"说，"不择"本在"不知"，心无执着分别，就不会给出"择取"的可能空间。"自事其心者"，王船山云："自事其心，事者无事也，事无事则心无心矣。忘其心乃可忘其身。"此说精到。"事"当"养"解，道家的功夫在心上做，此心虚静，无掉心知的执着分别，也无掉人为的择取造作。既无所择取，也就认了，不会牵引哀乐的情绪，而干扰爱亲之命与事君之义的孝忠之行。"施乎前"，"施"当"行"解，"行于前"之意。郭象注云："知不可奈何者命也而安之，则无哀无乐，何易施之有哉！故冥然以所遇为命而不施心于其间。"释德清亦云："不以哀乐入于心也。"此解较得其意。唯"知其不可奈何而安之若命"，说的是"臣之事君"的"义"，因为无往而非君，君权王法是无所逃的，所以说体认其不可奈何的存在本质，不可奈何是无可如何，你不能改变它，也不能让它不存在，只好安天下事君之"义"，若自我爱亲之"命"了。因为爱亲之命，天生而有，比较容易承受；而事君之义，在人间发生，比较难以接受。"哀乐不易施乎前"，成玄英疏云："能涉哀乐之前境，不轻易施。"此"易"当"轻易"解；郭庆藩依崔譔云："施，移也。"而解"不易施"为"不移易"，此"易"当"移易"解。似乎诠表为心不为哀乐之境所牵动之意。实则，通过无心的修养功夫，在事君的每一当下，就不会牵动哀乐之情，而迫使生命落在患得患失的惊恐困境中。"德之至也",这是修养功夫的极致表现。庄子由"自事其心"的"德之至",去成全爱亲之命的"孝之至"与事君之义的"忠之盛",此因"无心"而"不择",再从"不择"说"安",与孔子问宰予:"于女安乎?"(《论语·阳货》)的"安",大有不同。儒家的"仁",在心的不安处呈现,故由不安而求安,此心安理得的"安",是实有层的"安",成为道德的动力;道家的修养功夫,在无心不择,故"安"是不求安的"安",是作用层的"安",是化解负累的"安"。反正,解不开,也逃不了,既无可奈何,当下就安,就认了吧!

"为人臣子者,固有所不得已","已"当"止"解,作为君上的臣下,在权力运作间,本来就存在着你不能让它不发生的无奈,"行事之情而忘其身,何暇至于悦生而恶死!夫子其行可矣",仅能依循任命的实情去做,而放下自身得失祸福的考量,怎么还会有余暇被困在悦生恶死的情识里——"其"是将然的语气词。临别赠言仅为:先生你就去吧!

庄子说爱亲之命不可解,解不开又何须解,要是真的把亲情之爱从心中解消了,那人生岂非一无所有,而长留空白了吗?又说事君之义无所逃,逃不了又何须逃,真的把事君之义都逃避了,那么人生又有什么值得我们去承担的?说是"不择",实则是当下肯认爱亲之命,且直下承担事君之义就是了。"事君之义",就今天之民主法治而言,是即所谓的国家认同,或是文化认同,这是人人无所逃的人间道义。

三、溢美溢恶的风波实丧

"丘请复以所闻:凡交近则必相靡以信,远则必忠之以言,言必或传之。夫传两喜两怒之言,天下之难者也。夫两喜必多溢美之言,两怒必多溢恶之言。凡溢之类妄,妄则其信之也莫,莫则传言者殃。故法言曰:'传其常情,无传其溢言,则几乎全。'且以巧斗力者,始乎阳,常卒乎阴,泰至则多奇巧;以礼饮酒者,始乎治,常卒乎乱,泰至则多奇乐。凡事亦然,始乎谅,常卒乎鄙;其作始也简,其将毕也必巨。夫言者,风波也;行者,实丧也。夫风波易以动,实丧易以危。故忿设无由,巧言偏辞。兽死不择音,气息茀然,于是并生心厉。克核太至,则必有不肖之心应之,而不知其然也。苟为不知其然也,孰知其所终!故法言曰:'无迁令,无劝成。过度益也。'迁令劝成殆事。美成在久,恶成不及改,可不慎与!且夫乘物以游心,托不得已以养中,至矣。何作为报也!莫若为致命,此其难者。"

孔子解消叶公子高的"内热",却未教导"行事之情"的应世态度与传言智慧,为了补足"夫子其行可矣"的未尽之意,故有"请复以所闻",给出实质性的点拨提醒。此复以所闻,就自身之见闻体验,以言避开传达君命所可能引发的扭曲与变质。下文这一长串的耳提面命,既有严谨的论证,又有敏锐的洞见。此所谓交近与远,不就地理位置说,而就双方的交情互信说。"靡"当"顺"解,故交情已深的国度,要以信实来维持亲顺,交情尚浅的国度,则要以诺言来表达忠诚,"或"当"有人"解,而言语承诺一定要有人出使传达。两国交往互动，可能两喜，也可能两怒，两喜是充满了期待，两怒是深感不满，在此情境下，传达双方的意旨，那是天下最为艰难的事，因为尺度在君上的心中，而臣下难以拿捏传达的分寸。郭象注云："溢，过也。"因为两喜一定会给出过度好感的承诺，两怒一定会说出过度不满的责难。成玄英疏云："类，似也。"问题在，话说得过分，听起来就欠缺真实感，夸大等同虚妄，就没有人相信。成玄英疏云："莫，致疑貌。"实则，当"没有人"解最贴切。可信度被质疑，宣颖云："殃，两边归咎。"那么一定归咎于居间传言的使者。所以，自古传下来的格言说道：仅传达人之常情，而不传达过分的话。"几"当"庶几"解，释德清云："庶几免祸。"那或许可以保全自身。

　　孔子引导叶公子高，传达使命要不择无心，过滤掉双方过分好感或过度责难的情绪语言，而回归平实，才不会因其词过甚，而让人不相信。不仅可以保全自身，也可以保有双方既有的邦谊。否则，双方互信动摇，就会拖带出列国间"以巧斗力"的情势——"巧"是巧智，"斗力"是相互较劲，此即纵横捭阖的权谋算计。刚开始还可以光明正大，到最后却流于阴谋诡计，智巧过度就不择手段了。成玄英疏以"喜怒"说"阴阳"，不如郭嵩焘云："凡显见谓之阳，隐伏谓之阴。斗巧者必多阴谋，极其心思之用以求相胜也。"酒席宴会上相互以礼敬酒，开始时保有礼数敬意，到最后却主客名分乱成一团，场面失控就没有格调可说了。宣颖云："谅，诚信；鄙，鄙诈。"人间事也是如此，刚开始还可以讲诚信，到最后却以鄙诈收场。俞樾云："谅与鄙，文不相对。谅疑诸之误，诸读为都。"都鄙有如今之所谓城乡或核心与边陲之谓。"其作始也简,其将毕也必巨",天下争端没有不是以小事开端的,演变到最后,却酿成不可收拾的大灾难。

"夫言者,风波也;行者,实丧也。夫风波易以动,实丧易以危",言语会带出风波,若变为行动则造成生命的伤害。成玄英疏"实"当"实理"解,就道家而言,"实"在生命的本真。风之来波之起,在心中发酵,心知猜疑牵动人我之间的互信与友谊,此之谓"风波易以动";实丧已由心知的执着,变为人为的造作,由言而行,危害的是生命的本真,此之谓"实丧易以危"。"故忿设无由,巧言偏辞。兽死不择音,气息茀然",郭象注云:"夫忿怒之作无他由也,常由巧言过实,偏辞失当耳。"此"设"当"作"解,另成玄英疏云:"夫施设忿怒,更无所由。"此"设"当"施设"解。问忿何自起?起于"巧言偏辞","巧"在智巧,"偏"在过实,巧言自以为辩才无碍,可以灵活应对,却偏颇失当。有如野兽受困,危及生命,已顾不了美音的形象,而发出凄厉的叫声,气息有如杂草般错乱。"于是并生心厉。克核太至,则必有不肖之心应之,而不知其然也。苟为不知其然也,孰知其所终",到此地步,双方同时生起害人之心,"克核太至"就是用心太过,迫切且严苛地想去追究或核查真相,那一定会逼出乖戾之心来回应,而自身却不知何以如此。假如自身都不知何以会如此回应,那又有谁能知后果会如何呢?

"故法言曰:'无迁令,无劝成。过度益也。'迁令劝成殆事。美成在久,恶成不及改,可不慎与",此法言曰,有如"成而上比",谓先贤留下来的教言如斯说。"迁"可当"迁就"解,亦可当"变迁"解,不要太迁就君上的诏命,或不要试图改变君上的旨意，也不要加进自身的心思，意图去说服劝成。因为，"迁就"就想去说服，而"变迁"意在劝成。此皆"过度"，超过被赋予的权限，此"益也"是凭借自家的才学心思，介入其间。此变迁君命以劝成对方，所谓"殆事"，是不仅成事不足，抑且败事有余，犹恐后患无穷。"美成在久"，要成就任何美事，都要长时间地经营以保有双方的邦谊互信，"恶成不及改，可不慎与"，若迁令劝成的执着造作，带出风波实丧，根本就没有修补的空间，请问可以不慎重其事吗？

"且夫乘物以游心，托不得已以养中，至矣"，此言人的存在处境，本来就是"心"在"物"中，存在的困局在"心"执着"物"，而解消困局的生命出路，在心不起执着而释放"物"，此之谓"乘物以游心"。即"物"之有限而求"心"之无限，"心"寄身"物"中而任心遨游，"心"不仅寄身于有限的"物"中，且走在复杂的人间，就是"托不得已"。"乘物"有"爱亲"之"命"，"托不得已"有"事君"之"义"，"知其不可奈何"就是所谓的"不得已"，你不能让它不发生，也不能要它停下来。"养中"是养吾心之冲虚，此如老子所云："多言数穷，不如守中。""中"当"冲虚"解。就从"乘物"仍可"游心"，"托不得已"仍可"养中"，而保有心灵虚静与生命的本真，说"至矣"。成玄英疏云："运虚心以顺世。"相当贴切。此开显了修养功夫的最高境界。"何作为报也！莫若为致命，此其难者"，"作"当"作意"解，意谓总想多做点什么，"莫若"当"不如"解，又何须作意于其间，期求有以报答君命，不如依实情传达，而自身不介入，这正是在错综复杂中最难做到的明智之举。郭象注云：

"当任齐所报之实，何为为齐作意于其间哉！""作意"就是有心有为，而人为造作适得其反，反而坏事。因为，溢言类妄，形同"灾人"，迁令劝成，无异"益多"，皆"有而为之"，解消之道在"心斋"的"无"。

这一节行走人间的两大难关，一在自我的爱亲之命，二在天下的事君之义。从"不可解"的"命"，看"无所逃"的"义"，既无所逃也就等同不可解，而逼出一条安"义"若"命"之没有出路的出路。而事君之义本质在"不择事而安之"，仍得承受人道之患与阴阳之患的内外交逼，解消人道之患在"自事其心"而"忘其身"，解消阴阳之患在"托不得已"以"养中"，终归在无心虚静的修养功夫，正与上一段之"虚而待物"与"唯道集虚"前后呼应。

第3章 面对权势的两全之道

一、形就心和的不入不出

　　颜阖将傅卫灵公太子，而问于蘧伯玉曰："有人于此，其德天杀。与之为无方，则危吾国；与之为有方，则危吾身。其知适足以知人之过，而不知其所以过。若然者，吾奈之何？"蘧伯玉曰："善哉！问乎！戒之慎之，正女身哉！形莫若就，心莫若和。虽然，之二者有患。就不欲入，和不欲出。形就而入，且为颠为灭，为崩为蹶；心和而出，且为声为名，为妖为孽。彼且为婴儿，亦与之为婴儿；彼且为无町畦，亦与之为无町畦；彼且为无崖，亦与之为无崖。达之，入于无疵。"

　　鲁国贤人颜阖，将前往卫国担任太子蒯聩的师傅，先请教卫国贤大夫蘧伯玉说：有这么一个人，"其德天杀"——陈寿昌云："得天独薄。"也就是天生凉薄人。"方"，成玄英疏云："法也。""有方"是有行为规范，"无方"是无规矩法度——跟他相处而没有规矩法度，那就会危害整个国家；带他成长而以行为规范责求，那就会危害我自身。"其知"指涉他的反省能力，刚好到了认为过错都在别人，而从未省察过错的症结就在自己的地步，像这样的人，我又能对他如何？

"蘧伯玉曰：'善哉！问乎！戒之慎之，正女身哉'"，蘧伯玉答道，问得好，确是两难，你要慎重面对，就从"正女身"做起，意谓修养你的身心，"正女身"如同"其神凝"与"一若志"，"正"在凝聚专注自身的心志，而其功夫源头在"虚而待物"。"形莫若就，心莫若和"，外表要能随顺，内心要能调和，"形莫若就"是没有比随顺更好的处世态度，"心莫若和"是没有比调和更好的人生智慧。"虽然，之二者有患。就不欲入，和不欲出"，虽然说没有比它更好，"之"当"此"解，此二者指谓的是"形莫若就"与"心莫若和"，"有患"是有它的后遗症。"就不欲入"，是形可以随顺，却不能陷落；"和不欲出"，是心可以调和，却不能凸显。"形就而入，且为颠为灭，为崩为蹶；心和而出，且为声为名，为妖为孽"，理由在，若形体因随顺而陷落，"且"是将然之辞，恐将带来国家的颠覆绝灭与崩颓倒塌；心灵因调和而凸显，恐将引发自身的声名掩盖权贵，而转为妖孽的罪责。"形就而入"有如"益多"，"心和而出"等同"灾人"，"益多"则"危国"，"灾人"则"危身"，此亦两难。

"彼且为婴儿，亦与之为婴儿；彼且为无町畦，亦与之为无町畦；彼且为无崖，亦与之为无崖。达之，入于无疵"，对方故作婴儿般地天真无知，你也跟他一起童言无忌；"町畦"是"田界"，对方言行毫无界限规范，你也跟他一起放开自在；"崖"是

"畔岸、涯际"之意,对方的表现什么都不在乎,你也跟他一起不计较。"达之","达"当动词用,在"不入"也"不出"的修养功夫之下,达彼之心是跟他的心同在,达彼之气是跟他的气同行,你不在他之外。"无疵"有双重意涵:一是不能挑师傅的过错,不会危及吾身;二是将事实义之被现象困住的婴儿,引领而为价值义之修养境界的婴儿,那就不会危害吾国。这一段各家无善解,唯王船山做出检别,云:"彼喜怒无常如婴儿,吾之不识不知亦婴儿也;彼之荡闲逾检无町畦,而吾之彼此不隔亦无町畦也;彼之卑下为无崖,吾之若谷若水亦无崖也。不入不出,两无疵焉!"若未做出此一区隔,那无异是形就而入,一起陷落而危吾国,也心和而出,得罪权贵则危吾身了。故谓"两无疵焉",此说堪称独到。形就心和,不会引来权势的反扑,不入不出,自我不陷落不凸显,此由两难的困境中超离,而开发出两全之道。

二、怒臂以当车辙的意至爱亡

"汝不知夫螳螂乎?怒其臂以当车辙,不知其不胜任也,是其才之美者也。戒之,慎之,积伐而美者以犯之,几矣!汝不知夫养虎者乎?不敢以生物与之,为其杀之之怒也;不敢以全物与之,为其决之之怒也;时其饥饱,达其怒心。虎之与人异类而媚养己者,顺也;故其杀者,逆也。夫爱马者,以筐盛矢,以蜄盛溺。适有蚊虻仆缘,而拊之不时,则缺衔、毁首、碎胸。意有所至而爱有所亡。可不慎邪!"

举例说明：像螳螂奋举它有如斧头的双臂，去对抗车轮的碾轧，却不知自己能力不足以承担重任。"是"当"恃"解，林云铭云："是，自是也。"这是依恃自家天生的美材利器所造成的悲剧。"戒之"是引以为戒，"慎之"是慎重以对。成玄英疏云："积，蕴蓄也；而，汝也；几，危也。"实则，"积伐"为老是夸耀，"而美者"是你的美材，"以犯之"是用来与权势对抗，"几矣"是置自身于险地。

再看养老虎的人家，不敢以活生生的动物作为它的食物，为的是怕激起它猎杀的天生本能；也不敢以整全的小动物作为它的食物，为的是怕唤起它撕裂的原始野性。"时其饥饱"，"时"当动词用，察知老虎饥饱的感觉；"达其怒心"，郭象注云："知其所以怒而顺之。"成玄英疏云："知饥饱之时，达喜怒之节。"意谓抓住它即将暴怒的时刻，适时地给它食物，而抚平它的情绪。老虎跟人是不同类的存在，却可以讨好给自己食物的人，理由就在随顺它的感觉，与它的怒心同在，与它的饥饿感同行，此之谓"达"。"故其杀者，逆也"，老虎之所以会杀伤人，原因就在人的执着造作，而逆反它的饥饿感与怒心之故。

"夫爱马者，以筐盛矢，以蜄盛溺"，爱马的人，以竹筐盛马屎——"矢"同"屎"，"蜄"是蛤类，指谓以蜄作为美饰的泥器，就以泥器来盛马尿——"溺"即"尿"。"适有蚊虻仆缘，而拊之不时，则缺衔、毁首、碎胸"，"仆"，王念孙云："仆之言附也，言蚊虻附缘于马体也。仆与附，声近而义同。"成玄英疏云："拊，拍也。""不时"是出其不意，郭象注云："虽救其患，而掩马之不意。"此言养马者爱马心切，碰巧有蚊虻附着马体，出其不意间用手拍击，就带来了缺衔、毁首、碎胸的严重后果。宣颖解三者皆受惊吓，跃起而毁碎了口衔与胸首之饰，成玄英疏云："马缺衔勒，挽破辔头，人遭蹄踢，毁首碎胸者也。"此言后果在马缺衔，而人毁首碎胸，船山解亦持此说。不过，看上下文一贯而下，不该一分为二，故宣颖解较为恰当。"意有所至而爱有所亡。可不慎邪"，人心意一急切，原本的"爱"因执着而扭曲，因造作而变质，成玄英疏云："亡，犹失也。"马感受不到人的善意，逼出自我防卫的本能反应，吾人可以不慎重以对吗？"意有所至，爱有所亡"，宣颖解为："怒心忽至，忘人爱己。"此就"马"的反应说，不贴切；实则，这句话就人的真切反省说，较切当。

宣颖谓从篇首至此，"忘身也，养中也，顺也。处世如此其多方乎？看来忘身亦虚也，养中亦虚也。顺之一字，直入天仙化人，随方渡众，胸中无半丝隔碍，又虚之至也。人间世之本领如是"。综合观之，皆归结为"虚而待物"的"心斋"功夫。

第4章　回归无用本身的大用

一、寄身神社的散木栎树

　　匠石之齐，至于曲辕，见栎社树。其大蔽数千牛，絜之百围，其高临山十仞而后有枝，其可以为舟者旁十数。观者如市，匠伯不顾，遂行不辍。弟子厌观之，走及匠石，曰："自吾执斧斤以随夫子，未尝见材如此其美也。先生不肯视，行不辍，何邪？"曰："已矣，勿言之矣！散木也，以为舟则沉，以为棺椁则速腐，以为器则速毁，以为门户则液樠，以为柱则蠹。是不材之木也，无所可用，故能若是之寿。"匠石归，栎社见梦曰："女将恶乎比予哉？若将比予于文木邪？夫柤梨橘柚果蓏之属，实熟则剥，剥则辱；大枝折，小枝泄。此以其能苦其生者也，故不终其天年而中道夭。自掊击于世俗者也，物莫不若是。且予求无所可用久矣，几死，乃今得之，为予大用。使予也而有用，且得有此大也邪？且也，若与予也皆物也，奈何哉其相物也？而几死之散人，又恶知散木！"匠石觉而诊其梦。弟子曰："趣取无用，则为社何邪?"曰:"密!若无言!彼亦直寄焉,以为不知己者诟厉也。不为社者,且几有翦乎!且乎,彼其所保与众异,而以义誉之,不亦远乎!"

有工匠名石,"之"当"往"解,前往齐国,路过大弯道,故以曲辕为名,看到作为神社的栎树。这棵树之大,树荫可以遮蔽数千头牛,树干要以百人合围来度量;树之高,越过山头十仞才长出枝干,可以用来作为舟船的树枝,方且以十作为单位来计数。俞樾云:"旁,读为方,古字通用。……言可以为舟者且十数也。"此说可从。另说"旁"是旁枝,已说枝再说旁枝,实属多余。"旁"亦可读"傍",傍当"近"解,亦可解通。"观者如市",是观赏者群集有如闹市,而这位工匠老大,却一直前行而未见回头。

众弟子饱看观赏,再追上匠石,请教说:"从我们手执斧头柴刀追随师傅以来,从未看到如此美材的大树,先生却看都不看,不停前行,请问为什么?"匠石回答说:"已矣,勿言之矣!散木也,以为舟则沉,以为棺椁则速腐,以为器则速毁,以为门户则液樠,以为柱则蠹。是不材之木也,无所可用,故能若是之寿。"成玄英疏云:"已,止也。"意谓算了吧,别再说了,那是一棵没用的木材。作为舟船会下沉,作为棺椁会快速腐朽,作为器具会很快坏掉,作为门户会渗出脂液,作为梁柱就会为蠹虫所腐蚀。它是一棵无所可用的木头,就因为没有什么用,才能活那么久,长那么大。蠹,是"木中虫",会将梁柱啃蚀成空。

匠石回家,作为神社的栎树前来托梦,抗议说:你想把我比喻成什么呢？你想把我看作有用的木头吗？像柤梨橘柚等木实草食的果类吗？散木是无用之木，文木则为有用之木。问题在，有用之木就会引来柴刀斧头的砍伐，就好像果实一成熟，就会引来众人的剥取击落。陈寿昌云："剥，击落也。"俞樾云："泄，当为抴，抴，牵引也。"剥落等同受辱，大枝被折断，小枝被拉引，这都是自身的"材"能所带来的困苦，所以不能享有天年，而中道夭折。"自掊击于世俗者也，物莫不若是"，此皆由自身的材用而引来世俗的拍击，天下万物立身人间的处境与困苦，没有不如是的。"且予求无所可用久矣，几死，乃今得之，为予大用"，在此语气一转，而自我剖白，世俗民间皆求有所可用，而被"用"绑住套牢，说自身的大彻大悟，在求无所可用。"求"是修养的功夫，此一如孟子所谓的"求则得之"，求的是本心良知的当家做主，而庄子的"求无所可用久矣，乃今得之"，求的是解消世俗民间之用的生命大用，意谓长久以来我所做的是让自身无所可用的功夫；"乃今"是"于今"，到了今天总算有了成果，"得之"是生命得到释放，而回归自身的大用。"使予也而有用，且得有此大也邪"，假使我也未能免俗，落在有用的价值宰制间，我还能长得这么高大吗？不就老早被砍掉了吗？"且也，若与予也皆物也，奈何哉其相物也？而几死之散人，又恶知散木"，再说你与我都同属身而为物的存在，"相"当"看"解，你怎么会视我为物呢？我看你是被世俗民间之用所困住的无用散人，又怎能理解我修养求得之无用之用的散木呢？此意谓散人与散木分属不同的层次，散人是有用之用的人间小用，散木则是无用之用的生命大用。

此等同严重抗议。匠石从梦中醒来，将梦境情节跟众弟子说。成玄英疏云："诊，占也。"王念孙云："案下文皆匠石与弟子论栎社之事，无占梦之事。'诊'当读为'畛'。……畛与诊，古字通。此谓匠石觉而告其梦于弟子，非谓占梦也。"此说明确，"畛"当"告"解。弟子说出心中困惑："它既趋取无用，那么为什么还要寄身于神社呢？"郭象注云："社自来寄我，非此木求之为社也。"此说是常识性的理解，寓言更藏有深意。

"曰：'密！若无言！彼亦直寄焉，以为不知己者诟厉也。不为社者，且几有翦乎！'"成玄英疏云："诟，辱也。"司马彪云："厉，病也。""密"是"给我闭嘴"，"若无言"是你不要再说了——何以故？因为它老兄晚上又要来梦中抗议了。它只是寄身于此，好让不了解自己的人，可以诟病辱骂自己，就算不寄身在神社，你以为它就会被翦伐吗？它靠的是自身的修养功夫，而不是神社的庇佑啊！"且乎，彼其所保与众异，而以义誉之，不亦远乎"，"誉"当"喻"解，它保全自身之道与世俗众人大不同，你以常理俗解来说它，不是落差太大吗？

此中"以为不知己者诟厉也"，大有深意，因为托庇神社，而无自家修养作为保证，那不仅有待，且是靠不住的。原来，让天下人诟病，算是自我隐藏的最佳良方。

二、不材之木的神用大祥

南伯子綦游乎商之丘，见大木焉，有异：结驷千乘，隐将芘其所藾。子綦曰："此何木也哉！此必有异材夫！"仰而视其细枝，则拳曲而不可以为栋梁；俯而视其大根，则轴解而不可以为棺椁；咶其叶，则口烂而为伤；嗅之，则使人狂酲三日而不已。子綦曰："此果不材之木也，以至于此其大也。嗟乎神人，以此不材！"宋有荆氏者，宜楸柏桑。其拱把而上者，求狙猴之杙者斩之；三围四围，求高名之丽者斩之；七围八围，贵人富商之家求樿傍者斩之。故未终其天年，而中道夭于斧斤，此材之患也。故解之以牛之白颡者，与豚之亢鼻者，与人有痔病者，不可以适河。此皆巫祝以知之矣，所以为不祥也。此乃神人之所以为大祥也。

南伯子綦，即《齐物论》的南郭子綦——"伯"为长，尊称其人——游于商丘，看到一棵非比寻常的大树。"隐将"可能是"将隐"的误倒。陈寿昌云："芘通庇，蕤，荫也。谓其枝所荫，千乘可隐而芘也。"奚侗云："隐、庇同义，所以用作连词。""结驷"是每车连四匹马，谓其荫可以隐庇千乘马车藏于其下。子綦大感惊奇地说道："这到底是何种树木，一定有它天生独有的材质吧！"仰头看它的细枝，有如握拳般卷曲，不可能作为栋梁，再俯视其主干根部，会从轴心一圈圈解开散落，不可以做棺椁之用，咶通"舐"，舐其叶就口烂受伤。成玄英疏云："酲，酒病也。"嗅其味道，就会狂醉三天而不止。子綦就观察而得下一个论定：这果真是一棵没有用的木头，所以才会长得这般大。啊！原来所谓的神木，就凭借让自己无所可用的修养，才能修成正果的吧！《逍遥游》所说的"神人无功"，"不材"就是"无功"，不求有用与无掉心知对事功的执着，意涵等同，"不"

与"无"都是放下解开的功夫字眼。

另说一例：宋国有荆氏这个地方，适宜栽种楸、柏、桑之类的树木。"拱"是双手合握，"把"是一手可握，宣颖云："杙，橛也。"树干有拱把那么大的，求系猕猴之橛的人就可以前来截断取用；三四个人合围那么大的树干——陈寿昌云："高名谓高门名家也；丽通欐，屋栋也。"——求豪门大户之栋梁的人，就可以前来砍斫取用；七八个人合围那么大的树干——宣颖云："樿旁，棺之全一边者。"——权贵富商求以整片木材用来做棺木的人，就可以前来锯剖取用。所以它们皆未能安享天年，被斧头柴刀砍斫，而中道夭折。这是自身材用引来的大患。

"故解之以牛之白颡者，与豚之亢鼻者，与人有痔病者，不可以适河"，所以在祭拜河神的时候，额头白的牛、鼻子高的猪与生痔病的人，色不纯、相不美与身不全，皆属不祥，所以不可以沉河以祭。"解"是"解免"，旧注有谓祭祀之名，用以解祸求福，看上下文语句，当是此三者因自身之不祥而获得解免，凡此皆巫祝已知之事，"以"当"已"解。因其不全，所以被视为不祥。"此乃神人之所以为大祥也"，原来这就是神人以不祥，而成其自身之大祥的道理所在。不祥而为大祥，有如老子"不德有德"，且为上德，与庄子《齐物论》不仁所以为大仁的道理完全等同，不德、不仁的"不"，是自我解消的功夫，此作用层的化解，可以保存德与仁的实有，且更上层楼地成全更崇高的上德与更开阔的大仁。

这一段前半说有材之患，后半说不祥所以为大祥，一正一反，两相呼应。

三、支离其德的终其天年

支离疏者，颐隐于脐，肩高于顶，会撮指天，五管在上，两髀为胁。挫针治繲，足以糊口；鼓策播精，足以食十人。上征武士，则支离攘臂而游于其间；上有大役，则支离以有常疾不受功；上与病者粟，则受三钟与十束薪。夫支离其形者，犹足以养其身，终其天年，又况支离其德者乎！

"支离疏"不是姓氏，而是形体不全之貌，此寓言就以其形貌称之。"颐"是脸颊，却藏在肚脐边；肩膀不可思议地高于头顶。"会撮指天"，成玄英疏云："会撮，髻也。古者髻在项中，脊曲头低，故髻指天也。"因背驼而头向下，故向后的发髻，反而指向天。"五管在上"，宣颖云："背屈则五脏之管向上。""两髀为胁"，"髀"是"股"，"胁"是腋下，两股升上腋下。看这段体形支离的描述，连卡通漫画都难以绘出图像，充分透显出庄子无边的想象力与创作灵感，与对人间天残地缺者的广大同情，而给出自在存活的空间。成玄英疏云："挫针，缝衣也；治繲，洗浣也。"别看他形体扭曲，却依然可以为人缝衣与洗衣，可以填饱自己的肚子。"鼓策播精"有两种说法：司马彪云："鼓，簸也，小箕曰策。"林希逸云："以箕簸米也，播去其粗，而得精米。"另说，崔谭云："鼓策，揲蓍钻龟也；播精，卜卦占兆也。"也就是街头卖卜之意。两说以前说为佳。以残缺之身，尚足以养活一家十口人。君上征召武士，大男人走避唯恐不及，支离疏却可以高举双臂，在街头悠游行走；君上征用劳役，支离疏也因形残而可以免去徭役之苦。君上救济病苦的人，可以领得三钟米粮与十捆薪柴。六斛四斗为一钟，想来生活可以无缺了吧！

"夫支离其形者，犹足以养其身，终其天年，又况支离其德者乎！"支离其形的人，是天生的残缺，支离其德的人，却是后天的修养有成，庄子就从"支离其形"的自在，来烘托支离其德的美好。说支离其形的人，尚且可以养活自身，活出天生而有的年岁，又何况是支离其德的人，岂不是更海阔天空，任意遨游吗？

"支离其德"，就是老子所说的"不德"，"支离"与"不"，都是心知的化解，解消自以为有德的执着，避开执着的负累与对他人形成的压迫。因为负累会累垮，压迫成了迫害，这是德行的自我异化，自己反对自己，故只有克服"正"面所带出的"反"面，加上一个"不"，或说是"支离"，此不执着无负累，不造作无迫害的智慧，就可以将德行修养推向一个更高的正面的"合"，这就是辩证的超越。在"不德"克服反面中，不仅保存了本有的德，且更上层楼地成就了"上德"。

"支离其德"就是《养生主》的刀刃无厚，也是"心斋"功夫的"虚而待物"，前者以无厚入有间，可以解开人世间的复杂，后者在虚静观照中，照现每一个人的真实，也生出每一个人的美好。故以"又况支离其德者乎"作结，以显发"支离"功夫的无穷妙用。

四、狷者不为的狂者形象

孔子适楚，楚狂接舆游其门曰："凤兮凤兮，何如德之衰也！来世不可待，往世不可追也。天下有道，圣人成焉；天下无道，圣人生焉。方今之时，仅免刑焉。福轻乎羽，莫之知载；祸重乎地，莫之知避。已乎已乎，临人以德！殆乎殆乎，画地而趋！迷阳迷阳，无伤吾行！吾行郤曲，无伤吾足！"山木自寇也，膏火自煎也。桂可食，故伐之；漆可用，故割之。人皆知有用之用，而莫知无用之用也。

此段寓言，由《论语·微子》"楚狂接舆歌而过孔子"改造而来。"适"当"往"解，孔子前往楚国，而楚地正是道家思想的原乡。接舆是隐者，而隐者在人间隐退，当该是有所不为的狷者，却谓之"楚狂"，而狂者进取，此狂者形象，不知从何而来。实则，隐者接舆，说是楚狂，他的狂依托于孔子。孔子周游列国，他可以紧追在孔子车队的后面，故以"接舆"为称，且歌而过地讽劝孔子，你说他狂不狂？狂者是狂妄，而狷者之狂，集狂狷于一身，堪称狂得可爱。《论语》写接舆歌而过孔子，庄子写接舆游其门，可见庄子已失落了"接舆"这一称号描述其行谊的意涵。因为"游其门"就不能说是"接舆"了。尽管如此，高歌讽劝孔子的情节依旧，歌词则略有变动。"来世不可待，往世不可追也"贴近原本的"往者不可谏，来者犹可追"，只是上下句颠倒而已！原本的"已而，已而，今之从政者殆而"，转为"天下无道，圣人生焉"，"从政者殆"就是"天下无道"，而"已而，已而"给出的正是"圣人生焉"的可能空间。此段寓言的歌词长了许多，下文还有"已乎已乎"，与原本的"已而，已而"，语气意涵完全等同，"从政者殆"，你还"临人以德"，岂不是落在"殆乎殆乎"的无奈结局吗？只是原本的"殆"说的是从政者，而寓言的"殆"，劝谏的是孔子。最大的变动在将原本的"何德之衰"，修正为"何如德之衰"，这是庄子的神来之笔，一字之差，透显出庄子对孔子发自内心的崇敬之情。

因为"何德之衰"，此德衰说的是孔子，孔门弟子将接舆讽刺的话如实地记载下来，庄子改写为"何如德之衰"，此德衰说的却是孔子的时代政局，也就是所谓的天下无道之世。不是说凤鸟被染成了乌鸦，而是说高洁如孔子，又其奈无道乱世何！此少了讽喻之意，而多了惋惜之情。"来世不可待，往世不可追"，未来的年代不可预期，过往的时代已无可追回，人仅能在生命的每一当下，做出存在的抉择。"天下有道，圣人成焉；天下无道，圣人生焉"，不论是天下有道，还是无道，圣人一如天地，总是要"生成"天下百姓。分别在，有道时所"成"的是外王的志业，无道时所"生"的是内圣的修养，这才是圣人的本色。《天下》篇有云："神何由降？明何由出？圣有所生，王有所成，皆原于一。"天上与人间正两相呼应。"方今之时，仅免刑焉"，知识分子立身当世，仅能免于刑害，这是天下无道的真实写照。"福轻乎羽，莫之知载；祸重乎地，莫之知避"，"莫之知载"是"莫知载之"，"莫之知避"是"莫知避之"，文言文否定句受词提前。不求用世的保身福报，比羽毛还轻，却不知要抓住拥有，从政者殆的灾祸，比大地还重，却不知要避开逃离。"已乎已乎，临人以德！殆乎殆乎，画地而趋"，"已"当"止"解，停下你前进的脚步吧，不要再凸显你的德行了！"殆"是"危殆"，别再执迷不悟了，闷着头往前冲，那可是很危险的。"迷阳迷阳，无伤吾行！吾行郤曲，无伤吾足"，陈寿昌云："迷阳，多刺之草。"遍地荆棘，不要妨碍了人生的行程；"郤"可解为"后退"或"寻隙"，行走人间要退却迂回，不要伤害了自己的行脚。

下文做了一个总结，"山木自寇也，膏火自煎也。桂可食，故伐之；漆可用，故割之。人皆知有用之用，而莫知无用之用也。"山中木是因为有材用，才引来工匠砍斫它自己，膏油可以当燃料，才引来众人燃烧它自己。桂圆可口，所以引来摘取，漆供器用，所以引来切割。天下人都知道有用的用，却没有人知道无用的用。"有用"是心知执着"用"的标准，并人为造作责求自己去符合世俗功利的标准，来证明自己是个有用的人。像这样的有用之用，都被人间街头的"用"绑住，被当作工具般地为世俗所用，而失落了生命本身的用。翻转之道，就在"无"掉世俗功利的标准，解消"用"的标准，不被绑住，不被当成工具般地运用，而回归自己生命的大用。"有用之用"，逼得天下人流落街头，成了无用的人；"无用之用"，让每一个人回归自身，成全生命本身的大用。故"有用之用"，在心知执着与人为造作之下，不管是有用还是无用，不管是大用还是小用，通通是小用，因为被绑住被套牢，此之谓存在的迷失与价值的失落。"无用之用"，从"用"的标准中松绑释放，存在不迷失，价值不失落，人人回归生命自身，且成全生命自身的大用，这才是真正的大用。

德充符第五

德充符第五

【解题】

德充符者，德充于内，而符应于外。德充于内，是功夫论的意涵；而符应于外，则是修养功夫所开显的理境。依老子之说，德充于内，是由"不德"的功夫修养，而保有本德天真，此之谓"上德不德，是以有德"。就庄子而言，"不德"就是"德不形"于外。"不德"重在解消"德"的执着负累，"德不形"重在不以德行压迫别人而引生反感，甚至对抗。

所谓"符应"，有如兵符剖成两半，一半在朝廷君上手中，另一半在边防大将身上，将在外君命所以容许有所不受，理由在，相距万里之外，一者可能假传圣旨，再者，令到之日，情势可能已然改观，而失去时效。真的军情紧急，为了证明果真来自君上的旨意，故以各持一半的兵符，来做验证，看是否完全符合，以避免仿冒作假，而误了军机大事。人与人之间，由不德而有德，双方的本德天真，在人间相遇，就如两半兵符完全符合，而了无间隙，此之谓符应于外。庄子就由此说"才全"。"才"是草木之始生者，儒家是人之初、性本善，道家是人之初、天本真，此为存有论意义的"本德天真"。故从"德不形"说才全，德不形于外，也就是德充于内，再从符应于外说才全。人活一生，仍保有天生本真，堪称此生最大的道行。

德充符的"符"，与《人间世》"心止于符"的"符"，分属不同的层次，前者就无执着无分别的"道心"说，后者就有执着有分别的"成心"说。从"成心"说的"符"，是责求天下人符合我心知执着的价值标准，如同世俗民间所说的画符念咒，旨在控制外物，此与德充于内，而符应于外的虚而待物，迥然有别。

前者是有心有为的权力宰制，后者是无心无为的一体和谐。

　　郭象注云："德充于内，应物于外，外内玄合，信若符命，而遗其形骸也。"此说深得其旨。充于内之德，是不德无心，应物于外，是虚而待物，亦即由虚静观照而照现万物。不德无心是"无"，照现万物是"有"，又"有"又"无"则是"玄"，"玄合"就是玄同于道，此内外玄合，有如符命般地一体无间。"遗其形骸"意谓解消心知，而释放生命，形骸不再成为生命的负累。王船山云："充者，足于内也；符者，内外合也。"可能上承郭注之义。

第1章　唯止能止众止的兀者王骀

一、任化守宗的道心德和

　　鲁有兀者王骀，从之游者，与仲尼相若。常季问于仲尼曰："王骀，兀者也，从之游者与夫子中分鲁。立不教，坐不议，虚而往，实而归。固有不言之教，无形而心成者邪！是何人也？"仲尼曰："夫子，圣人也，丘也直后而未往耳。丘将以为师，而况不若丘者乎！奚假鲁国！丘将引天下而与从之。"常季曰："彼兀者也，而王先生，其与庸亦远矣。若然者，其用心也独若之何？"仲尼曰："死生亦大矣，而不得与之变，虽天地覆坠，亦将不与之遗。审乎无假而不与物迁，命物之化而守其宗也。"常季曰："何谓也？"仲尼曰："自其异者视之，肝胆楚越也；自其同者视之，万物皆一也。夫若然者，且不知耳目之所宜，而游心乎德之和；物视其所一而不见其所丧，视丧其足犹遗土也。"

成玄英疏云："刖一足曰兀。"鲁国有一位被砍掉一只脚的人，名字叫王骀，追随他游学的人，与孔子相当。以常季为称号的先生，请教孔夫子。王元泽云："常者习其庸常，季者物之少稚，以其庸常少稚，而不足以知圣人，故曰常季，此庄子制名而寓意也。"此为庄子设问，而由孔子代言，以烘托道家圣人形象。常季也可以有四季常青的寓意，由他提问，较具分量。他说：王骀是少了一只脚的残缺人物，有一半的鲁国人跟他学习，可与先生分庭抗礼。看他立时不说教，坐时也不议论，完全没有显现自己的光彩。但追随他的人，什么都没有地前往，却什么都有地回来；他们本来以为自家一无所有，看到王骀，才体悟到原来自己什么都不欠缺。请问夫子，人世间本来就有无须说些什么教诲的话，而让对方在无形中已心生感应的吗？他到底是怎么样的一个人？

孔子回答说：王骀先生是一个圣人，我孔丘也只是一时落后，还没有前往求教罢了。我将拜他为师，何况是德行不如我的人呢？宣颖解"奚假"为"何但"，意谓何止鲁国，我将引领天下人，跟我一起去向他学习。这是《庄子》寓言中最委屈孔子的一段话，虽是寓言，但总不能让孔子说出有失身份且贴近商业广告的话。说"丘将以为师"，以孔子的好学来说，还算合理，至于"而况不若丘者乎"与"丘将引天下而与从之"，则完全不像孔子这个人会说出来的话，且背离儒学"为仁由己，而由人乎哉"的基本立场。庄子为了拉高道家的气势，而如斯地委屈孔子，未免雕琢过甚，堪称少见的败笔。

"常季曰：'彼兀者也，而王先生，其与庸亦远矣。若然者，其用心也独若之何？'"常季再进一步问：他只是一个残缺的人，而声势超过先生。成玄英疏云："王，盛也；庸，常也。"像他这样的人，一定比平常人高明许多吧！能够修到这种境地的人，一定有他独特的用心所在吧！"仲尼曰：'死生亦大矣，而不得与之变，虽天地覆坠，亦将不与之遗。审乎无假而不与物迁，命物之化而守其宗也。'"死生是人生最大的关卡，生命可不能因为有生必有死，就有所改变吧！就算是天覆地坠，生命也不能随之而失落了本有的真实吧！此成玄英疏云："遗，失也。""审乎无假"，郭庆藩云："无假，当是无瑕之误，谓审乎己之无可瑕疵。"此说跟上下文连贯不起来。宣颖云："能知真宰。"较能与下文之"守其宗"相应，而"不与物迁"亦可与"命物之化"两相对应。"审乎无假"与"守其宗"指谓生命主体，说"真君"可能比"真宰"更贴切，因为说"宰"，不免有宰制的意味，故"命物之化"，宣颖就解为"主宰物化"，此已偏离道家"不生之生"与"不主之主"的生成原理。老子有云："生而不有，为而不恃，长而不宰，是谓玄德。""生而不有"就是"不生之生"，"长而不宰"就是"不主之主"，说主宰物化，等同气化论。陈寿昌解为"认定主宰"，是顺成宣颖的说解。故仍以《齐物论》之"其有真君存焉"，说"真君"即是"无假"，且可与《养生主》之"生主"，两相印证，较不会引生错误的联想。人物有死生，天地会覆坠，皆是气化边事，就天道之生成原理与真君之主体观照而言，可不与之变，不与之遗，故从"审乎无假"的"真君"说"不与物迁"，从"守其宗"的天道说"命物之化"。《天下》篇有云："以天为宗。"可为佐证。此"命"可当"顺任"，此几句话正诠释王骀独特的用心所在。

"常季曰:'何谓也?'仲尼曰:'自其异者视之,肝胆楚越也;自其同者视之,万物皆一也。'"常季请孔子再贴切人生做出解释。孔子回答说,从万物相异的观点看,同属一体的肝胆,也如同楚越两国一样距离遥远;从万物相同的观点看,千差万别的万物也可以是一体无别的。能像这样以道心混同万物,而不以成心来区隔万物的人,"且不知耳目之所宜,而游心乎德之和","且"当"尚且"讲,"所宜"是"所好",如好好色、恶恶嗅的官能好恶,重点在"不知",无执着无分别之谓,既解消了心知,又释放了生命,体现了物我两忘、情景交融的一体和谐之境。"游心乎德之和"有如《齐物论》的"万窍怒呺",既活出人籁之真,又共成地籁之和。道家从无心、无知、无为说"游",无心是无道德的理想担负,无知是无知识的研发压力,无为是无实用的利害考量,不是德性心,不是认知心,也不是实用心,那就是照现生命本身的美感心灵。万物没有隐藏,也不必压抑,更无须伪装作假,人人以真实的面貌出现,也就是以美感的姿态朗现在天下人的眼前。此之谓"游心乎德之和"。"物视其所一而不见其所丧,视丧其足犹遗土也",从万物的本真一体看,而不从万物的形体万殊看,王骀看自身少了一只脚,就像尘土飘落大地一样不放在心上。

二、鉴于止水的常心不知

常季曰:"彼为己,以其知得其心,以其心,得其常心,物何为最之哉?"仲尼曰:"人莫鉴于流水而鉴于止水,唯止能止众止。受命于地,唯松柏独也在,冬夏青青;受命于天,唯舜独也正,幸能正生,以正众生。夫保始之征,不惧之实。勇士一人,雄入于九军。将求名而能自要者,而犹若是,而况官天地,府万物,直寓六骸,象耳目,一知之所知,而心未尝死者乎!彼且择日而登假,人则从是也。彼且何肯以物为事乎!"

孔子诠表王骀的用心,在"不知"的化解功夫,而开显游心乎德之和的境界。此即常季所体认的"彼为已","彼"指谓王骀,"为"是人为造作,"已"是"止",也就是一切从心知执着所带动的人为造作,皆归于止息。"以其知得其心",是体悟"知"的主体在"心",而"知"的本质是执着,造作由执着来,而执着由心知来,此寻求"知"的源头在"心",此即王船山所云:"知生于心,还以乱心。"故功夫在心上做。"以其心,得其常心",因为"心"有"知"的作用,故"不知"端在"无心",此无掉心知的执着,就回归"心"本来的虚静,此之谓常心。陈寿昌云:"以其知得其心,即所谓审乎无假,以其心得其常心,即所谓不与物迁。"此说对了一半,以其知得其心,是找到了病的症结,以其心得其常心,才是开出了对治的药方。故"审乎无假"的真君,就是常心,而常心即不与物迁,不随物象而迁化。这一段话,郭象注本的断句出了大问题,他断为:"彼为己以其知,得其心以其心。得其常心,物何为最之哉。"在如斯诡异的断句之下,这段话几成不可解。郭象注云:"嫌王骀未能忘知而自存。"成玄英疏云:"王骀修善修己,犹用心知。"将"已"读为"己",此将"为己"解为"修己",再言修己犹用"心知",且"得其心以其心",郭象注云:"嫌未能遗心而自得。"成玄英疏云:"犹用心以得心也。……若以心知之术而得之者,非真得也。"最后,"得其常心,物何为最之哉",成玄英疏云:"得真常之心者,因当和光匿耀,不殊于俗。岂可独异于物,使众归之者也。"此整段下来,皆采负面的解释,好像在数说王骀的罪状,此解与上文所说的"虚而往,实而归",与"不知耳目之所宜,而游心乎德之和"的义理,严重抵触。

实则,在孔子的诠释之下,常季也说出了他的体悟,他抛出的问题是,心之常体虚静,怎么会吸引那么多的人来追随他呢?"最",成玄英疏云:"聚也。"宣颖解为"尊",不论是聚集,还是推尊,都是王骀身上散发出来的人格穿透力与生命感染力。

"仲尼曰:'人莫鉴于流水而鉴于止水,唯止能止众止'",孔子回答说,人不会在流动的水中端详自己,而是在静止的水中照现自己。"唯止"的"止"是"虚静","能止"的"止"当动词用,作"引来"解,"众止"的"止",当"依止"解,意谓只有自身虚静,才能引来众人来此依止停靠。此上文所说的"常心",就是"唯止","不知耳目之所宜,而游心乎德之和",就是"能止众止"。"受命于地,唯松柏独也在,冬夏青青;受命于天,唯舜独也正,幸能正生,以正众生",一样地根植大地,只有松柏到了寒冬还能独在,宣颖云:"在字言其不凋。"俞樾云:"在,疑为正。"看下文的冬夏青青,原本的"在"更贴切,不论冬天夏天都同样地常青。一样地禀承天命,只有圣人舜能独得其正,他得天独厚,能正自家的生命,并以自家的正,去正天下众生。从存有论而言，予人也，舜亦人也，不能独得其正，此中"幸能"，当指功夫论而言，而"独也正"当指气禀而言。此唯正能正众正，呼应唯止能止众止。"夫保始之征，不惧之实。勇士一人，雄入于九军"，宣颖云："保始，守其宗也。"守住天生本真的德，而保有天真本德的征验，就在生命无所惧的真实朗现。试看勇士一人，可以直闯九军战阵之中。"将求名而能自要者，而犹若是"，将求得勇士的声名称号，尚且能如此自我责求，"而况官天地，府万物，直寓六骸，象耳目，一知之所知，而心未尝死者乎"，成玄英疏云："一知，智也；所知，境也。能知之智，照所知之境，境智冥会，能所无差，故知与不知，通而为一。"此说甚美。不过，所谓"一知"，已超乎主客、能所的二分之上，"一知之所知"是道心照现万物，也生成万物，故云："心未尝死者乎！""而况"是何况，"官天地"是心可以统合天地，"府万物"是可以奥藏万物，"直寓六骸"，仅是把此心寄托在形骸上，"象耳目"，并以耳目作为生命的迹象，这样大心胸大格局的人，就是"一知之所知"。此谓何况是以道心来统合天地奥藏万物，而此心永远灵动常在的人呢！宣颖解云："得其常心如此，人岂犹为死生所变乎！"此说恐误。"未尝死"指谓心的灵动与观照作用。"彼且择日而登假，人则从是也。彼且何肯以物为事乎"，宣颖云："盖假字读作遐字，言其升于高远也。……择日，犹言指日。"意谓得其常心的人，随时可以登上高远的道境，天下人自然会来追随他，他本身已登上道境，哪里还会把世事俗情放在心上呢！

这一大段，请出孔夫子来衬托出王骀的生命人格，再通过常季的发问,由孔子作出回应,诠释其修养功夫及开显的境界。道朗现在孔子之身,此为道之显,道也朗现在王骀之身,此为道之隐,庄子借孔子之显,以显王骀之隐。此言圣人有两大形态,一为孔子,一为王骀。孔子已走出"道"一步,往外王开拓;王骀仍守住"道"本身。依道家观点,守住"道"本身的王骀,似乎比走出"道"一步的孔子,更根本且高明。因为走出一步,即有流落于外的危机。老子有"失德而后仁"之说,因为"德"无心,而"仁"有心,"仁"已走离"德"一步,再往外走,就落在"义"的有知与"礼"的有为中。故越往外走,即越往下掉,因为"其出弥远,其知弥少",以其离道越远之故。此所以道家要讲归根复命,回归天真本德,就由这一根本立场,说"丘将以为师",也就是从"孔子"的显往王骀的"隐"回归。甚至说"丘将引天下而与从之",也就是要引领天下人向"道"的本身回归。

第2章　游于羿之彀中的兀者申徒嘉

一、子产执政的权力傲慢

申徒嘉，兀者也，而与郑子产同师于伯昏无人。子产谓申徒嘉曰："我先出则子止，子先出则我止。"其明日，又与合堂同席而坐。子产谓申徒嘉曰："我先出则子止，子先出则我止。今我将出，子可以止乎，其未邪？且子见执政而不违，子齐执政乎？"申徒嘉曰："先生之门，固有执政焉如此哉？子而说子之执政而后人者也？闻之曰：'鉴明则尘垢不止，止则不明也。久与贤人处则无过。'今子之所取大者，先生也，而犹出言若是，不亦过乎！"子产曰："子既若是矣，犹与尧争善，计子之德，不足以自反邪？"

申徒嘉是一个缺了一只脚的人，跟郑国执政子产一起在伯昏无人的门下学道。"伯"是长者的尊称，"昏"是无执着无分别，"无人"是老子所云之"不可得而贵，不可得而贱"之意，也就是心中无贵贱高下之分。有一天，子产对申徒嘉做一身份的表白，说："我先行离去，就请你稍坐片刻；或者你想先离开，那我可以稍等再走。"此子产自恃身份，不愿与兀者同坐同行。未料，隔天申徒嘉又依然故我，仍跟子产同席而坐。子产受不了，发出抗议性的声明："我们不是说好了吗？我出你坐，或你出我坐，这么简单的事，你怎么还搞不清状况！现在我要郑重告诉你，我要先行离开，可以请你多停留一下吗？还是你打从心坎里不愿意呢？你看到执政权贵一点也不知回避，难道你跟执政地位分量等同吗？"成玄英疏云："违，避也。"

申徒嘉立即作出回应：在先生的门下，竟有像你这样摆出执政者高姿态的吗？阁下未免太看重自己的权位，而太看轻天下人了吧！我在讲堂曾听闻这样的道理，镜子清明那尘垢就不能停留；反之，尘垢停留那就是镜子不清明。长久与贤德的人相处，就可以没有过错。"今子之所取大者，先生也"，成玄英疏云："今子之所取，可重可大者，先生之道也。"此说甚是，宣颖解为"求广见识"，恐非。意谓现在对你来说，最为重大的应该是老师所教导的道理，"而犹出言若是，不亦过乎"，"是"指称"尘垢"，"过"在"止则不明"，没想到你竟然会说出这么势利的话，不是太过分吗？

"子产曰：'子既若是矣，犹与尧争善，计子之德，不足以自反邪？'"子产也直接反击说，你已形体不全，还要跟尧这样的圣王，去争德行修养的高下，依我的评量，你的德行还做不到自我省察的境地。不然的话，你怎么会失去一只脚呢？

二、不中者命大的反讽抗议

申徒嘉曰:"自状其过,以不当亡者众;不状其过,以不当存者寡。知不可奈何而安之若命,唯有德者能之。游于羿之彀中,中央者,中地也;然而不中者,命也。人以其全足笑吾不全足者众矣,我怫然而怒;而适先生之所,则废然而反。不知先生之洗我以善邪?吾与夫子游十九年矣,而未尝知吾兀者也。今子与我游于形骸之内,而子索我于形骸之外,不亦过乎!"子产蹴然改容更貌曰:"子无乃称!"

申徒嘉回应对方的人身攻击,反而回到人情常理来说,陈寿昌云:"状,陈也。"《说文解字》:"状,饰也。"让他自己去陈述他的过错,以为自己不该被砍掉一只脚的人,那是很多的,因为或多或少会有所掩饰。相反的,不陈述他所犯的过错,以为自己不该保全那一只脚的人,那是很少的。"知不可奈何而安之若命,唯有德者能之","知"是生命的体认,体认到人生路上诸多无可奈何的事。那是无所逃于天地之间。既无所逃,等同不可解,那就安"义"若"命"吧!不过,也只有无心天真的有德者才做得到。成玄英疏云:"若,顺也,……唯当安而顺之。"此说与《人间世》"安之若命"相应。"之"指谓"臣之事君"的"义",把无所逃的"义",视若"子之爱亲"的"命"。成疏"安而顺之"之说,仅有"命"的意涵,而失落了"义"的意涵。被砍断一只脚,当然来自政治权力的操作,属"义"的界域,而不在"命"的界域。"有德者"是从悲愤中走出来的智慧,在"知不可奈何"的生命体悟中放下。人物活在人间，就如同在神射手后羿的靶心中出游，而靶心是正中央的必中之地，被射中受伤那是必然，不被射中反倒是偶然，算他命大。王先谦云："以羿彀喻刑网。"此说甚切。宣颖云："不当刖而刖者是命，当刖而不刖者亦是命。"当不当，涉及"义"的问题，二者皆属不义，而说是"命"，这是代表对执政在位之权力滥用的最沉痛抗议。宣颖紧接又云："与上二句作一反照，便使全足者反当深省，妙妙。"此说深得其微旨。因为既游于必中之地，那人人都当少一只脚，而不中者，才是纯属偶然的命大，此反讽你老兄怎么会比我们都多了一只脚！

"人以其全足笑吾不全足者众矣，我怫然而怒；而适先生之所，则废然而反"，"怫然"，成玄英疏云："暴戾之气。"想当初天下以全足来嘲笑我缺脚的人，那是很多的，我心中满是激愤不平。"废然而反"，成玄英疏云："则废向者之怒，而复于常性也。"此说有欠妥当。实则，"废然"是激愤之情、不平之气已然消散，"反"相对于"适"而言，"适"是前往，"反"则归来，前往受教，归来已然不同，有如"虚而往，实而归"一样，满怀气愤地前去，却安之若命地回来，故成疏解"反"为"复于常性"是不恰当的。"不知先生之洗我以善邪"，一往一回会有如斯两样情的重大改变，"洗"是"洗涤"，"善"是"无心自然"，也就是"有德者"之谓，无心是洗涤心中的尘垢，自然则是放下平平，洗涤且清除了生命中的痛与憾。"吾与夫子游十九年矣，而未尝知吾兀者也"，我追随老师学道十九年了，此跟庖丁解牛的体道十九年功力相当，而从未觉得我是残缺的人，此"未尝知"，指谓老师眼中无残缺，我心中也就跟着无残缺了。此宣颖有云："嘉自忘之，其先生相与忘之，德充符可思也。"亦是此意。"今子与我游于形骸之内，而子索我于形骸之外，不亦过乎"，陈寿昌云："同游于先生门下。"现在你跟我同学，理当跟我游于形骸之内本德天真的一体和谐，"索"，当"求"解，没有想到你竟以形骸之外在迹象来审视我、批判我，就跟我同门修道的你来说，不是太过分了吗？

申徒嘉这一番话，说的是自家心事转折的三个历程，一在从激愤不平中，回归情理之常；二在坦然面对人物走在人间的无奈与苦难；三在悲悯天下人共同的存在困境。

"子产蹴然改容更貌曰：'子无乃称！'"成玄英疏："蹴然，惊惭貌也。""改容更貌"是改变了神情与姿态。子产听了申徒嘉的体道之言，显得不安，而深感惭愧地说："请先生别再说下去了！""无"是"不要"之意，"乃"当"如此"解。

这一段寓言，还是请兀者当主角，申徒嘉被砍断了一只脚，子产执政与之共学适道，却羞与为伍。看来兀者是少了一只脚，然身处中央的必中之地，给出了一个批判性的反思，何以执政者会多了一只脚！

第3章　以夫子为天地的叔山无趾

一、天地竟不遮覆的委屈难堪

鲁有兀者叔山无趾，踵见仲尼。仲尼曰："子不谨，前既犯患若是矣。虽今来，何及矣！"无趾曰："吾唯不知务而轻用吾身，吾是以亡足。今吾来也，犹有尊足者存，吾是以务全之也。夫天无不覆，地无不载，吾以夫子为天地，安知夫子之犹若是也！"孔子曰："丘则陋矣。夫子胡不入乎，请讲以所闻！"无趾出。孔子曰："弟子勉之！夫无趾，兀者也，犹务学以复补前行之恶，而况全德之人乎！"

这则寓言的主角是叔山无趾。"叔山"是以地名为姓氏，"无趾"是以形象为名。"踵"，成玄英疏云："频也。"不知何所据而云然？实则，"踵"就是脚踵，崔谓云："无趾，故踵行。""无趾"即脚趾刑残，故踵见仲尼。以脚踵行走，一路艰苦行来，满心盼望得到孔子的肯定，而为自己平反。未料，孔子甫一照面，劈口说道：你为人不知谨言慎行，前已犯禁受刑，以致脚趾被砍掉。虽然你今天前来看我，又怎么来得及呢？

"无趾曰：'吾唯不知务而轻用吾身，吾是以亡足。今吾来也，犹有尊足者存，吾是以务全之也。'"无趾听了孔子无限惋惜的话语，大失所望地说："我只因不识时务，而轻易以身与势抗，因此痛失了我的脚趾。不过，我此番前来，还有比脚趾更尊贵的本德天真在。"成玄英疏即解"存"为"在"。因此我用心在保存我的天真本德，不再与权势对抗。"夫天无不覆，地无不载，吾以夫子为天地，安知夫子之犹若是也"，上天没有不遮覆的，大地没有不乘载的，我心中一直把夫子看作天地，怎么会知道夫子也如世俗般，只看到我失去了脚趾，而没有看到我一路走来的"德"行呢？

"孔子曰：'丘则陋矣。夫子胡不入乎，请讲以所闻！'"孔子听闻了无趾之委屈抱怨的话，也觉得自己对无趾此行，欠缺同情的了解，立即充满歉意地回应说："是我浅陋，未能体贴你的感受，可否请先生入门，说出你一路走来的见闻与心得。""无趾出"，成玄英疏云："令其入室，语说所闻方内之道。……无趾恶闻，故默然而出也。"此解有如"益多"，加深了无趾的反感，且与上下文文气有隔。实则，孔子不是责求无趾入内，再说一番大道理来教训人，而是诚挚地邀请，要聆听无趾务全其德的心路历程，以弥补自家只看到刑残，而没有看到务德的浅陋。宣颖解为"径去"，堪称直截了当，意态决绝地转身就走，根本就拒绝入内而接受安抚。

"孔子曰：'弟子勉之！夫无趾，兀者也，犹务学以复补前行之恶,而况全德之人乎!'"孔子对众弟子说了些当机指点的话语。众弟子要勉励自身,像无趾这样形体不全,尚且用心修补前行的过错,何况是形体健全的你们呢!此中"全德",意即天真犹在,因为心没有受伤,从德全说形全,德不形于外,不会引来反扑,而受刑害,所以德全的人,可以保有形全,而不是说众弟子已然德行圆满无缺。

二、谁能救孔子的逼问彻悟

无趾语老聃曰:"孔丘之于至人,其未邪?彼何宾宾以学子为?彼且蕲以諔诡幻怪之名闻,不知至人之以是为己桎梏邪?"老聃曰:"胡不直使彼以死生为一条,以可不可为一贯者,解其桎梏,其可乎?"无趾曰:"天刑之,安可解!"

在孔子之外,人间可以请教至道的人,唯有老聃一人。想必无趾又走了漫长的路程,踵见老聃,气犹未消地说道:"我看孔丘这个人,对于至人的人格境界来说,还没有修养到家吧!他何必摆出频频向先生问道的姿态呢!"成玄英疏云:"宾宾,恭勤貌。"俞樾以为望文生义,云:"宾宾,频频也。"今从其说。"为"则是句末语气词。"彼且蕲以諔诡幻怪之名闻,不知至人之以是为己桎梏邪","蕲"当"求"解,"諔诡幻怪"犹《齐物论》所说的"恢恑憰怪",意谓他怎么还在求那些人间街头奇幻怪异之虚妄不实的声名呢!难道他没有体悟到至人的生命人格,已将外在虚名视为生命自身的枷锁了吗?

"老聃曰：'胡不直使彼以死生为一条，以可不可为一贯者，解其桎梏，其可乎？'"老聃听了无趾这一番批判孔夫子的气话，也就顺承跟进地说道："好啊，孔夫子既然这么不堪，那么我们两个人一起来救他好了。何不直接让他体悟到死生本来就是一体，而是非本来就是一贯之同时并生的存在本质，来解开他心知执着之相对二分所加在他身上的枷锁呢？"这一番看似批判儒圣的大话，实则藏有逼出生命体悟的妙用。宣颖云："看似叔山原是老子一鼻孔出气的人，无怪其颉颃夫子。"此说恐失此寓言之深意。试想，普天之下还有谁能救孔子？

"无趾曰：'天刑之，安可解！'"无趾最后说出了对自己来说是大彻大悟，对孔子来说是最为知音的话："这是老天加在他身上的枷锁，又有谁解得开呢？"此与《论语》隐者晨门所说的"知其不可为而为之者与"，更真切也更深入地描述出孔子的性格。"天刑之"，宣颖解云："言其根器如此。"阮毓崧跟进，云："彼根器如此，何可解免！""根器"是气命，与"天刑"之理命完全属于不同的层次，故此说有误。"安可解"，意谓不可解而解不开，那又何须解，直接承担就是了。此《大宗师》有云："丘，天之戮民也。"天生劳累人，就是天刑，既发自人性本身，有担负等同没有担负，有劳累也等同没有劳累，又何须解？依孟子的义理系统来看，仁义礼智是"命也，有性焉，君子不谓之命也"，"命也"就是"刑"，命限一生摆脱不掉，等同枷锁加身，"有性焉"是"此天之所予我者"的人性本身，二者合而言之，就是天刑之。而"君子不谓之命也"，就是"安可解"，因为解开了人之所以为人的价值自觉，孔子就不成其为孔子了。

这一段寓言，写的是孔子与老聃一前一后的联手，引领无趾走出生命的幽谷。无趾踵见仲尼，期盼得到孔子的慰勉，足见伤痛犹在，孔子答以今来何及，人生自我救赎或超拔之路，随时都来得及，因为圣人救人，包括他的过往。故一者深致惋惜之情，二者又深表遗憾之意，故随即为自己"今来何及"的未尽之心意道歉。无趾前来投靠，却未得救，救世主怎可不救人，天地不遮覆还算天地吗？圣人不救人还算圣人吗？故他决绝而去。

折往老聃那里，寻求精神的补偿，似乎批判了孔子，说孔子道行与至人境界犹有一间之隔，就可以缓解未得孔子称许的挫折感与失落感。老聃顺应他的感受，说孔子既未悟道，那我们一起来救他吧！此抛出一个最高贵又最荒谬的邀请，"抢救孔子"是最高贵的，"有谁能救孔子"又是最荒谬的，故逼出了无趾在没有出路中找出路的大彻大悟。孔子的担负天下，本就是天道加在他身上的"天刑"，而天下也没有不救人的圣人，所以说"安可解"。道家说仁义为有心，礼智为有为，故视为心灵的桎梏与生命的枷锁，而就儒家的仁心善性来说，"不逾矩"的道德规范与"从心所欲"的心志自由，是可以兼容而不构成冲突的，所以尽管天刑加身，也无须解。无趾有此一悟，也当下得救，走出了生命的幽谷，而还给自己自在的天空。

第4章 才全而德不形的哀骀它

一、恶骇天下而哀公授之国

鲁哀公问于仲尼曰:"卫有恶人焉,曰哀骀它。丈夫与之处者,思而不能去也。妇人见之,请于父母曰'与为人妻,宁为夫子妾'者,十数而未止也。未尝有闻其唱者也,常和人而已矣。无君人之位以济乎人之死,无聚禄以望人之腹。又以恶骇天下,和而不唱,知不出乎四域,且而雌雄合乎前。是必有异乎人者也。寡人召而观之,果以恶骇天下。与寡人处,不至以月数,而寡人有意乎其为人也;不至乎期年,而寡人信之。国无宰,寡人传国焉。闷然而后应,泛若而辞。寡人丑乎,卒授之国。无几何也,去寡人而行,寡人恤焉若有亡也,若无与乐是国也。是何人者也?"

鲁哀公请教孔夫子说,卫国有一个长相奇丑的人,人称之为哀骀它。"它"读为"驼","骀"是驼起貌,"哀"则是可哀之意。看来是个让人悲怜的人物。出人意表的是，跟他相处的男人，都会思念他而不想离去；女人看到他，都会请求父母说："与其嫁为他人妻，宁可作为夫子妾。"——这样的人还不止于用十做单位来计数。

他拥有惊人的魅力，却没有听闻他倡导过什么，通常都是唱和他人而已！既无统治者的权位可以救济天下人的生命，又无厚禄可以填饱穷困者的肚子。"聚"当"积"解，宣颖云："望，饱也，如月望则饱满。"再加上长相奇丑而惊骇天下，他只和声而不主唱，其才智所及，又不能超出人间四域，既无动人的议论，又无过人的智慧，且不分男女都受吸引，而聚集在他的面前。由此看来，他一定有超乎常人的优越之处。寡人召他前来，认真一看，果真名不虚传，长相之丑的确足以惊骇天下。

"与寡人处，不至以月数，而寡人有意乎其为人也"，与寡人相处，不到一个月，寡人非常属意于他的为人，亦即大为赏识之意。"不至乎期年，而寡人信之。国无宰，寡人传国焉"，不到一年，已获得寡人的信任，国家宰相之位出缺，"传国焉"，"焉"当"于此"解，即把国政大任交给他。寡人一心想把国政托付给他。"闷然而后应，泛若而辞。寡人丑乎，卒授之国"，成玄英疏云："闷然，虚淡之貌。泛若，不系之貌。"没想到他应时闷然，辞时泛若。宣颖本作"泛而若辞"，郭庆藩本亦然，实则闷然与泛若对应，皆若有还无之意，亦即若应若辞，好像答应，又好像推辞，既不属意，又不系其心，也就是无所谓可，也无所谓不可，似乎完全跟他不相干。"寡人丑乎"，是寡人深感惭愧，觉得诚意不够，人家才没有接受。最后寡人决定，把君位让给他。

"无几何也,去寡人而行,寡人恤焉若有亡也,若无与乐是国也。是何人者也?"成玄英疏云:"卹,忧也。"朱桂曜说:"卹"有"亡失义"。没过多少时候,他就离开寡人而去。他不告而别,让寡人抱憾不已,心里若有所失,好像再也没有人可与共享治国的荣耀。我实在不了解,他到底是何等样的一个人。这一段说哀骀它其人,神似王骀,只是王骀的人格魅力仅限民间,而哀骀它直达君上,可以让一国之君,传政甚至传国给他,此不仅是传奇,已近乎神话。哀公被韩非子评为下主也,竟能赏识哀骀它,堪称同是天涯沦落人,相逢何必曾相识。可哀的是哀公,哀骀它心中无权势,洒脱前行,所谓哀,实则不哀矣,何止不哀,根本就是绝美。

二、不见己焉尔的豚子弃走

仲尼曰:"丘也尝使于楚矣,适见豚子食于其死母者,少焉眴若,皆弃之而走。不见己焉尔,不得类焉尔。所爱其母者,非爱其形也,爱使其形者也。战而死者,其人之葬也不以翣;刖者之屦,无为爱之,皆无其本矣。为天子之诸御,不爪翦,不穿耳;取妻者止于外,不得复使。形全犹足以为尔,而况全德之人乎!今哀骀它未言而信,无功而亲,使人授己国,唯恐其不受也,是必才全而德不形者也。"

仲尼回答哀公"是何人也"的困惑,说:我曾经出使到楚国去,路上正好看到众小猪贴近死去的母猪身边,正在吸吮母体的奶水。"少焉眴若","少焉"是没多久,宣颖云:"眴,目摇也。豚子乍觉母死,而惊眴也。"没多久,好像受到大惊吓般地目眩神摇,都纷纷从母猪身边避走逃离。"不见己焉尔","焉尔",阮毓崧云:"焉,乃也;尔,如此也。"再也不能从母亲的眼神中看到自己才如此的,"不得类焉尔",再也感应不到母亲身上跟自己同样的生命力才如此的。

"所爱其母者,非爱其形也,爱使其形者也",由此看来,小猪对母亲的爱,并不是爱母亲的形体,而是爱"使其形"的心。"使其形"指谓生主真君,可以主导生命的走向。"战而死者,其人之葬也不以翣资;刖者之屦,无为爱之,皆无其本矣",此各本皆如此断句,唯王船山、陈寿昌两家本作"其人之葬也不以翣,资刖者之屦"。"资"当"送"解,读来较为顺畅,刖者断脚,送无脚者鞋子,当然用不上,"无为爱之"是想爱也爱不了,"为"可以当"因"或"理由"解,理由在失去其存在的根本。在战场上奋战而死的人,"翣"是"棺羽饰",是世俗行丧之棺饰,送葬时,持翣随柩而行,"不以翣"是不行世俗之丧礼。"翣资"是不以翣送葬。郭象注云:"翣,武所资也,战而死者,无武也,翣将安施。"此解"翣"为"武饰",恐误。"资刖者之屦",送鞋子给断脚的人,承上启下均可解通。"皆无其本矣",战地死难者无棺可葬,故棺羽饰失其本,断脚者则屦用不上,故屦亦失其本。就生命而言,本在"使其形"的心神。

"为天子之诸御,不爪翦,不穿耳;取妻者止于外,不得复使。形全犹足以为尔,而况全德之人乎",围绕在天子身边的宫女仆役,不剪指甲,不穿耳洞,"取"通"娶",娶为人夫嫁为人妻的人，被排除在外，不能再入宫服役，原因在形体已非天生本有的整全。形体整全的人，尚且可以被宫廷接纳任使——"为尔"阮毓崧解为"如此"，实则，"为"当动词，"为尔"是当天子的仆御——何况是存全本德的人呢？

"今哀骀它未言而信，无功而亲，使人授己国，唯恐其不受也，是必才全而德不形者也"，今哀骀它这个人，什么话都没说，就可以取得君王的信任，什么功也没立，就可以获致君王的赏识，让君王传国政授君位给他，还担心他不愿接受。像这样的人，一定是"才全而德不形"的人吧！依老子"上德不德，是以有德"来看，"不德"是"德不形"，"有德"是"才全"，"才"是草木之始生者，就人的存在而言，"才"是天生本真的"德"，故"才全"是保有天真之谓。

三、与物为春的才全

哀公曰："何谓才全？"仲尼曰："死生存亡，穷达贫富，贤与不肖毁誉，饥渴寒暑，是事之变，命之行也。日夜相代乎前，而知不能规乎其始者也。故不足以滑和，不可入于灵府。使之和豫通，而不失于兑；使日夜无郤，而与物为春，是接而生时于心者也。是之谓才全。"

孔子诠释哀骀它究为何等人物，而以"才全而德不形"来说其人的修养与境界。哀公还是不能理解，故请孔子对"才全"做一界定诠表。孔子回答说，人生是人物活在人间，人物有死生存亡、贤与不肖,以及饥渴的官能欲求,此之谓"命之行";人间有穷达贫富、毁誉与寒暑的天候地理,此之谓"事之变"。天生的"命之行",是气命的流行,人为的"事之变",则是人事的变迁。正是天下有大戒二的"命"与"义",人生在世要通过这两大关卡,一是人物自我的命关,一是人间天下的义关。此二者不分日夜地在我们的面前交替出现,而我们的心智却不能预知它是怎么来的。成玄英疏解"规"为"测度",陈寿昌云:"规,计也。"这两种说法贴切。马叙伦说"规"读为"窥",宣颖解为"取诘",乃一窥究竟,问其所从来之意。"故不足以滑和,不可入于灵府",成玄英疏云:"滑,乱也。"郭象注云:"灵府者,精神之宅也。"意谓不可以让"命之行"与"事之变"扰乱了生命的平和,也不能闯入了虚静的心灵。陈寿昌解"命"为"天命",解"和"为"天和",此说不相应。"命"为气质之命,"和"为气质之和,人物死生是气质的"命",人间穷达则是气运的命,怎能干扰天和。儒家言天命,是天道内在于人而为德性。此天命只给德性,而不管福报。福报一者来自气质的命限,二者取决于气运的偶然。一生有幸有不幸,故不能让"命之行"与"事之变"来干扰生命之气的平和,或闯入心灵之府的虚静。

"使之和豫通,而不失于兑;使日夜无郤,而与物为春,是接而生时于心者也。是之谓才全。"此段郭注本作:"使之和豫,通而不失其兑",其他各家本皆"和豫通"三字连读。林希逸云:"豫,悦也;通,流通也。""使之","之"指谓生命主体的灵府,由"不可入于灵府"的虚而能容,给出"不足以滑和"之和谐一体的空间;再从"和"谐一体,而生发生命的"豫"悦,最后，由生命的"豫"悦，开显天真本德流"通"无隔的理境。"不失于兑"，"兑"，李颐云："悦也。""兑"当"悦"解，船山宣颖均承此说，问题在其与上文之"豫"意思重复。"兑"，依老子所云："塞其兑，闭其门，终身不勤。"再看《易经·说卦传》云："兑为口。"故"兑"即五官接物之门，正与下文"是接而生时于心者也"两相应和。所谓"不失于兑"，意即随时融入天地万物的一气之化。"使日夜无郤"，"郤"读为"隙"，陈寿昌解为"间也"，即日夜不间断，既不封闭又不阻断；"而与物为春"，而与万物照面，满是春天蓬勃的生意；"是接而生时于心者也"，郭象注云："顺四时而俱化。"解"时"为"四时"，而上文但言"春"，船山云："与物接而应时以生其和豫之心。"此"应时"为与物接的当下之"时"，此解与郭注近似。刘武云："接字，承日夜无郤，时，承春。即日夜接续生春和之气于心而不间也。"指谓在与物接的每一当下，心中涌现的尽是春意生机，这就是所谓"才全"。

尽管，人物有死生的"命之行"，人间有穷达的"事之变"，人物走在人间的人生路上，要穿越这两大关卡，不让它扰乱生命的平和，也不让它闯入心灵的虚静，就可以让生命和悦流通，且日夜不间断地打开心灵的门窗，随时融入天地万物的一气之化，在与物接的每一当下，心中涌现的尽是春意生机，而保有与生俱来的本德天真。

四、成和之修的德不形

"何谓德不形?"曰:"平者,水停之盛也。其可以为法也,内保之而外不荡也。德者,成和之修也。德不形者,物不能离也。"哀公异日以告闵子,曰:"始也,吾以南面而君天下,执民之纪而忧其死,吾自以为至通矣。今吾闻至人之言,恐吾无其实,轻用吾身,而亡吾国。吾与孔丘,非君臣也,德友而已矣。"

说了"才全"的意涵,哀公再问:那从何说"德不形"?"德"一定要"行","德"既"行",何能不形之于外?请说其含蕴之义。"平者,水停之盛也",成玄英疏云:"停,止也。而天下均平,莫盛于止水。"此与上文之"人莫鉴于流水而鉴于止水"两相呼应。水静止之最佳状态,就在"平"。"其可以为法也",所以,水平可以作为工匠取法的准绳。"内保之而外不荡也",焦竑云:"平则内保,停则外不荡。"水平是内保其"虚","虚"则能"和","和"则归于平静。水停是外不荡,心平静而水不起波澜。《人间世》有云:"德荡乎名,知出乎争。"本德天真何以会流荡失真,是心知执着名号,而跟天下人争逐排名高下。此内不保而荡于外,内保之是"德充于内",外不荡则是"符应于外",内不保即德不充于内,而形之于外,即落在人间排名的争逐中,那就不是"符应于外"的道心观照,而是"心止于符"的成心执着。

"德者,成和之修也",此"德"不是存有论的"德性",而是修养论的"德行",此谓人的德行,乃成于心和的修养。"心和"是内保其和,而外不荡则是德不形于外。心知不执着,德行不会成为自己的负累,人为不造作,德行也不会压迫别人,不会把围绕在自己身边的亲人朋友逼走,道家就此说"物不能离也",散发由虚而和,而符应于外的亲和力。

"哀公异日以告闵子,曰:'始也,吾以南面而君天下,执民之纪而忧其死,吾自以为至通矣。'"他日哀公告诉孔子的学生闵子骞,说:刚开始我以南面而王的尊贵姿态,君临天下,执持治理人民的纲维纪律,且担心人民的生计,我自以为很通达治道了。"今吾闻至人之言,恐吾无其实,轻用吾身,而亡吾国。吾与孔丘,非君臣也,德友而已矣",今天我听闻了至人由德不形说才全的大道理,唯恐我修养功夫做得不够扎实,太自以为是而意气用事,以致伤害了我治理的国家。此"德友"的"德",是道家无心自然的意涵,我跟孔丘的交谊,已有了重大的突破,不再是权力运作之下的君臣关系,而纯然是共学适道的友朋道义了。

这一大段说哀骀它的人格魅力,吸引了鲁哀公,再通过孔子做出道家式的义理诠释。"才全而德不形","才全"即"德充于内","德不形"即"符应于外",是谓"德充符"。故王骀、哀骀它都是德充于内而符应于外的代表人物。老子云:"道常无为而无不为。侯王若能守之,万物将自化。"无为就是德充于内,无不为就是符应于外,天下侯王若能守此常道,在"无为"中给出天下万物"无不为"的自在空间,这就是道家无为而治的政治智慧。鲁哀公一直想传国给哀骀它的一分心意,就在哀骀它体现了"德充于内"而"符应于外",与"无为而无不为"的无为治道,能有这一分对道的向往,哀公就不再是可哀的"下主",而是可敬的孔子道友了。

第 5 章 德有所长而形有所忘的阐跂支离无脈

　　阐跂支离无脈说卫灵公，灵公说之；而视全人，其脰肩肩。瓮㼜大瘿说齐桓公，桓公说之；而视全人，其脰肩肩。故德有所长而形有所忘，人不忘其所忘，而忘其所不忘，此谓诚忘。故圣人有所游，而知为孽，约为胶，德为接，工为商。圣人不谋，恶用知？不斫，恶用胶？无丧，恶用德？不货，恶用商？四者，天鬻也。天鬻者，天食也。既受食于天，又恶用人！有人之形，无人之情。有人之形，故群于人，无人之情，故是非不得于身。眇乎小哉，所以属于人也！謷乎大哉，独成其天！

　　阐跂支离无脈，宣颖云："阐跂者，曲体而跂行也；支离，形不整也；无脈，口无唇也。总其诸般丑形，以为之号也。"这位几乎集诸般丑形于一身的人，去游说卫灵公，卫灵公超喜欢他，再回头看人间形体完整的人，却突然觉得大家的脖子怎会长得又细又长。宣颖云："脰，颈也；肩肩，细竦貌。"

　　"瓮㼜大瘿说齐桓公，桓公说之；而视全人，其脰肩肩"，另有脖子长了一颗大如瓦盆的肉瘤的人，《说文解字》："瘿，瘤也。"成玄英疏云:"甕,盆也。"他去游说齐桓公,桓公也打从心里接纳他,再去看周边长相正常的人,觉得大家的脖子都嫌细长。宣颖云:"又是两个不全之人,却又是两个出色人。"出色在"德有所长而形有所忘","长"是成长之意,"德者成和之修",修德有成在心和,故赢得君王家的喜悦接纳。而"不全的人",功夫就在"形有所忘",摆脱形体的局限。本德天真是人的无限性,形气物欲则是人的有限性。心不执着形气物欲,"无听之以耳",解消人的有限性,此谓之"形有所忘";再"无听之以心",心归虚静,而照现本德天真,朗现人的无限性,此谓之"德有所长"。"忘"是功夫的字眼,而功夫在心上做,"忘"了"形",而"长"了"德",有如孟子所说的"养心莫善于寡欲","寡"了"欲",而"养"了"心","寡"了"小体"的耳目官能,而"养"了"大体"的善端良知。倘若,心不忘所当忘的"形",而忘了所不当忘的"德",此宣颖云:"形宜忘,德不宜忘。""诚忘",成玄英疏云:"诚,实也。"宣颖云:"真忘之大者。"只知有形,而不知有德,那果真是存在的失落。人之存在性在"德",失落了"德",等同失落了生命的存在,故"诚忘"有如失忆症,失去了生命的原乡,内不保而荡于外,生命流浪,而心灵漂泊。故此"诚忘"有如孟子所说的"有放心而不知求",心放失于外,而不知找回来一般善忘了。郭象注云:"德者世之所不忘也;形者理之所不存也。故夫忘形者,非忘也;不忘形而忘德者,乃诚忘也。"成玄英疏云:"忘形易,而忘德难,故谓形为所忘,德为不忘也。不忘形而忘德者,此乃真实忘。斯德不形之义也。"郭注成疏,"诚忘"取正面的理解,不把功夫放在忘形上,而放在忘德上,不忘形而忘德,这样所做之"忘"的功夫,才算抓住了功夫的重心,因为忘形易,而忘德难,"忘"了"德",等同"德不形"于外,那不就可以保有天真的"才全"吗?这才是真实的做到"忘"的功夫。此之谓"诚忘"。此说言之成理,可另存一说。

"故圣人有所游,而知为孽,约为胶,德为接,工为商",圣人无心的游于本德天真,而与物为春,日日是生机萌发的春意,所以人间可游。而心知执着纯属多余,约定等同胶着,求得于外带来纠葛,人为工巧则是贩售的商品。成玄英疏云:"故蕴智以救殃孽,约束以检散心,树德以接苍生,工巧以利群品。"王先谦跟进,云:"知、约、德、工四者,天所以养人也。"此采取正面的理解,与下文的义理难以衔接。上四句说病痛,下四句则开药方。"圣人不谋,恶用知?不斫,恶用胶?无丧,恶用德?不货,恶用商",一正一反,正所以前后呼应。圣人不图谋算计,何须用知;不切断砍斫,何用胶固;自我完足,又何须求得于外;"不货,恶用商",当为"不货,恶用工",因"货"与"商"字义等同,而失去所要表达的反思,圣人不想贩卖自己,又何须求工巧。

"四者,天鬻也。天鬻者,天食也。既受食于天,又恶用人",宣颖云:"四者,上四恶用;鬻,养也。"从上四句"恶用",解消执着造作,回归本德天真,此有如老子的"贵食母",而"道生之,德畜之",所谓天养天食,来自"道生之",而内在于万物的精神食粮在"德畜之",故天养天食,就在从"恶用"的解消超离,所开显的天道理境。林云铭亦云:"不谋、不斫、无丧、不货四者,皆纯乎天也。"也就是纯任天真之意。"既受食于天,又恶用人",意谓一切的美好来自天生自然,又何须人为造作呢？宣颖云："无复人间烟火相也。"那不是多余，而反成负累吗？

"有人之形，无人之情。有人之形，故群于人，无人之情，故是非不得于身。""有人之形"是存在的处境，人的生命存在，离不开形体，此即《齐物论》所说的"一受其成形"，且不止"成形"，还"形化"，"成形"就有了"你我他"的分别，"形化"就有了"少中老"的区隔，心知一介入，"成形"的"彼是"成了是非，"形化"的"来去"成了死生，心知执着即急转直下，而成情识陷溺，故"有人之形"是天生的自然，也是存在的必然；"无人之情"，是可以通过生命主体的修养功夫，在解消中超离。不执着无分别，就不会有好恶之情，那由"是非"而来的"好恶"，就不会成为生命的牵引与负累。

从有人之形来说，那就在人间做人；从无人之情来说，摆脱了是非的缠结，就可以还我自在之身。

"眇乎小哉，所以属于人也！謷乎大哉，独成其天"，从"有人之形"来说，人是渺小的，成玄英疏云："属，系也。……形系人群，与物不殊，故称渺小也。"所以离不开人物的有限性，从"无人之情"来说，解消了人间的复杂性，本德自在，而真我朗现。成玄英疏云："謷，高大貌。"可以成全天生本真的大。由是而言，人物的存在，有"天"的"大"，也有"人"的"小"，人生就在形气物欲的"小"中，活出天生本真的"大"。存在的处境可能困在"有人之形"的"小"，存在的理境却可以开显"无人之情"的大，不被绑住，也不被套牢，岂不是可以无待逍遥，而"独成其天"了吗？

第6章　无人之情的生命对话

惠子谓庄子曰:"人故无情乎?"庄子曰:"然。"惠子曰:"人而无情,何以谓之人?"庄子曰:"道与之貌,天与之形,恶得不谓之人?"惠子曰:"既谓之人,恶得无情?"庄子曰:"是非吾所谓情也。吾所谓无情者,言人之不以好恶内伤其身,常因自然而不益生也。"惠子曰:"不益生,何以有其身?"庄子曰:"道与之貌,天与之形,无以好恶内伤其身。今子外乎子之神,劳乎子之精,倚树而吟,据槁梧而瞑。天选子之形,子以坚白鸣!"

又是一场惠子与庄子的生命对话,惠子质疑的是庄子"无人之情"的论点。说:人天生就没有好恶之情吗?道家讲"道法自然","自然"看似从天生本有说。"故",船山本作"固",成玄英疏云:"庄子所言人者,必固无情虑乎?"亦作"固"解。庄子答:然。此是肯定的回应。惠子再问:人生而为人,怎能无情,那凭什么说他是人,岂非木头一个?"何以"是"以何","以"可当"用"解,亦可当"因"解,"凭什么"就在问"原因何在"。"庄子曰:'道与之貌,天与之形,恶得不谓之人?'"庄子回答，天道生万物，给出了人的形貌，怎能不说他是人！"惠子曰：'既谓之人，恶得无情？'"惠子仍旧坚持，已说他是人，又怎能无情。"情"可能就生命主体的感受或感应说，此亦天生本有的心知作用，人人当该有之。

"庄子曰：'是非吾所谓情也。吾所谓无情者，言人之不以好恶内伤其身，常因自然而不益生也。'""是"当"此"解，你所谓天生本有的心知作用，不是我所要说的"情"。我所要说的"情"，是由执着分别而来的好恶之情，我所要说的"无情"，就是不要以好恶之情，反而成了生命的负累与伤痛。"因"是"顺任"，常顺应自然而行，"益"是人为造作，而老子所说的"为学日益"，是心知总想要增益什么，问题是，"自然"是"然从自身来"，此内在已完足，往外求取，反成负累，且卷入人间街头奔竞争逐的行列，成败得失就此成为人生的大患。"物或益之而损"，有时看似增益，实则反成减损，心知增益而生命减损。

"惠子曰：'不益生，何以有其身？'"惠子毕竟是名家人物，而名理在名实相符，故他依旧不解地问道：人生不人为增益一些什么，又怎么能"有"出自身呢？把自己活出来，显现一点生命的光彩，否则，人生岂不是落得一无所有，什么都不是吗？庄子还是回到道家的玄理说：天道已给出人的形貌，那就"有"出他自身了，还要人为去增益吗？此其增益的结果，正好伤损了他自身。因为"有"其身，从"益"其生来，"益"是心知的执着，一定会带出人为的造作，由心知的好恶，而有人为的趋避，在患得患失中，而伤害了生命的自在美好。此老子云："吾所以有大患者，为吾有身；及吾无身，吾有何患！"此"有身"即"有其身"，是心知执着的"有"，逼自己去打天下，天下没有打下来，反而伤了自身，也害了天下。所以"不益生"即无好恶之情，也就不会成为生命的压力与伤痛了。"庄子曰：'道与之貌，天与之形，无以好恶内伤其身。'"庄子以天道生成的形貌，来认定人的分位，惠子却以后天人为的"有"其身，来认定人的身份，此为争论所在。故仍以"无以好恶内伤其身"，来支持"无人之情"得以成立的理由。

"今子外乎子之神，劳乎子之精，倚树而吟，据槁梧而瞑。天选子之形，子以坚白鸣"，成玄英疏云："选，授也；鸣，言说也。"其中藏有得天独厚与自鸣得意的意涵。庄子最后以好友的身份，说了几句切身而贴心的话，现在我看你正驰骛你的心神，劳累你的精气，每天靠在树干上——"吟"本是吟咏，此谓惠施好辩，享受胜人之口的一分得意，故有如吟唱歌咏般，正与下文之"坚白鸣"相呼应——跟天下人讲论名理，累了就倚着干枯的梧桐树闭目养神。老天给了你过人的才气，没有想到你以"离坚白"的论题，蹉跎了一生的美好时光。此庄子对惠施表达了无限的惋惜之情。"外乎子之神"是劳神苦思，"劳乎子之精"是精疲力竭，神外逐，精劳累，"倚树而吟"是心知的执着，"据槁梧而瞑"则是造作的疲累，"天选子之形"本是天生自然的真实，"子以坚白鸣"则是人为造作的虚假，尽管名满天下，却是一场空。

依"德充于内，而符应于外"的主题来看，惠施不仅德未充于内，也未符应于外，反倒是以是非好恶内伤其身了。

大宗师第六

【解题】

"大",《老子》云:"吾不知其名,字之曰道,强为之名曰大。"这个"大"乃"道"的强为之名。而"道"为万物之宗,《老子》云:"道冲,而用之或不盈;渊兮似万物之宗。"《天下》篇亦云:"不离于宗,谓之天人。"这个"宗"指谓"天道",从生成说宗主,一如子孙从祖宗来的生成。又云:"不离于真,谓之至人。"此一体现天道的真人生命,可为万世之师,是之谓"大宗师"。

宣颖云:"人之生也,……必有所自来,宗是也;人之学也,……必有所从受,师是也。……张子曰:乾称父,坤称母,民吾同胞,物吾与也,可以知大宗矣;老子曰:人法地,地法天,天法道,道法自然,可以知大师矣。此庄子所以有大宗师之说也。"此大宗与大师皆指谓天道,人有形躯的自然生命,亦有心灵的人文生命,前者从家门来,后者从师门来,宗是祖宗,师是师承,千年文化传统有两把火,永不可熄灭,一是家门的香火,一是师门的薪火,此有如《论语》隐者晨门问子路:"奚自?"子路答以:"自孔氏。"生命之所从来,一在祖宗的"宗",二在师承的"师",而二者的价值根源,皆从天道的"大"而来,是之谓"大宗师"。由是而言,"大宗师"说的是体现天道的生命人格之天。

故此篇以"有真人而后有真知"开宗,再以"何谓真人"展开"真人四解"的价值意涵。在《逍遥游》所说的至人、神人、圣人之外,《大宗师》另立"知人又知天"之开显最高理境的"真人"。实则,至人、神人、圣人、真人,皆属体现天道的生成作用。天道生万物，圣人生百姓，父母生儿女，老师生学生，此生命之所从来的根源思考。宣颖所谓"古来神圣无不宗师此道"，庄子即以"大宗师"统括之。

憨山大师有云："可为万世之所宗而师之者，故称之曰大宗师。是为全体之大圣，意谓内圣之学，必至此为极则，所谓得其体也。"此以"圣"说"大宗师"，另郭象云："虽天地之大，万物之富，其所宗而师者，无心也。"此落在生命主体的无心修养说，二者统合，亦可汇归体现天道的生命人格之大。

第1章　真人真知的理境开显

知天之所为，知人之所为者，至矣。知天之所为者，天而生也；知人之所为者，以其知之所知，以养其知之所不知，终其天年而不中道夭者，是知之盛也。虽然，有患。夫知有所待而后当，其所待者特未定也。庸讵知吾所谓天之非人乎？所谓人之非天乎？且有真人而后有真知。

此言既知天又知人，乃修养功夫的极致。"知"不是"认知"，而是"体现"。天无声无形，要从何知"天"，就从"天之所为"来知天。"知天之所为者，天而生也"，天地之大德曰生，从天生万物的生成作用来知天。此如《论语·阳货》所说："天何言哉！四时行焉，百物生焉，天何言哉！"天何尝说些什么，四季在运行，万物在生长，天又何须说些什么。吾人就从四时行百物生，去体认天的存在。而天生万物之最灵者就在人。故"知天之所为"，完全落在"知人之所为"上。

而"知人之所为者，以其知之所知，以养其知之所不知"，人通过知人以知天，问题在，要通过何等人，总不能是天涯沦落人，而是有修养的人。人有心有物，而"心"会执着"物"，所谓"以其知之所知，以养其知之所不知"，上一"知"字，指谓主体的"心"，下一"知"字是执着，"养"是"涵养"，从"心"之所"知"，养到"心"之所"不知"，从心知的"执着"，养到心知的"解消"。此"不知"，即《齐物论》所说的"知止其所不知，至矣"，与《老子》所说之"知不知，上"，"知"是心知的执着，"不知"是心知的解消，执着是成心，从解消中超离是道心，道心观照，朗现了人生命中的"天"。故由知人之所为，以知天之所为，由人的无心天真，以知天道的自然。"终其天年而不中道夭者，是知之盛也"，心不执着物，心回归心的虚静，气回归气的自化，不会"德荡乎名，知出乎争"，不会"行尽如驰，莫之能止"，不会"以有涯随无涯，殆已"，这样的人可以享有天生的年岁，不会人生路走一半而折损了自己。所谓"知之盛"，乃是"不知之知"的妙用，"盛"就是"知止其所不知，至矣"的"至"，也是"知不知，上"的"上"。

"虽然，有患。夫知有所待而后当，其所待者特未定也"，虽然如此，此中仍有忧患，成玄英疏承郭象注云："知虽盛矣，犹有患累，不若忘知而任独也。"实则"知之盛"的"知"，指谓从"知"养到"不知"的"不知之知"，故所谓"有患"，不在心知的患累，而在修养功夫的不确定性。郭象注云："有待则无定。"成玄英疏云："夫知必对境，非境不当。境既生灭不定，知亦待夺无常。唯当境知两忘，能所双绝者，方能无可无不可，然后无患也已。"郭注成疏甚有见地。唯"有待"非待"对境"，而有待于主体心灵从"知"养到"不知"的功夫上。"不知"是解消执着而归于虚静,也就是《人间世》所谓的"虚而待物",不执着物,也无待于物,《逍遥游》从无待说逍遥,逍遥理境的开显,完全靠功夫来保证,而功夫是没完没了、无穷无尽的。就从功夫永远做不完说"未定",功夫既不定,所以说"有患"。

倘若功夫道行做到家,而"当"于"不生之生""不主之主"的存在之理,其不定性已被解消。"庸讵知吾所谓天之非人乎?所谓人之非天乎","庸讵"当"何"解,怎么知道我所说的"天"不就是"人",而我所说的"人"不就是"天"呢?因为,"知"是心执着物,"不知"是解消执着而放开物,此解消了"人"生命中的"物",而朗现了"人"生命中的"天",所以天就是人,而人也就是天。人体现了天道,活出天生本真,这样的人就是真人,通过真人的生命,就可以知天。此之谓"有真人而后有真知"。

西方哲学家笛卡儿从知识的进路说"我思故我在",中土的哲人则从生命的进路说"我在故我思"。"我在"是"真人","我思"是"真知",人从"知"养到"不知"是真人,真人的"不知之知"所知的"天",就是"真知"。故从"知人之所为"的真人,去体认"知天之所为"的真知,二者统贯,就是开显了修养功夫的最高理境,是之谓"至矣"。

第2章 真人人格的功夫体现

一、去心知之执的弗悔不自得

何谓真人？古之真人，不逆寡，不雄成，不谟士。若然者，过而弗悔，当而不自得也。若然者，登高不栗，入水不濡，入火不热。是知之能登假于道也若此。

上一段有如全文的总纲，其理路架构可以约简如下：

（1）知天知人之至。
（2）知天在知人。
（3）知人在知心。
（4）知心在养心。
（5）养心在从"知"养到"不知"。
（6）不知是真人。
（7）真人有真知。
（8）真知在知天。

既"有真人而后有真知",故重心落在"真人"的身上。这一大段,即从"何谓真人"展开,来解析真人生命的修养及其性格。

"何谓真人?"从"古之真人"来定位。自古以来,体现天道的生命人格之大,就表现在"不逆寡,不雄成,不谟士"上,真人去掉心知的执着,解消了多寡、成败与得失的分别,故不抗拒寡少,不以成功称雄,不以谋略成事,"谟"是"谋",《说文解字》:"士,事也。"

"若然者,过而弗悔,当而不自得也",能够做到既无知又无为的人,从字面解是虽过亦无悔,虽当亦不自得,实则,这上下两句要一起求解,谓真人的价值观,根本就无掉了"过"与"当"的执着分别,也就不会有"悔"与"自得"的人为造作。"悔"是悔自家的"过","自得"是得自家的"当",此懊悔与得意,会带来生命的波动起伏与人际互动的挤压消长,故不给自己压力,对天下人也不会构成伤害。

"若然者,登高不栗,入水不濡,入火不热",成玄英疏云:"栗,惧也;濡,湿也。"像这样的真人,解消自家身上的负累,也不会引发人我的对抗,人人回归自身的美好,虽登高不会恐惧,入水也不会陷溺,入火也不会灼热。意谓在人间行走,总会登上事业与权位的峰顶,有如水深火热一般地惶惑恐慌,《人间世》所说的"朝受命而夕饮冰,我其内热与",不是人道之患的权势滥用,就是阴阳之患的内热挣扎。"登高不栗"是避开人道之患,"入水不濡,入火不热"是解消阴阳之患。

"是知之能登假于道也若此","假"当"遐"解,高远之意，能登上高远的体道境界；"若此"，"此"即上述之真人修养与其性格。心既无"过"与"当"的执着分别，情亦无"悔"与"自得"的波动起伏，超离恐惧，避开陷溺，解消灼热，即可远离生命的伤痛。《逍遥游》所谓的"物无害者"，没有什么外物的存在，可以伤害我，因为我心"无何有"，我无待，我自在，我逍遥于体道功夫所开显的境界。

这是真人一解。

二、解情识之结的不梦无忧

古之真人，其寝不梦，其觉无忧，其食不甘，其息深深。真人之息以踵，众人之息以喉。屈服者，其嗌言若哇。其耆欲深者，其天机浅。

自古以来的真人生命，睡眠时不做噩梦，醒觉时没有忧愁。日有所思，夜有所梦，所思在成败得失，所梦就在患得患失。"其食不甘，其息深深"，食不求甘味，呼吸气息可以悠远深长。释德清云："深深，绵绵之意。息粗而浅，则心浮动，真人心泰定而不为物动，故其息深深。"因为无心知之执，即可解情识之结，生命不被外物迁移，也不为人间名利动变所牵引，而心神不定与气息急促。"真人之息以踵，众人之息以喉"，此真人与众人对比，真人的气息由脚踵涌泉上来，意谓深远，众人之息在咽喉吞吐，意谓粗浅。王船山云："心随气以升降，气归于踵，则心不浮动。"此"真人之息以踵"，主导了道教呼吸吐纳的气功导引，就庄子而言，仅反映生命的深藏与浅露而已！

"屈服者，其嗌言若哇"，此在描述"众人之息以喉"的人间情状，在人我沟通对话的场合，扬雄《辎轩使者绝代语释别国方言》："嗌，噎也。"想发言被压抑而发不出，似被噎住般，故"嗌言"是被迫塞在喉间的话。而噎住等同窒息，一口气直冲出来，有如呕吐一般。船山云："嗌，哽于喉也；哇，喉欲出也，中愈屈，而外愈求伸，其状如此。"宣颖云："为人所屈，则喉间吞吐，其状如欲哇者。"两家说可谓善解。

"其耆欲深者，其天机浅"，此将嗜欲与天机做一对显，由心知之执，转为情识之结，嗜欲深就是深陷情识缠结中，心失去空灵，"天机"就是天然机神，不再灵动。若心灵虚静，有如居于道枢环中，可以随机而转，神用无方，以应生命周遭的无穷变化，而不失自在天真。唯嗜欲深，即执着造作陷落欲深，天机浅，即天然机神不再灵动，而归于浅陋。宋明儒说"存天理，去人欲"，人欲深的同时，则天理浅，此承自孟子所说的"养心莫善于寡欲"，养心是存天理，寡欲是去人欲，寡欲则嗜欲归于浅，养心则天然机神归于深，而灵活运转。

真人生命当该如是，这是真人二解。

三、破死生之惑的来去无心

古之真人，不知说生，不知恶死；其出不䜣，其入不距；翛然而往，翛然而来而已矣。不忘其所始，不求其所终；受而喜之，忘而复之，是之谓不以心捐道，不以人助天。是之谓真人。

若然者，其心志，其容寂，其颡頯；凄然似秋，煖然似春，喜怒通四时，与物有宜而莫知其极。

真人从"知"养到"不知"，无执着无分别，所以不知生不知死，无死生的执着与分别，也就没有好恶之情。"其出不䜣，其入不距；翛然而往，翛然而来而已矣"，"翛然"，船山云："自适貌。"宣颖解为"无累"，死生是出入，也是来去。《老子》云："出生入死。"意谓从生中来，回死里去，来去是此生有来就有去的一段行程，故来到人间，没有欣喜，离去人间，也不会抗拒，来时自在，去时无累。

"不忘其所始，不求其所终"，宣颖云："知生之源，任死之归。"不忘生命所从来的源头，也不求死之后往何处去的终程。"受而喜之，忘而复之，是之谓不以心捐道，不以人助天"，宣颖云："受生之后常自得。"此《齐物论》有云："一受其成形，不亡以待尽。"真君受气而成形，前说"其出不䜣"，今言"受而喜之"，并不构成矛盾，因为"喜"仅有消极义，意谓虽待尽，也可自得。"忘而复之"，宣颖云："忘其死，而复归于天。"尽管形气待尽，而真君不亡，放开生死二分，而回归天道自然的生成变化。"不以心捐道"，成玄英疏云："捐，弃也。""心"是心知的执着；"不以人助天"，"人"是人为的造作。上下两句意涵等同，不以心知执着道，不以人为助长天，因为适得其反，执着看似彰显，实则遮蔽，人为看似助长，实则失落，天道就此在人间隐退。"是之谓真人"，这就是真人的体道功夫。

"若然者，其心志，其容寂，其颡頯"，此说真人的生命气象。"其心志",王船山云:"志,专一也。"一如《逍遥游》所说的"其神凝",与《人间世》所说的"一若志",意谓他的心凝聚专一。"其容寂,其颡頯",神情容貌寂静,成玄英疏云:"頯,额也;颡,大朴貌。"额头宽阔朴实,未曾留下岁月的刻痕。此分别体现道体的"独立不改,周行而不殆"(《老子》二十五章)的存在性格。"凄然似秋,煖然似春,喜怒通四时,与物有宜而莫知其极",体道真人的身上,散发如秋之凉,也如春之暖的人格内涵,他的生命与四季运行有直接的感应,也与万物的存在同体流行,此体现了天道的无所不在,没有人可以知解他最后的极限在哪里。

这是真人三解。

四、适人之适而不自适其适的贤隐之士

> 故圣人之用兵也,亡国而不失人心;利泽施乎万世,不为爱人。故乐通物,非圣人也;有亲,非仁也;天时,非贤也;利害不通,非君子也;行名失己,非士也;亡身不真,非役人也。若狐不偕、务光、伯夷、叔齐、箕子、胥馀、纪他、申徒狄,是役人之役,适人之适,而不自适其适者也。

此一段文字,闻一多云:"自篇首至'天与人不相胜也,是之谓真人。'凡四言'古之真人',两言'是之谓真人',文意一贯,自为片断。惟此一百一字,上下词指不类,疑系错简。"

此言之成理。问题在,说是错简,却不知它从哪里来,又

该回哪里去,还不能让它消失。所以总得面对这一段用词、意指与上下文不类的文字,就以老子"上德不德"与庄子"大仁不仁"之"正言若反"的表述风格与义理形态,试图做出合理的诠释。

"故圣人之用兵也,亡国而不失人心",从道家而言,兵者不祥之器,故圣人之用兵,仅在"济难",唯道家诸多论述,在批判性地反思儒家的观点。如圣人以征伐来维系礼乐教化,征伐可能"亡其国",礼乐教化则"不失人心"。"利泽施乎万世,不为爱人",此外王事业可以让万代的人民承受恩泽,却完全出于无心,并不夹杂爱人的目的。

"故乐通物,非圣人也",以通向万物为乐,即有心有为,那就不是道家无为而治的圣人形态了。"有亲,非仁也",有心去爱人,那就不是仁心的自然呈现了。故《老子》云:"失德而后仁。"讲仁者爱人,就失落"德"的纯真了。"天时,非贤也",执着拘泥于所谓的天时,那就不是道家贤者的虚静灵动了。陈寿昌云:"贤者接而生时乎心,泥于天时,故非贤也。"庄子既言"与物为春",又言"喜怒通四时",解消主体心知,而显发道体之生机春意,怎能让"天时"外在化,自家反而执守受困呢?王叔岷云:"文意不明,郭注:时天者,未若忘时而自合之贤。疑郭本天时原作时天,今本误倒耳。"依此说则"时"当动词用,择天时而行之意。"利害不通,非君子也",世俗人情名利放不下看不开,那就不是成全天真本德的君子了。"行名失己,非士也",《人间世》云:"德荡乎名,知出乎争。"求取外在的虚名,反而失落自身的真实,那就不是以体道自许的"士"人本色了。

此历数儒家圣贤、仁者、君子、士的理想人格，而以道家思想来加以定位，已然是阳尊儒圣，阴崇老庄的义理论述了。"亡身不真，非役人也"，似对上述理想人格做一总结性的判定，从"不真"说"亡身"，失落天真等同亡失自身，不算是独化无待的生命人格了。"非役人也"，倘若执实地讲，完全背离了道家义理的根本立场。宣颖云："六项徒弃其身，而无当于真性，止为世所役耳，非能用人者也。此六项人者，凡皆以有心故也。"故"非役人"，仅能给出消极的解释，有心为德，反而痛失生命本身的自在天空。

"若狐不偕、务光、伯夷、叔齐、箕子、胥馀、纪他、申徒狄"，皆传说中享有清誉的贤隐人物，为了逃离权贵污染，狐不偕投河而死，务光负石自沉，伯夷、叔齐饿死在首阳山，箕子、胥馀以其贤为纣王所杀，纪他、申徒狄或陷弟子于河，或自身蹈河。成玄英疏云："此数子者，皆矫情伪行，亢志立名，分外波荡，遂至于此。自饿自沉，促龄夭命，而芳名令誉，传诸史籍。斯乃被他驱使，何能役人。悦乐众人之耳目，焉能自适其情性耶！"此一评论的说解，说是"亢志立名"，较切近实情，说是"矫情伪行"，则不尽合理，几无同情的了解。老庄绝圣弃智，绝仁弃义，在绝弃化解中保存圣智仁义，在不德中成全其上德，在不仁中保存其大仁，看似批判否定，实则是辩证的超越。成疏未得其微旨妙蕴。"是役人之役，适人之适，而不自适其适者也"，此等隐逸高人，乃役于天下人之所役，适于天下人之所适，而不能适于自身之所适，为外在的价值标准所牵引所宰制，而失落了"然"从自己来的自在天空，卒与真人的生命人格错身而过，让后人无限叹惋,而空留遗憾。

此为真人三解的外一章。

五、在化解中成全的自在生命

古之真人,其状义而不朋,若不足而不承;与乎其觚而不坚也,张乎其虚而不华也;邴邴乎其似喜乎!崔乎其不得已乎!滀乎进我色也,与乎止我德也;厉乎其似世乎!謷乎其未可制也;连乎其似好闭也,悗乎忘其言也。以刑为体,以礼为翼,以知为时,以德为循。以刑为体者,绰乎其杀也;以礼为翼者,所以行于世也;以知为时者,不得已于事也;以德为循者,言其与有足者至于丘也;而人真以为勤行者也。故其好之也一,其弗好之也一。其一也一,其不一也一。其一与天为徒,其不一与人为徒。天与人不相胜也,是之谓真人。

体现天道的真人生命,一如道体又有又无的两面向一般,"其状义而不朋,若不足而不承",立身处世虽凸显"义",却不朋党;看似"不足",却不奉承,自我解消,若有还无。"与乎其觚而不坚也,张乎其虚而不华也","与"是宽容貌,"觚"是棱角,宽容在虽觚却不坚,虽棱角分明,却不坚持己见;"张乎"是广大貌,广大在虽虚而不华(虽清虚,却不会华而不实)。此超离觚与不坚,虚与不华之两端之上,而显发其宽容与广大的生命气象。

"邴邴乎其似喜乎!崔乎其不得已乎","邴邴乎"是喜貌,

"崔乎"是动貌，成玄英疏云："已，止也。""喜而似喜"，化掉了"喜"的执着；"动而不得已"，"不得已"是人力不能介入控管，不能让它止息，解消了"动"的造作。前者无心，后者无为，喜是自然的喜，动也是自然的动，有如春意萌发般。"滀乎进我色也，与乎止我德也"，宣颖云："滀乎，水聚也，水聚则有光泽；与乎，闲适貌。""进我色"，宣颖云："和泽之色，令人可亲。""止我德"，宣颖云："宽闲之德，使我归止。"此说精到。问题在，是进我之色，止我之德，色、德指谓我，而非真人。故当作如是解：真人的生命如水般光泽，映照在我的神色中；真人的生命闲适自得，使我的德得以依止。

"厉乎其似世乎！警乎其未可制也"，此两句并成一句说，一者似世，二者未可制，看似相反，实则相成。似世是与世俗混同合流，未可制是超离俗染尘嚣之上，真人人格体现了既有还无的玄同道妙。陈寿昌云："厉，丑意，迹似同流合污，实则警然高放。"此解切当。"连乎其似好闭也，悗乎忘其言也"，上下两句共成一义，陈寿昌云："连，检括之意。悗，无心貌。迹似有意缄默，实则无心浑忘。"最得善解。真人生命一边看似自我约束地好闭，一边则忘其言地自我解消，以忘言无心来化掉好闭的有为，让生命从执着而滞陷的困局中走出来。

"以刑为体，以礼为翼，以知为时，以德为循"，"体"与"翼"相对，"体"是主体，"翼"是辅翼，"刑"当解为"形"，"形"而谓之"刑"，因形体有其定限，以有限的形躯做主体，此主体指谓的不是真君生主，仅是说人生就以形体为据点，而以礼制为通路。"以知为时"，此"知"是"不知之知"，而"不知"

之"知",是虚静的观照,无执着分别,自然喜怒通四时,而与物为春,随时都是春意生机,此为作用层的化解,所显发的灵动智慧,有如禅门日日是好日之意。"以德为循",是化解的作用所保存的本德天真。"德者,成和之修也",是"以知为时";"游心乎德之和",则是"以德为循"。统合这四句来解读人生,"以刑为体"是承受人物的定限之命,"以礼为翼"是通过人间的复杂之缘,"以知为时"是化解的智慧,"以德为循"则是价值的实现。

"以刑为体者,绰乎其杀也",宣颖解为"主治之桢干"而"无心作威",郭象注云:"刑者,治之体,非我为。任治之自杀,非我为。"两家皆依字面解读,庄子虽云"乘物以游心",形体对真君而言,既是负累,又是凭借,转负累而为凭借,则有待"绰乎其杀"的修养。陈寿昌云:"绰,有余之意。杀,损也。损其有余,以至损之又损,一若刑为其体者然。"此说最得善解。尽管形体有限,且物欲牵引而转成负累,故庄子言无己丧我,又言有人之形,无人之情,皆旨在解消形气物欲的有限性与心知执着的缠结,以致情识陷溺。"绰乎其杀"的"杀",就是无心无知、无为无用的"无",或"为道日损"(《老子》四十八章)的"损",做了"无"的修养与"损"的功夫,能"道"而后能"遥",解消执着陷溺,天地就无限宽广,"绰乎"有"游刃有余"的意涵。"以礼为翼者,所以行于世也","所以"当"用来"解,以礼俗礼制作为辅翼,给出行走人间情意交流生命会通的通路。"以知为时者,不得已于事也",解消心知执着,融入天地万物,顺任自然而与之偕行,正所以达人心,达人气,"不得已"是不能以主观好恶去干扰妨害。"以德为循者,言其与有足者至于丘也;而人真以为勤行者也","德"是人人天生而有的本真,回归自我就可以活出天真,此乃人间最简易最单纯的事,就好像只要有一双脚就可以走到小山丘一样自然,而天下人却真的以为要辛勤行走才做得到。

"故其好之也一,其弗好之也一。其一也一,其不一也一","好"与"弗好"来自执着分别,解消心知则皆归于一。"一"与"不一"的纯一与杂多,在真人的"不知之知"的观照之下,而照现为一。"其一"是"与天为徒","其不一"是"与人为徒",与天为徒是显现天道自身的纯一性,与人为徒则是穿越人间天下的杂多性。二者通过真人生命的体道功夫,而统合为一。"天与人不相胜也",是说天与人是不能对抗也不能破裂的,"与天为徒"是"知天之所为","与人为徒"是"知人之所为",既知天又知人,乃生命修养的最高极致。

此为真人四解。

真人的生命,是在"不一"中"一",在"与人为徒"中"与天为徒",通过现实生活的考验,寄身不得已的人间,还可以保有吾心的虚静与天生本德的纯真。"有真人而后有真知",以真人生命的"德",体现天道的自然。若生命仅向往"其一也一"之"与天为徒"的理境中,而未经"其不一也一"之"与人为徒"的实践与体悟,那"其一也一"之"与天为徒"的理境,将有如空中楼阁般虚幻不实,一涉及人间现实,立即崩颓垮台,故功夫修养是真人生命的唯一保证。

第3章 善恶两忘的化身入道

一、卓于父真于君的天道真君

　　死生，命也，其有夜旦之常，天也。人之有所不得与，皆物之情也。彼特以天为父，而身犹爱之，而况其卓乎！人特以有君为愈乎己，而身犹死之，而况其真乎！

　　死生是命。"吾生也有涯"，"有涯"在有生必有死，是万物存在的命限。且人活在天地间，而天行有常，常在于四季运行与昼夜交替，此所谓"有夜旦之常"的"天也"，乃现象自然之天，没有价值的意涵，仅为气化之命。此与《论语》所云之"死生有命，富贵在天"，道理贴近。"天"不是天道天理的形上理则之天，而是天气天象的现象自然之天，故所说的"天"，也是"命"。

　　宗教主宰之天，依据人物的德行而主宰人间的福报；形上理则之天，赋予万物德性，以主导人生的德行，而人间福报皆归于现象自然之天的气命。此包括人物"才"之高下,"气"之清浊厚薄的"命之行",人间穷达毁誉的"事之变",与天候地理寒暑风雨之阴阳气化的运行。

"人之有所不得与,皆物之情也","与"当动词,是"参与"的意思。言死生命限与夜旦天行,皆人力所不能干预扭转,故命限与天行,成了万物存在的真实处境。郭注成疏误以"与"为虚字,而解"情"为"不得"所牵动的"滞情"。宣颖云:"死生定于命,犹夜旦运于天,有生必有死,有旦必有夜,岂人之所能着力哉!此皆物之实理,如此无足生其悲恋也。"此解较贴切。唯以"物之实理"解"物之情",不如陈寿昌所云:"凡物皆然,无如命何也。"此"命"说的是存在处境的困限,"情"当"实"解,并未有"实理"的意涵。

"彼特以天为父,而身犹爱之,而况其卓乎","彼"指谓"人","以天为父"是视天生万物如同父生我,"而身犹爱之","之"当解为"夜旦之常"的现象自然之天。故像爱父母般地敬爱天,"而况其卓乎",郭庆藩云:"卓之言超也,绝也,独也。"何况是高于现象自然之天的形上理则之天呢!此宣颖云:"以天为父,倒装语法,言人以父生我,而戴之为天也。"若此说成立,下文之"身犹爱之"即不合理,因为依"子之爱亲,命也"来看,爱亲最为根深自然,怎会说"以天为父"而"身犹爱之"呢!岂非亲于父反而不如亲于天吗?

"人特以有君为愈乎己,而身犹死之,而况其真乎","有君","有"作词头,无义,"愈"是"胜过"之意。阮毓崧云:"特,但也,但以君之势位胜也。"人立身人间,只是把人间君王看作比自身重大，就愿意为君王而死，何况是比人间君王还真的"真君"呢！此"真君"是《齐物论》所说的"其有真君存焉"的真君道心，上下两句一起解读，死生命限与夜旦天行，仅是人的存在处境，而"卓于天"的"道"，"真于君"的"道心"，才是涵养真人生命的超越根据。

此宣颖解"卓于父""真于君"云："大宗师，真君也，单用真字，就上面君字也。"此说精当。又云："以亲一喻，大宗师不啻乎亲也，以君一喻，大宗师不啻乎君也。亲一边用卓字，大宗师亲而且尊也；君一边用真字，大宗师尊而且亲也。"体现天道的生命人格之大。既是宗的亲，又是师的尊，此犹《大学》所说的"大学之道"，在"明明德"的内圣修养之外，又说外王事业。既是古本《大学》的"亲民"，又是今本《大学》的"新民"，既是父母的"亲"，又是老师的"新"，既亲且新，可与既亲且尊的意涵相互印证，也相得益彰。

二、失落存在根源的相呴相濡

　　泉涸，鱼相与处于陆，相呴以湿，相濡以沫，不如相忘于江湖。与其誉尧而非桀也，不如两忘而化其道。夫大块载我以形，劳我以生，佚我以老，息我以死。故善吾生者，乃所以善吾死也。

　　陈寿昌云："呴，口相向也；湿，水气也；濡，润也。"泉水干涸，鱼无奈地暴露在陆地上，仅能口对口地相互给对方水气，再以口沫彼此润泽。离开了存在的根源之地，流落在人间街头，再你给我温暖、我给你润泽地互相救对方，不如回归江水湖水的天地自然中，可以相互把对方放下，你忘了我，我也忘了你，双方回归自身本德天真的自在自得。"与其誉尧而非桀也，不如两忘而化其道"，就人间天下而言，与其肯定尧而非难桀，不如尧桀善恶一起放下，没有了善恶的执着二分，就不会逼出想成为尧而反堕为桀的自我异化。庄子在此有一重大反讽，何以他堕为桀？因为他想当尧。此《老子》云："正复为奇，善复为妖，人之迷其日固久。"正道带来奇变，善德反成妖恶，此是心知执着与人为造作所带来的扭曲变质。因为本来正道的善德，在心机算计的权术运作下，反成了奇变的妖恶了；天下人长久以来沉迷于依正道以求善德的执着造作中，反而落在被奇变所颠覆而变质为妖恶的困惑中。故老子要"绝圣弃智"，也"绝仁弃义"地解消仁义内圣而礼智外王的圣王理想，此"绝弃"的功夫，等同"化其道"的"化"解作用，由消解而融入一体无别的天道理境中。

宣颖云："此道字轻，不过是非之道。"又云："誉尧非桀，不如两忘其道，好生恶死，不如两忘其系累也。"陈寿昌亦云："道谓分是分非之道，惟于卓者真者求之，斯是非浑忘矣。"两解误解"化其道"的"道"，为"是非之道"，实则指谓卓于父的天道与真于君的道心。此成玄英疏云："岂若无善无恶，善恶两忘，不是不非，是非双遣，然后出生入死，随变化而遨游，莫往莫来，履道而自得。"此说深得其微旨。故不是誉尧而非桀，各有其道，道心无执着无分别，誉尧而非桀，是为"大道废，有仁义"的失落。故"化其道"意谓在道心的观照中，善恶两忘，而是非双遣。此释德清云:"无誉无非,则善恶两忘,而与道为一。"此说直截了当。

"夫大块载我以形,劳我以生,佚我以老,息我以死。故善吾生者,乃所以善吾死也",司马彪云:"大块,自然也。"天地自然,以"形"来乘载我,以"生"来劳累我,以"老"来给我闲散,以"死"来让我安息。此《齐物论》有云:"一受其成形。"又云:"其形化。"故"以刑为体"的人体不仅"成形",也在"形化"中,"成形"是"载我以形",也"劳我以生","形化"是"佚我以老",也"息我以死"。此四个"我"字,指涉作为生命主体的真君,庄子隐然点出生老死乃形体的事,"真君"的我,则超离在生老死之外。《老子》有云:"死而不亡者寿。"原来死不死是形体的事,亡不亡则是心灵的事。心不执着无分别,死就不能压迫我,而成为生命中的伤痛,老庄由此说"不亡"。"善吾生者,乃所以善吾死也",道家以无心自然为善,无心自然地生,也无心自然地死,生死永不会成为生命中的"痛"跟"憾"。成玄英疏承郭象注云:"夫形生老死,皆我也。若以善吾生为善者,吾死亦可以为善矣。"两家均失其深微之旨。宣颖云:"生而任乎天,则死亦无所系,故善吾生则善吾死矣。"此说较得其义。

三、不藏无遁的善始善终

夫藏舟于壑,藏山于泽,谓之固矣。然而夜半有力者负之而走,昧者不知也。藏小大有宜,犹有所遁。若夫藏天下于天下而不得所遁，是恒物之大情也。特犯人之形而犹喜之。若人之形者，万化而未始有极也，其为乐可胜计邪！故圣人将游于物之所不得遁而皆存。善夭善老，善始善终，人犹效之，又况万物之所系，而一化之所待乎！

"夫藏舟于壑，藏山于泽，谓之固矣。然而夜半有力者负之而走，昧者不知也"，把舟船藏在深谷中，把山头藏在水泽中，自以为稳当而不会被发现。没想到，夜半时分，造化迁移，成玄英疏云："有力者，造化也。"有如被大力士背负而去，盲昧的人却浑然不知。宣颖云："造化默运，而藏者犹谓在其故处，谓之昧，诚昧也。岂但夜半，当面便已负去也。夜半喻言不见耳。"此"不见"，是毫无觉悟之意，本德天真的自然美好，在誉尧而非桀的执着造作中失落不见了。

"藏小大有宜，犹有所遁。若夫藏天下于天下而不得所遁，是恒物之大情也"，藏小于大，谓之有宜，看似稳固，却还会隐遁不见了。倘若把天下藏在它自身中，也就是"不藏"之意。心无执着就无分别，就好像不生也就不死，不藏也就无所遁，这是一切存在永恒的真实处境。"大"有凡物皆然的普遍义，"情"当"实"解，前文谓"皆物之情"，可以说是"恒物之大情也"的浓缩。不论是死生命限与夜旦天常，是人力所不能介入扭转，所以时光是藏不住的。而这是一切存在的永恒处境。郭象注云："不知与化为体，而思藏之使不化，则虽至深至固，各得其所宜，而无以禁其日变也。故夫藏而有之者，不能止其遁也。"人生最大的难题与困扰，就在老是想把青春藏起来，老是想逃开死亡的到来，而不能与时偕行，心头摆脱不了死亡的阴影，故有生之年，都不能放开心怀地活在阳光下，人活一生的可能美好，就在死亡的追索逼迫中消散不见了。

"特犯人之形而犹喜之。若人之形者，万化而未始有极也，其为乐可胜计邪"，"特"，只是之意，陈寿昌云："犯者，偶然相值之意。"即《养生主》所说的"适来，夫子时也"。在气化流转中偶然碰上而有的人之形，还那么欢喜——另奚侗云："犯借为范。"《淮南子·俶真训》引作"范人之形"，范有模式之意——像人的形貌这样的存在，在万化世界中可以说无穷无尽，数都数不清，那岂不是要乐到不行了吗？也就是说，这么多的喜乐岂不是自己都承受不了吗？

"故圣人将游于物之所不得遁而皆存"，所以圣人将游心于万物所逃离不了的形化老死，而与它同在共存。此与《人间世》所说的"乘物以游心，托不得已以养中"的意涵贴近。"不得遁"的理由，就在"不得已"，万物的存在从"成形"说是有限的，从"形化"说是在时间中老去变坏。而你不能让时光停留，它总是昼夜交替，四季运行，它总是在生老病死中，"心"寄托在"物"中，而"物"在"不得已"的物化迁移中，人生仅能在此"不得遁"的存在处境中"游"。

"善夭善老，善始善终，人犹效之，又况万物之所系，而一化之所待乎"，人生路上不论活得短或活得长，皆无心自然，来时天真，去时也天真。人能如此，天下人尚且会来效法他——"一"是道的本身，"化"则是生成作用——更何况是万化之所系属，与天地生化之所待的天道真君呢！

四、神仙逍遥的体道境界

夫道，有情有信，无为无形；可传而不可受，可得而不可见；自本自根，未有天地，自古以固存；神鬼神帝，生天生地；在太极之先而不为高，在六极之下而不为深，先天地生而不为久，长于上古而不为老。狶韦氏得之，以挈天地；伏戏氏得之，以袭气母；维斗得之，终古不忒；日月得之，终古不息；堪坏得之，以袭昆仑；冯夷得之，以游大川；肩吾得之，以处大山；黄帝得之，以登云天；颛顼得之，以处玄宫；禺强得之，立乎北极；西王母得之，坐乎少广，莫知其始，莫知其终；彭祖得之，上及有虞，下及五伯；傅说得之，以相武丁，奄有天下，乘东维，骑箕尾，而比于列星。

这一段直接描述道体的文字，从内篇来说，是较特殊的例外。特殊在把道体从主体生命中，往外推出，成了生命之外的客观存在，不从主体的体验、体悟、体证与体现说，而从客观认知的角度，来解说道体实存的性格。故严复云："自'夫道'以下数百言，皆颂叹道妙之词，然是庄文最无内心处，不必深加研究。"旨哉斯言。

"夫道，有情有信，无为无形"，此从无形说有情，从无为说有信，道体虽无形，道体也无为，却是可以征验的真实存在。此从道体的生成作用，以显道体的形上实存。《齐物论》有云："可行已信，而不见其形，有情而无形。"可行在道体的生成作用，已信在道体的形上实存，虽有其实，却无其形。两段析论贴近。

"可传而不可受，可得而不可见"，"传"是心灵的感应，"得"是生命的体悟，而不可能在形迹上传授，也不可能由感官看到。陈寿昌云："得，心得；见，目见。"宣颖云："虽可以心得，而无迹之可见。"释德清云："以心印心，故可传可得，妙契忘言，故无为无形。"

"自本自根，未有天地，自古以固存；神鬼神帝，生天生地"，道是最高也是最后的终极存在，它是它自己存在的理由，在未有天地之先的原古年代，它就已经在了。"神鬼神帝"，宣颖云："帝即鬼之尊者，其神皆道神之也。"陈寿昌云："鬼者造化之迹，帝者主宰之精，不神之神，皆道神之也。"此谓鬼帝之神，皆从"道"的源头来。《老子》云："天得一以清，地得一以宁，神得一以灵。"鬼帝的"神"，由"道"的"一"而来。且天清地宁，得以遮覆万物也乘载万物的生成作用，皆由"道"的"一"所赋予。

"在太极之先而不为高，在六极之下而不为深"，俞樾云："当云在太极之上，方与高相应。"成玄英疏云："六极，六合也。""六合"是上下四方，太极已属最高的存在，六合已涵蕴最下的存在。对道而言，在太极之上不算高，在六合之下也不算深。

"先天地生而不为久，长于上古而不为老"，《老子》有云："天长地久。"又云："有物混成，先天地生。""天长地久"是道的生成作用，"有物混成，先天地生"意谓有一浑然天成的存在，在天地之先它就已经在了。此"强为之名曰大"，又"字之曰道"

的终极实存，虽在天地之先就已经在了，却不算长久，虽比上古还年长，却不算老。不论是空间的高深，还是时间的长久，道的存在皆超越在时空之上，此言道体的无限性。

下文一连串文字，喻得道者的逍遥，而以神鬼神帝的神用无方，实体化地落在传说中之神仙家的身上。吾人依《齐物论》所说的"六合之外，圣人存而不论"，来解读这一段象征"道"的说法。

"狶韦氏得之，以挈天地"，"之"指谓"道"，"挈"是提住，狶韦氏得道，用来提住天地。"伏戏氏得之，以袭气母"，"袭"当"合"解，伏羲氏得道，用来契合气母。"维斗得之，终古不忒"，成玄英疏云："忒，差也。"北斗星得道，纲维天地的作用永不会发生误差。"日月得之，终古不息"，日月得道，日光月华永不止息。"堪坏得之，以袭昆仑"，成玄英疏云："袭，入也。"堪坏神人得道，用以入昆仑证道。"冯夷得之，以游大川"，冯夷水神得道，用以遍游大川。"肩吾得之，以处大山"，肩吾山神得道，用以长处泰山。"黄帝得之，以登云天"，黄帝得道，用以登上云天。"颛顼得之，以处玄宫"，颛顼帝得道，用以处玄天之宫。"禺强得之，立乎北极"，禺强得道，用以立于北海神位。"西王母得之，坐乎少广，莫知其始，莫知其终"，西王母得道，用以常坐少广洞穴，超离生死，故不知终始。"彭祖得之，上及有虞，下及五伯"，彭祖得道，从虞舜时期活到春秋"五霸"时期。"傅说得之，以相武丁，奄有天下，乘东维，骑箕尾，而比于列星"，傅说得道，为武丁相，治理天下，死后其神列为星宿，居于东维、箕尾等星座之上，好像统御列星而与列星并列。

宣颖云:"以上诸神,半出荒唐,庄子但取其寓意,不暇论也。"陈寿昌云:"历引得道者以为证。道不可名,故强为之容。虚以拟之,实以证之。弥亲弥尊,而道之无外者见矣。"此说深得其旨。言道之无外者,即道无所不在,传说中的神仙灵验,皆道之神鬼神帝与生天生地的生成原理所赋予。

第4章　圣人之道的功夫进程

一、守而告之的功夫次第

南伯子葵问乎女偊曰:"子之年长矣,而色若孺子,何也?"曰:"吾闻道矣。"南伯子葵曰:"道可得学邪?"曰:"恶!恶可!子非其人也。夫卜梁倚有圣人之才而无圣人之道,我有圣人之道而无圣人之才。吾欲以教之,庶几其果为圣人乎!不然,以圣人之道告圣人之才,亦易矣。吾犹守而告之,参日而后能外天下;已外天下矣,吾又守之,七日而后能外物;已外物矣,吾又守之,九日而后能外生;已外生矣,而后能朝彻;朝彻,而后能见独;见独,而后能无古今;无古今,而后能入于不死不生。杀生者不死,生生者不生。其为物,无不将也,无不迎也,无不毁也,无不成也。其名为撄宁。撄宁也者,撄而后成者也。"

成玄英疏云:"葵当为綮字之误,犹《人间世》中南伯子綦也。"另《齐物论》有南郭子綦,南郭是城南,南伯则是长者尊称。南伯子葵请问修道人女偊说：先生年长，何以看起来如此年少？对方答说：我听闻了"道"。南伯子葵再问："道"可以学得来吗？回答的是：那怎么可能，你不是此道中人。《老子》有云："上士闻道，勤而行之；中士闻道，若存若亡；下士闻道，大笑之，不笑不足以为道。"重点不在是否闻道，而在闻道之后的实践修行。此道学之士的上中下之分，完全看所下功夫的深浅，勤行是上，不行是下，摇摆在行与不行之间是中。问道可以学得来吗？而答以不可。此答案大有问题。从道内在于每一个人而言，人人皆可，道才有普遍性。此给出不可的回答，不在修养功夫的深浅说可不可，而在"子非其人也"说不可。你不是此道中人，说的不是"德性"，而是"才性"。故"子非其人"，意谓你不是最理想的上上之才，道虽人人可学，但并非人人皆可学成，这是"才"的殊异性问题。

"夫卜梁倚有圣人之才而无圣人之道，我有圣人之道而无圣人之才。吾欲以教之，庶几其果为圣人乎！"那谁会是"此道中人"？女偊说是卜梁倚。问题在卜梁倚有圣人之才，却无圣人之道，而自身虽有圣人之道，却无圣人之才。二者各有缺憾。所以，在"才不才"之外，还有"遇不遇"的问题。以圣人之道，去教导圣人之才，此之谓遇合，否则空自抱憾而已；两者在人间相遇而成最佳拍档，或许可以完成圣人的理想人格。"果为"就是完成问题。完成问题，要有才，又要有道，所谓遇合，含蕴引导与化成。此关涉功夫次第的问题。

女偊会对怀有向道之心的南伯子葵，说出"恶可"之不合情理的回答，原来心中已另有理想的人选。是以借机向天下宣告，公开征召卜梁倚前来受教。此在"行"的功夫深浅与"才"的气禀高下之外，最后就是"术"的接引法门。

"不然，以圣人之道告圣人之才，亦易矣"，"不然"就"庶几其果为圣人乎"而言，因为没有必然性，即使做不到成不了，我也要以圣人之道，来教导引领圣人之才。不同的根器，要以不同的法门来接引，"易"在"才"的高下之外，还涉及接引法门是否相应契合的问题。不过领悟力高的人，总是较有突破性的成长空间。

"吾犹守而告之，参日而后能外天下；已外天下矣，吾又守之，七日而后能外物"，"守而告之"的"守"字，是以过来人的体验，守在修道者的身边，在关键性的紧要处，当机指点，就像打禅七，要有师父守在打坐者的身旁，以免打坐者心猿意马，"坐忘"不成反成了"坐驰"。成玄英疏云："外，遗忘也。"历时三日，遗忘了天下，摆脱了天下名利，甚至是权势的纠缠。第二阶段，依然以圣人之道守在圣人之才的身侧，又在转关处当机指引，历时七天，遗忘了切身的器物，放下对古董精品的迷恋。

"已外物矣，吾又守之，九日而后能外生"，在遗忘了精美妙品之后的第三阶段，我又守在身边，历时九天，而遗忘自身的形体，解消了形化老死的阴影笼罩。成玄英疏云："天下万境疏远，所以易忘，养身之物亲近，所以难遗。""物"是身外物，生则是生命自身，故更难以遗忘。宣颖云："忘生，体也。自天下而物而生，愈近则愈难外也。"故功夫次第，由外而内、由远而近、由易而难地逐步将尘嚣俗染洗涤清除。

"已外生矣，而后能朝彻；朝彻，而后能见独；见独，而后能无古今；无古今，而后能入于不死不生"，当修行人最后把生命自身都解消了，有如《逍遥游》的"至人无己"，与《齐物论》的"吾丧我"之亦功夫亦境界，外生是功夫，境界的开显在"朝彻"。成玄英疏云："如朝阳初启，故谓朝彻也。"朝阳初启，照彻了人世间的每一角落，人间再无阴影，心头已无恐惧。"朝彻，而后能见独"，当自我的层层包装逐层剥落之后，天下的权力圈与名利场，器物的身价与生命的眷恋，一一拆解之后，最后朗现的就是生命主体的道心真君了。"见独"就是真我朗现。"见独，而后能无古今"，真君道心，虚而待物，也唯道集虚，超越在时空之上，根本就无远古来今之分。正如陈子昂的《登幽州台歌》："前不见古人，后不见来者，念天地之悠悠，独怆然而涕下。"前无古人后无来者，似乎亘古以来唯一的真我，与悠悠天地同在，"独"就是"见独"，《天下》篇云："独与天地精神往来。"以是之故，"怆然涕下"流出的不是孤独哀伤的泪水，而是证成道也体现道的感动。"无古今，而后能入于不死不生"，既无古今，时光已然停格，每一当下都是永恒，此体现道体的不死不生之境。此宣颖云："自外天下至外生，有功夫次第；自朝彻至无古今，无功夫次第。盖学至乎外生已了悟矣，至入于不死不生已道成矣。"由是而言，朝彻、见独、无古今，入于不死不生，是一体并现的理境开显，故未有三日、七日与九日的功夫次第。

"杀生者不死，生生者不生"，此承上文之证入不死不生之境，故不死与不生，必得给出正面的解释。不死不生既是正面的意义，那杀生与生生也一定是正面的意义。道家的不死之道在哪里？就在不生。故"杀生"所以"生生"，"杀生"是不执着

"生"不造作"生"的人,才能不被"生"所压迫跟伤害,也才可能长久地"生"下去。《老子》有云:"天地所以能长且久者,以其不自生,故能长生。"不自生相当于"杀生",而长生等同"生生"。不以"生"自我封限的人,才能长久地生万物。"杀生"是"无","生生"是"有",通过"无"的化解作用,而保存天生本真的"有"。是"杀生"所以"生生",即"有生于无"的生成原理。

《外篇·知北游》有云:"不以生生死,不以死死生。"这句话极具洞见,而发人深省。前半句说不要因为太想活下去,而带来对死亡的恐惧,故"杀生"是不执着无分别的修养功夫;后半句说不要因为人生终究会死,而失落了此生本来的美好,故"生生"是回归无心自然的理境开显。此"杀生"的"杀",有如"以刑为体者,绰乎其杀"的"杀",是"损"或"忘"的功夫,解消心知对此"生"的执着,那么相对的"死",已同时放下,就不会压迫我伤害我,所以说"杀生者不死"。"生生",是"知天之所为者,天而生也",意谓"天"唯一所为的就是生,"生生"的上一"生"字,是顺应"天"本身的生成作用,下一"生"字,是长久地生天地万物。此"生生"已含蕴"不生"的意涵。"生"既无心自然,等同"不生",所以说:"生生者不生。"

宣颖云:"载道者心也,害道者亦心也。"故"杀生"与"不生"皆就心知来解。"杀生"是心知解消生的执着,不知乃真知,故曰:"死其心则神理活,是死非死也。"知反而不知,故曰:"生其心则神理死,故生非生也。"问题在,"杀生者不死,生生者不生"正呼应上文之"入于不死不生",不死不生既是正面的表述,杀生与生生也当该是正面的诠解,今宣颖解"生生"为心知执着生,虽能言之成理,却不能切合上下文的意义。

"其为物,无不将也,无不迎也,无不毁也,无不成也",陈寿昌解"其为物"为"道之为物",唯依上下文来看,当是指谓作为一个体现道的真人生命。成玄英疏云:"将,送也。"将与迎,成与毁是两组相对的观念,真人无掉心知的执着,也就解消了价值的二分,所以说没有什么要送往与迎来的分别,也没有什么完成与毁坏的区隔。心知上无成与毁,态度上也无将与迎,尽管人间纷扰,仍保有生命的宁静。故所谓"撄宁",是在杂多困扰中,还是可以自在天真,也就是"其不一也一",在"与人为徒"中"与天为徒"。

二、闻道证道的理序先后

南伯子葵曰:"子独恶乎闻之!"曰:"闻诸副墨之子,副墨之子闻诸洛诵之孙,洛诵之孙闻之瞻明,瞻明闻之聂许,聂许闻之需役,需役闻之於讴,於讴闻之玄冥,玄冥闻之参寥,参寥闻之疑始。"

"独恶乎闻之",问女偊如何独能听闻道,而有色若孺子的妙用。故请问闻道的进路。"曰:'闻诸副墨之子,副墨之子闻诸洛诵之孙,……'"此宣颖云:"书籍文字也,文字是翰墨为之,然文字非道也,不过传道之助耳,故谓之副墨。"悟道体道是父是主，证道之言而形诸文字，是子是副，而后起学子的传诵不辍，宣颖云："文字须诵读之，洛诵者，乐诵也。"文字既为子，则诵读已为孙。

"洛诵之孙闻之瞻明"，诵读之余，以修养来印证，"瞻明"是所瞻皆明，也就是虚静明照，而照现真实。"瞻明闻之聂许"，"聂许"是附耳说道，听之而心许。"聂许闻之需役"，宣颖云："听之聪，又须行之勤。需，待也；役，行也。待行之始为实也。"听之心许，有待于实践，才能有亲切的体会。"需役闻之於讴"，宣颖云："於，音乌，呜呼叹词，讴者歌之别调，咏叹之，歌吟之，寄趣之深也。"闻道力行，闻之於讴歌咏叹。

"於讴闻之玄冥"，"玄冥"是道的根源之地，道体是最高最后的终极原理，道在当下现前，故发自生命的歌颂咏叹。"玄冥闻之参寥"，宣颖云："参，参悟；寥，空虚也。"体现天道，必得先参悟，始得证入寂寥之理境。"参寥闻之疑始"，宣颖云："疑始者，似有始而未尝有始也。"从道体的似有还无，说疑始，"始"是"有"，"疑"是"无"，此有无玄妙，已是道本身。此闻道的门径，又周而复始，道本身是父是子，证道之言而形诸文字，是子是副，诵读歌咏已为孙。……

第 5 章　造化何拘的生死智慧

一、死生一体的莫逆于心

　　子祀、子舆、子犁、子来四人相与语，曰："孰能以无为首，以生为脊，以死为尻，孰知死生存亡之一体者，吾与之友矣。"四人相视而笑，莫逆于心，遂相与为友。俄而子舆有病，子祀往问之。曰："伟哉夫造物者，将以予为此拘拘也！"曲偻发背，上有五管，颐隐于齐，肩高于顶，句赘指天。阴阳之气有沴，其心闲而无事，跰𨇤而鉴于井，曰："嗟乎！夫造物者又将以予为此拘拘也！"子祀曰："女恶之乎？"曰："亡，予何恶！浸假而化予之左臂以为鸡，予因以求时夜；浸假而化予之右臂以为弹，予因以求鸮炙；浸假而化予之尻以为轮，以神为马，予因以乘之，岂更驾哉！且夫得者，时也，失者，顺也；安时而处顺，哀乐不能入也。此古之所谓县解也，而不能自解者，物有结之。且夫物不胜天久矣，吾又何恶焉！"

四个方外高人，在人间相遇，说出了共同的心声："以无为首"，"首"是生命的主体，而主体的心灵在虚静；"以生为脊"，"背脊"是生命的支柱；"以死为尻"，"尻"是背脊的尽处，如同"有生必有死"之生命的终程。"孰知死生存亡之一体者，吾与之友矣"，有谁能体认死生存亡本来就是一体不可分的人，我就愿意跟他做朋友。因为人生交友，本来要活出这一生的美好，却面对了生离死别的无情考验，所以一定要解消生死的执着与分别，否则爱人等同害人，交友终成悲痛与遗憾。"四人相视而笑，莫逆于心，遂相与为友"，四位方外高人，眼神交会，心意契合，就相互结成好友。

"俄而子舆有病，子祀往问之。曰：'伟哉夫造物者，将以予为此拘拘也！'"没过多久，子舆生病了，子祀前往慰问。子舆对着来访的好友说，多么不可思议，天地造化竟给我这样的躯体来局限我。"曲偻发背"，成玄英疏云："伛偻曲腰，背骨发露。"言其躯体严重扭曲；"上有五管"，成玄英疏云："既其俯而不仰，故脏腑并在上。"另宣颖云："五管，疮孔。"意谓疮孔外露。"颐隐于齐"，脸颊藏在肚脐；"肩高于顶"，肩膀高于头顶；"句赘指天"，李颐云："句赘，项椎也，其形似赘，言其向上也。"此言项椎指向天。

在造化以此躯体来局限我之外，"阴阳之气有沴"，宣颖云："沴，气乱也。"又加上阴阳失调而气乱，此言其病情。"其心闲而无事"，仍能保有闲散的心境，"无事"是不让它成为生命的负累。"跰𰻞而鉴于井"，"跰"，并足貌；"𰻞"，斜行貌。形体扭曲，又受到风寒，故拖曳两足斜行，到了井边看到映照在水中的自己，"曰：'嗟乎！夫造物者又将以予为此拘拘也！'"哎，天地造化又要用这副躯体来局限我吗？此一"又"字，藏有多少无奈，跟好友说了半天，再走向井边端详自己，造化依旧以如此不堪的躯体来绑住我，"为此拘拘"，反映他对形体自由来去的无限向往。

"子祀曰：'女恶之乎？'曰：'亡，予何恶！……'"或许子祀听出子舆藏在心中的些许无奈，所以就问，你会厌恶你这样的躯体吗？"亡"当"无"解，子舆回答说，怎么会，我有什么好厌恶的。人生的存在处境，就是心在物中，人生的出路在"乘物以游心"，虽说"为此拘拘"，仍是唯一的凭借与可能。只要心知解消对形躯的执着，认命地接受造化给出的局限，甚而以达观的心态来面对其他气化形塑的诸多变化。"浸假而化予之左臂以为鸡，予因以求时夜；浸假而化予之右臂以为弹，予因以求鸮炙"，郭象注云："浸，渐也。"假如在气化流转中，我的左臂渐渐地转化成一只鸡，"时"当"司"解，时夜是司夜，那我就顺任它作为守夜的公鸡。假如造化将我的右臂渐渐地转化为弹弓，那我就顺任它可以用来烤小鸟。"浸假而化予之尻以为轮，以神为马，予因以乘之，岂更驾哉"，假如造化又将我的尾椎渐渐地转化为车轮，而以我的心神作为马，我就顺任它驾驭马车前行，还要另找车驾吗？认造化的局限是认命，随顺造化前行则是随缘。这就是《齐物论》所谓的"因是已"，顺任它的所是而是之，化为鸡就守夜，化为弹弓就来烤小鸟，化为车轮就驾车，无掉心知执着的"用"，而回归形体本身的用，不同的形物才气，就过不同的人生，我怎么会厌恶它呢？

"且夫得者，时也，失者，顺也；安时而处顺，哀乐不能入也。此古之所谓县解也"，这一小段话，与《养生主》末段文字略有差异，义理几乎等同。得失皆就此身而言，得此身的"生"，是一时的偶然，失此身的"死"，则是必然的归趋。关键在，要安于"来"的"时"，面对总是要"去"的"顺"，无心知的执着，哀乐之情就没有闯入的空间。心知执着生死的二分，将生命逼向有如倒悬之苦，心知解消执着，不生也就不死，生死不再成为困苦跟伤痛，此之谓"县解"。解开了倒悬，生命就从自困自苦中，回归自在自得。

"而不能自解者，物有结之。且夫物不胜天久矣，吾又何恶焉"，倘若不能自我解消，与物接即构成心象，在比较得失间，成了心结，而带来生命的困苦。且物象的迁移变化，皆在气化的笼罩中，没有哪一物可以逃离或对抗造物的安排。"胜"是抗拒的意思，"物不胜天"，此"天"是现象自然之天，也就是"死生，命也，其有夜旦之常，天也"的"天"，所以说我又有什么立场可以厌弃我的形体而不要它呢？

二、鼠肝虫臂的唯命之从

俄而子来有病，喘喘然将死，其妻子环而泣之。子犁往问之，曰："叱！避！无怛化！"倚其户与之语曰："伟哉造化！又将奚以汝为，将奚以汝适！以汝为鼠肝乎？以汝为虫臂乎？"子来曰："父母于子，东西南北，惟命之从。阴阳于人，不翅于父母；彼近吾死而我不听，我则悍矣，彼何罪焉！夫大块载我以形,劳我以生,佚我以老,息我以死。故善吾生者,乃所以善吾死也。今大冶铸金,金踊跃曰:'我且必为镆铘。'大冶必以为不祥之金。今一犯人之形,而曰'人耳人耳',夫造化者必以为不祥之人。今一以天地为大炉,以造化为大冶,恶乎往而不可哉!"成然寐,蘧然觉。

没多久,子来有病,呼吸急促眼看就要死去,他的妻儿环绕身侧哭泣。子犁前往探病,说了一句不尽情理的话。"叱"是呵斥的声音;"避"是给我走开;"无怛化","怛"当"惊"解,不要惊扰那个正在转化的人。靠在门边,对着他说:多么不可思议,造物又要把你转为何物,化往何方?会把你转为鼠肝,还是化作虫臂呢?

"子来曰:'父母于子,东西南北,惟命之从。……'"宣颖云:"倒装语法,言子于父母也。""惟命之从"是"惟从命",为了强调"命"的理念,受词提至动词之前,中间加上语气词"之",作为区隔。此谓不论东西南北,唯从父母之命。"阴阳于人,不翅于父母;彼近吾死而我不听,我则悍矣,彼何罪焉",阴阳气化对人来说,"不翅"即"不啻",无异于父母,宣颖云:"近,犹迫也。"它以死压迫我,而我竟抗命不从,那我就太强悍了,它有什么罪过呢?"夫大块载我以形,劳我以生,佚我以老,息我以死。故善吾生者,乃所以善吾死也",这六句话,已见前文,说的是人有形躯,就离不开生老死的"形化"过程,人所能做的是无心自然的"善",不执着"生","死"就不能压迫我、伤害我。

"今大冶铸金，金踊跃曰：'我且必为镆铘。'大冶必以为不祥之金"，"今"是设定一个情境，一位大冶匠，正在镕铸一大烘炉的金，金在火热的炉里沸腾跳跃，争着说："一定要把我铸成一把像镆铘般的名剑。"大冶匠一定会以为这是不祥的金。何以不祥，因天地造化随阴阳气化流转，心起执着，一定落空，而带给自己伤痛。"今一犯人之形，而曰'人耳人耳'，夫造化者必以为不祥之人"，成玄英疏云："犯，遇也。"现在也不过是一时偶然碰上了人的形体，就对自己大喊："我是人，我是人。"天地造化一定会以为他是不祥的人。"不祥"在有心，反成负累。"今一以天地为大炉，以造化为大冶，恶乎往而不可哉！成然寐，蘧然觉"，人生在世，一定要把天地看成一个大熔炉，把造化看作一个大冶匠，随顺自然，有什么它所往而不可去的呢？"成然"是熟睡貌，"蘧然"是安适貌，就是熟睡无梦，醒觉无忧。此意谓死生一如梦觉，可以放下而安适。严谨地说，生死的执着分别是梦，解消生死的执着分别是觉；梦是倒悬，觉是悬解。

第6章 道术相忘的方内共游

一、方内方外的生命对话

子桑户、孟子反、子琴张三人相与友，曰："孰能相与于无相与，相为于无相为？孰能登天游雾，挠挑无极；相忘以生，无所终穷？"三人相视而笑，莫逆于心，遂相与为友。莫然有间而子桑户死，未葬。孔子闻之，使子贡往待事焉。或编曲，或鼓琴，相和而歌曰："嗟来桑户乎！嗟来桑户乎！而已反其真，而我犹为人猗！"子贡趋而进曰："敢问临尸而歌，礼乎？"二人相视而笑曰："是恶知礼意！"子贡反，以告孔子，曰："彼何人者邪？修行无有，而外其形骸，临尸而歌，颜色不变，无以命之。彼何人者邪？"

三位道友聚集，发表交友之道的共同宣言。交友当然是既相与，又相为，问题在，相与可能成为负累，相为可能带来压力。所以在相与的同时，又要无相与，在相为的同时，又要无相为。宣颖云："无相与之心，无相为之迹。""无"是心知的化解，而化解的作用就在保存友谊的纯真。相与相为是"有"，无相与无相为是"无"，此又有又无的玄妙，就是道的生成万理。

"孰能登天游雾，挠挑无极；相忘以生，无所终穷"，"登天游雾"是超然物外，"挠挑无极"，李颐云："挠挑，宛转也。"陈寿昌云："无极，太虚也。"此宛转于"无何有之乡"，心无何有，即可游于"广莫之野"，"无极"是无所限，也无穷尽。"相忘以生，无所终穷"，放下"生"的执着，"死"也就不会压缩友朋间共处一生的美好时光。成玄英疏云："终穷，死也。相与忘生复忘死，死生混一，故顺化而无穷也。""顺化"就是与天地同在，与万物同行，"无穷"是人间美好没有终穷之时。"三人相视而笑，莫逆于心，遂相与为友"，三个人脸露笑容，心意相通，就放心地相互结交为友。

"莫然有间而子桑户死，未葬。孔子闻之，使子贡往待事焉"，陈寿昌云："莫然无言，俄顷之间。"三人既已莫逆于心，故言语已成多余。"莫然"有"淡漠"的意涵，"有间"是没隔多久，而子桑户过世，这是他的幸运，知心莫逆陪伴身边，可以无憾，也放开了孟子反与子琴张二人。尚未安葬时，孔子听闻这一讯息，派子贡前往协助处理丧事。

"或编曲，或鼓琴，相和而歌曰：'嗟来桑户乎！嗟来桑户乎！而已反其真，而我犹为人猗！'"子贡一到现场，看到有人编曲，有人弹琴，且相互唱和。"嗟来"，王引之云："来是句中助词，嗟来犹嗟乎。"在嗟叹声中呼其名号，"而"是"尔"，你已回归天道真实，可叹的是我们还流落人间。"猗"是发出深层的叹息。"子贡趋而进曰：'敢问临尸而歌，礼乎？'"子贡快步向前，问："请容许我冒昧请教，停棺在堂，还相和而歌，合礼吗？""二人相视而笑曰：'是恶知礼意！'"两人对看一眼，还笑着说："阁下怎么知道礼的本意！"

"子贡反，以告孔子，曰：'彼何人者邪？修行无有，而外其形骸，临尸而歌，颜色不变，无以命之。彼何人者邪？'"子贡碰壁而回，向孔子报告说：他们到底是怎么样的人？所修所行竟意在颠覆礼制的规范，"有"指谓行为模式与价值规范，而把形骸视为生命之外的存在，且对着棺木唱歌，脸色不见哀戚。李颐云："命，名也。""名"是价值内涵的认定，我不知道要如何理解他们的言行，他们到底是怎么样的人！实则，《论语》有"林放问礼之本"，孔子赞许为"大哉问"。礼之本是在礼制之上的价值源头，即所谓的"礼意"，儒家"礼之本"在仁心，道家礼之本在无心。此庄子寓言，故意冤枉子贡。

二、游乎天地之一气的方外逍遥

孔子曰："彼，游方之外者也；而丘，游方之内者也。外内不相及，而丘使女往吊之，丘则陋矣。彼方且与造物者为人，而游乎天地之一气。彼以生为附赘县疣，以死为决㽉溃痈，夫若然者，又恶知死生先后之所在！假于异物，托于同体；忘其肝胆，遗其耳目；反复终始，不知端倪；芒然彷徨乎尘垢之外，逍遥乎无为之业。彼又恶能愦愦然为世俗之礼，以观众人之耳目哉！"

孔子回答说，他们是游于方外的人，而我孔丘是游于方内的人，方外与方内的价值观是没有交集的，此处"方"指谓礼制。我派遣你前往吊丧，那是我的浅陋。此展现的是孔子生命的高度，对方外高人不仅有同情的了解，还多了一分尊重，子贡受挫，孔子不想责备贤者，只好说自己不对了，或许可以缓解子贡的不满。"彼方且与造物者为人，而游乎天地之一气。彼以生为附赘县疣，以死为决疣溃痈，夫若然者，又恶知死生先后之所在！""方且"是正将或正要的意思，他们正将与天地造化为友，王念孙云："人者，偶也，为人，犹为偶也。"遨游在天地造化的一气之中。他们把"生"看作多余的赘瘤，把"死"看作溃决的痈疮。意谓"生"是累赘而可以割舍，"死"是解脱而可以接受。像这样的人，已打破了生死的执着与分别，又怎么知道死生之间何者当先、何者为后的问题。

"假于异物，托于同体；忘其肝胆，遗其耳目；反复终始，不知端倪"，人生在世，都假借不同的形物，而寄托在天道的一体无别之中，忘掉肝胆的执着分别，排除耳目官能的往外追逐。成玄英疏云："终始，犹生死也。"对生生死死、死死生生的气化反复，根本不知发端何处，唯任化而已。"芒然彷徨乎尘垢之外，逍遥乎无为之业。彼又恶能愦愦然为世俗之礼，以观众人之耳目哉"，宣颖云："芒然，无系貌。"即心无挂碍。"彷徨"是"徜徉"的意思，徜徉在俗染尘嚣之外。"逍遥"是道而后能遥，而无为之业，本在无心，既无心消解，天地就开阔，"业"本多尘垢污染，"无为"是无心而为，解消尘垢污染，人间事业也可自在逍遥。郭象注云："所谓无为之业，非拱默而已，所谓尘垢之外，非伏于山林也。"此说精到。尘垢之外与无为之业，根源在生命主体的虚静。陈寿昌云："愦愦，心乱貌。"陆德明云："观，示也。"彼等又怎么会心烦意乱地拘泥在世俗之礼，来展示自家为礼数所困的丑态给众人看呢？

三、天之戮民的方内担负

子贡曰："然则夫子何方之依？"孔子曰："丘，天之戮民也。虽然，吾与汝共之。"子贡曰："敢问其方。"孔子曰："鱼相造乎水，人相造乎道。相造乎水者，穿池而养给；相造乎道者，无事而生定。故曰，鱼相忘乎江湖，人相忘乎道术。"子贡曰："敢问畸人。"曰："畸人者，畸于人而侔于天。故曰，天之小人，人之君子；人之君子，天之小人也。"

"然则"，是承上启下的大转折语，"既然如此"是承上，"则"是启下。子贡问，既然方外之人如此殊胜，得到夫子这么大的肯定与推崇，似与夫子平素的教导有极大的落差。如《论语》有所谓"鸟兽不可与同群，吾非斯人之徒与而谁与"，与"斯人之徒"是方内，与"鸟兽"则是方外，孔子自谓"不可"，直截了当地表白儒家立身人间的人文立场。故请问夫子何方之依，是依于方内，还是依于方外。此涉及行道人间的路线问题。孔子回答说：我孔丘是天生的劳累人，此孟子说仁义礼智："命也，有性焉，君子不谓命也。""仁义礼智根于心"，而此心是"天之所予我者"，此从"有性焉"说天生，从"命也"说劳累人，方内的路线虽然劳累，我们师生两个还是守着方内一起承担吧！"共之"的"之"，指涉方内。庄子寓言，不能把孔子说成方外的同路人，否则就太不尊重儒家人文化成的理想追寻了。

郭象注云："以方内为桎梏，明所贵在方外也。"又云："虽为世所桎梏，但为与汝共之耳，明己恒自在外也。"一言"所贵在方外"，一言"恒自在外"，皆未得善解。孔子自称"丘则陋矣"，对任使方内弟子去支援方外之人的丧礼，以自责的语气说，是自己的浅陋，以化解子贡的挫折感。《德充符》"叔山无趾，踵见仲尼"的一段寓言中，假老聃之口说："解其桎梏，其可乎？"无趾答道："天刑之，安可解！"由此可见，在庄子的笔下，孔子仍游于方内，既来自"天刑"，天下又有谁能解开。故方内与方外殊途，"游"才是关键。且游于方外者易，游于方内者难，孔子邀请子贡，尽管方内劳累，"士志于道"，身为儒者就认了吧！

"子贡曰：'敢问其方。'孔子曰：'鱼相造乎水，人相造乎道。相造乎水者，穿池而养给；相造乎道者，无事而生定。故曰，鱼相忘乎江湖，人相忘乎道术。'"鱼在水中相遇，人在道中相遇，在水中相遇的鱼，只要在水中游来游去，就可以养分自给；在道中相遇的人，只要在道中无心无为，就可以生命自定。《老子》云："不欲以静，天下将自定。"侯王清静无为，天下人"欲不作"，生命回归自然的理序轨道中。此"自定"不是儒家的道德贞定，而是道家的心灵虚静。所以说鱼在江水湖水中互相放下，人在道体术用中互相放下，你忘了我，我也忘了你，你放下我，我也放下你，让生命回归自然的美好。

"子贡曰：'敢问畸人。'曰：'畸人者，畸于人而侔于天。故曰，天之小人，人之君子；人之君子，天之小人也。'"对话至此，已塑造出"畸人"的形象，所以子贡请教夫子："要如何界定这样的人生形态呢？"司马彪云："畸人，不偶于人，谓阙于礼教也。"成玄英疏云："不耦于俗。"陈寿昌云："方外独行之人。"故"畸人"乃特立独行在礼俗之外的人。孔子的回答是"畸于人而侔于天"，宣颖云："畸，异也；侔，合也。"即异于人而同于天的人。下文前后两句重复，依王先谦、马叙伦、奚侗各家的说法，后半句当作"天之君子，人之小人"。"天之小人，人之君子"，意谓失落天真的人，从天道的观点看是小人，不过从人间的观点看，却是合于礼俗的君子。"天之君子，人之小人"，保有天真的人，从天道的标准看是君子，不过从人间的观点看，却是背离礼俗的小人。

　　陈寿昌云："有尼山之道，乃可游于方内而非拘，有漆园之道，乃可游于方外而非荡，譬春秋冬夏，四序不同，其为天时则一也。"此由"人相忘乎道术"说儒有儒的道，道有道的道，儒家的道在方内，道家的道在方外，两大教各行其道；重点在"游"，儒游方内，道游方外，可以相忘无事，而生命各得依止安顿。

第7章 有旦宅而无情死的安排去化

一、不知生死的不戚不哀

颜回问仲尼曰:"孟孙才,其母死,哭泣无涕,中心不戚,居丧不哀。无是三者,以善丧盖鲁国。固有无其实而得其名者乎?回壹怪之。"仲尼曰:"夫孟孙氏尽之矣,进于知矣。唯简之而不得,夫已有所简矣。孟孙氏不知所以生,不知所以死;不知就先,不知就后;若化为物,以待其所不知之化已乎!且方将化,恶知不化哉?方将不化,恶知已化哉?吾特与女,其梦未始觉者邪!"

这一段寓言,又请出孔子与颜回师生来进行对话。颜回请教孔夫子说,鲁三桓之后孟孙氏名曰才的贤人,他的母亲过世,他哭泣却无泪,内心没有悲戚,守丧也不见哀痛,无此三方面的表现,却仍以善处丧闻名鲁国,没有人可比得上。请问人间本来就会有"无其实"而"得其名"的怪现象吗?"回壹怪之",王引之云:"壹,助词。"意谓我不能理解。

孔仲尼答道，孟孙氏已尽治丧之道，"进于知矣"，已越过了心知执着的层次，此有如《养生主》所说的："臣之所好者道也，进乎技矣。""道"与"技"是超越的区分，"尽之"与"知"，即所尽之"道"与所知之"礼"，也是超越的区分。"唯简之而不得，夫已有所简矣"，陶鸿庆云："唯"，可当"虽"解，虽丧礼已力求简化，却不能过简，根本上已尽可能地无涕、不戚、不哀地有所简易了。"孟孙氏不知所以生，不知所以死"，孟孙氏从心知上解消了生死的执着与分别；"不知就先，不知就后"，林云铭云："'就'字疑为'孰'字之误。"不知何者为先，何者为后，成玄英疏云："先，生也；后，死也。"亦即无死生之分，如此与上句意义重叠。实则，"就"可当"近"解，上下两句由心知执着往行为趋避说，即不会趋生避死。

"若化为物，以待其所不知之化已乎"，成玄英疏云："若，顺也。既一于死生，故无去无就，冥于变化，故顺化为物也。"此言顺应天地一气之化而为物。宣颖云："顺其所以化，以待其将来所不可知之化，如此而已。"陈寿昌改"所以化"为"所已化"，"所已化"说的是造化的现象，"所以化"说的是造化本身的原理。顺应"所以化"，也就可以接受"所已化"。故两家说相得而益彰。

"且方将化，恶知不化哉？方将不化，恶知已化哉"，宣颖云："四句正不知之化也。总非我所能与者也。"如化为鼠肝虫臂之类。此说似抹杀了深藏在这四句话中的意涵。陈寿昌云："此言化与不化，其理不可知。"此说较能正视"且"之深进一层的说理，唯"其理不可知"之说，与下文之义理难以通贯。从下文之"有骇形而无损心,有旦宅而无情死"来看,"化"与"不化"当另有所指。因为既言造化,万化皆在流转变化中,怎么可能会有"不化"?有时间就有变化,故"化"指谓人的形体。《齐物论》有云:"一受其成形,不亡以待尽。""成形"就在"形化"中待尽,而待尽就在等待所不知之化,"不亡"指谓人的生命主体,意谓真君不亡,而形躯待尽,故"不化"说的正是"不亡"的真君。这四句话说的"方将化",指称形体,"方将不化",指称真君。依上述分析,这四句话可作如是解,形体正在流转变化中,怎么会知道有"不化"的真君存在呢?正当"不化"的真君作为生命主体时,在虚静观照的当下,怎么会知道自身所寄托的形体就在流转变化呢?可见在"待其所不知之化已乎"之人所不能参与的无奈之外,另说"不化"的真君,以开启生死仅是形体之生老死的事,而与"不死不生"的真君不相干。故下文才能开显"无损心"与"无情死"之超拔生死的大智慧。

"吾特与女,其梦未始觉者邪",我只是跟你,还在有生有死的梦境中尚未醒觉过来而已!此言死生的执着分别是"梦",而打破了死生的执着分别则是"觉"。

二、有骇形而无损心的安排去化

"且彼有骇形而无损心,有旦宅而无情死。孟孙氏特觉,人哭亦哭,是自其所以乃。且也相与吾之耳矣,庸讵知吾所谓吾之乎?且女梦为鸟而厉乎天,梦为鱼而没于渊。不识今之言者,其觉者乎,其梦者乎?造适不及笑,献笑不及排,安排而去化,乃入于寥天一。"

"彼"说的是孟孙氏,他已解消了对生死的执着与分别,相对孔子与颜回的"其梦未始觉"而言,孟孙氏是已从梦中醒来的觉者。故"骇形"仅是让人惊骇的形体变化,船山云:"可骇者,生死之形。""无损心"是"心"没有承受死亡所带来的伤痛。"有旦宅"说形体只是暂居之所,"无情死",故虽有骇形,而没有真实的死亡。此从"化"说"骇形",从"不化"说"无损心",而变动的"形",只是"旦宅",故"骇"的压力与恐慌,大可不必存在。既"无损心",即无异"无情死",从"心"说"情"的实,排除死亡的阴影与压迫。如老子所说的"死而不亡者寿",孟孙氏心中已体悟"死而不亡"的哲理。"特觉,人哭亦哭","特觉"有如独知,是自家独特的体悟,人间礼俗既言哭丧,也就顺应礼俗,天下人哭我也哭,以免特立独行而惊世骇俗,此为体贴天下人的感受。"是自其所以乃",陈寿昌云:"乃,彼也。言孟孙冥同生死,所以无涕、不戚、不哀之如彼也。"章太炎解"乃"为"如此",不论是如此或如彼,"所以"皆在解释既无涕、不戚、不哀,何以犹可谓善丧的理由。

"且也相与吾之耳矣,庸讵知吾所谓吾之乎",言天下人皆执着有形的我,故所谓之"吾",不过是人我相对之自称而已。实则,"庸讵"当"岂"解,意谓哪里会知道我所谓的"吾",不是指称形体,而是指称生命主体的"真君"呢?此如《齐物论》所说的"今者吾丧我","吾"指谓心灵,而"我"指谓形体,是心灵的我,摆脱了形体的我,此简别出"相与吾之"的"吾之",

与"吾所谓吾之"的"吾之",是不同层次的我,两个"吾之"皆当动词用,前者认定"有形的我"是我,后者认定"无形的我"才是我。

"且女梦为鸟而厉乎天,梦为鱼而没于渊",宣颖云:"厉同戾。"而"戾"当"至"解,此梦为鸟或鱼,说的是"待其所不知之化"的形体,是鸟就高飞上天,是鱼就深游入渊。"不识今之言者,其觉者乎,其梦者乎",不知今天在此大发议论的人,是有如醒觉的真君呢,还是有如睡梦的形体呢?陈寿昌云:"于天于渊本属幻境,非真我也。"又云:"以觉觉梦,其视人哭亦哭,亦犹鸟之厉天,鱼之没渊,皆非真君也。"此说堪称贴切。

"造适不及笑,献笑不及排,安排而去化,乃入于寥天一",陈寿昌云:"造,至也;排,安排也。……既造适意之境,则不待笑而已适;既动发笑之容,则不及排而已笑。为适为笑,只在当境之须臾耳。彼入梦者之不及觉,亦犹是也。"若孟孙氏之大觉者,就可以安于天地造化的推排,而去除形化待尽的悲戚。郭象注云:"安于推排,而与化俱去。"如是则可证入"寂兮寥兮"的天道本体之"一"。宣颖云:"寥天一即道也,即大宗师也。"实则当该如是说,证入"寥天一"的真人,才是体现天道之生命人格之大的大宗师。

庄子以"化"取代所谓的"死",没有死亡,只有两段生之间过渡的"化",从这个形体转化为另一个形体,故所谓"死",如同办理出入境手续,从这个形体出境,而从另一个形体入境。故"死"而"不亡",无对死生的执着与分别,也就不必有趋生避死的人为造作了。

第8章 息我黥补我劓的造化自然

一、黥仁义劓是非的生命伤痕

　　意而子见许由。许由曰："尧何以资汝？"意而子曰："尧谓我：'汝必躬服仁义而明言是非。'"许由曰："而奚来为轵？夫尧既已黥汝以仁义，而劓汝以是非矣，汝将何以游夫遥荡恣睢转徙之涂乎？"意而子曰："虽然，吾愿游于其藩。"许由曰："不然。夫盲者无以与乎眉目颜色之好，瞽者无以与乎青黄黼黻之观。"

　　意而子为寓言人物，求见许由。许由问："尧用什么来教导你？"意而子答道："尧告诉我，你一定要实践仁义，而明辨是非。"许由问道，那你此番前来，还能做什么？"而"当"尔"解，宣颖云："何必来此为乎，轵，语助词。"尧既然用仁心义理的价值标准来教导你，有如在脸上刺字般地在你生命中留下烙印伤痕，且用自是非他的执着分别来引领你，有如割掉鼻子般地在你的心中形成刑害伤痛。仁义是非是名，桎梏枷锁是刑，而名就是刑，故将仁义是非说成黥劓肉刑。"汝将何以游夫遥荡恣睢转徙之涂乎"，宣颖解"遥荡"为"闲放"，"恣睢"为"自得"，"转徙"为"自在变化"。郭象注云："不能复游夫自得之场，无系之涂也。"意谓那么请问，你能凭借什么遨游在广大自得而任物自化的道途上呢？

"意而子曰：'虽然，吾愿游于其藩。'"意而子说，虽然如此，我还是想要游于天道自然的藩篱边缘。"许由曰：'不然。夫盲者无以与乎眉目颜色之好，瞽者无以与乎青黄黼黻之观。'"许由答道，恐怕不能如你所愿，一个人目盲是看不到眉目神情的姣好的，一个人失明是不能观赏青黄与黑白交织而成的花纹精美的。意谓你已失去了虚静观照的美感心灵了。《逍遥游》直以形骸的聋盲来说心智的聋盲，义理较顺当。

二、造物自然的修补生息

意而子曰："夫无庄之失其美，据梁之失其力，黄帝之亡其知，皆在炉捶之间耳。庸讵知夫造物者之不息我黥而补我劓，使我乘成以随先生邪？"许由曰："噫！未可知也。我为汝言其大略。吾师乎！吾师乎！齑万物而不为义，泽及万世而不为仁，长于上古而不为老，覆载天地刻雕众形而不为巧。此所游已！"

意而子说，无庄美人的自失其美，据梁力士的自失其力，黄帝圣智的自失其智，有如万物在造化炉冶间的锤炼成器一般。无庄说是美人，乃不假妆扮之类，据梁说是力士，乃据其梁强之义。凡此号称美人、力士、圣智，皆为心知执着人为造作而有，"自失"是自我解消的功夫修养，而以炉火锤炼而铸成利器，来比喻人通过修养功夫而成真人，此为"息我黥"而"补我劓"预留空间。

"庸讵知夫造物者之不息我黥而补我劓，使我乘成以随先生邪"，"庸讵"当"岂"解，你怎么知道天地造化不会让我从黥劓中休养生息，凭借修补有成的天真本德（"乘成"），追随先生以体现道呢？

"许由曰：'噫！未可知也。我为汝言其大略。……'"许由答以犹未可知，因为能否生息修补，要以修养功夫作为保证，而功夫又一时未定。不过对修道功夫所开显的理境，我倒可以为你做粗略的描述。

"吾师乎！吾师乎！赍万物而不为义，泽及万世而不为仁，长于上古而不为老，覆载天地刻雕众形而不为巧。此所游已"，成玄英疏云："吾师乎者，至道也。……赍，碎也。"陈寿昌云："赍，碎而调和之意。"天道是生成原理，超越在人间仁义与天地时空之上，故虽调和万物也不算是"义"，虽恩泽下及万世也不算是"仁"，虽年代比上古还早也不算是"老"，虽天之遮覆地之乘载以雕塑众形万物，也不算是"巧"，而这就是乘成以游的理境开显。

此"不为义""不为仁"，正是老子所说的"绝仁弃义"；"黄帝之亡其知"，也正是老子所说的"绝圣弃智"；"覆载天地刻雕众形"，亦如老子所云："无，名天地之始；有，名万物之母。""覆载天地"为"天地之始"，"刻雕众形"为"万物之母"，而二者都是"吾师乎"的天道。

第 9 章　离形去知同于大通的坐忘

颜回曰:"回益矣。"仲尼曰:"何谓也?"曰:"回忘仁义矣!"曰:"可矣,犹未也。"它日,复见,曰:"回益矣。"曰:"何谓也?"曰:"回忘礼乐矣。"曰:"可矣,犹未也。"它日,复见,曰:"回益矣。"曰:"何谓也?"曰:"回坐忘矣。"仲尼蹴然曰:"何谓坐忘?"颜回曰:"堕肢体,黜聪明,离形去知,同于大通,此谓坐忘。"仲尼曰:"同则无好也,化则无常也。而果其贤乎!丘也请从而后也。"

这一段寓言,由孔夫子与颜回来担纲对话,说的是庄子的义理。颜回跟老师报告说:"我的功夫有进境了。"孔子说:"有何等进境?"颜回回答说:"我忘了仁义了。"孔子说:"可以了,但还不够好。"过了一阵子,又相见。颜回又跟老师报告说:"我的功夫又有进境了。"孔子说:"有什么进境?"颜回回答说:"我忘了礼乐了。"孔子依旧回答说:"是可以了,但还不够好。"过了一段时日又见面,颜回再跟老师报告说:"我的功夫又有进境了。"孔子说:"怎么样的进境?"颜回这次说:"我坐忘了。"孔子听了之后,神情显得有点不安地问:"可否请你解释一下'坐忘'的意涵?""忘仁义"与"忘礼乐"都是修养的功夫,问题在功夫次第。仁义是内而礼乐是外,从外天下、外物、外生的序列来看,理当先忘礼乐,后忘仁义。《淮南子·道应训》作礼乐在先,仁义在后,刘文典云:"礼乐有形,固当先忘;仁义无形,次之。"宣颖引孙月峰"忘仁义",只是去是非心,忘礼乐则全然不拘束矣。故忘礼乐在忘仁义后。从前段孟孙氏母死,他虽无涕、不戚、不哀,却仍哭泣居丧,可见忘仁义易于忘礼乐,因为忘仁义是自家修养,忘礼乐则涉及天下观感。故道家人物可以自我释放,却不想惊世骇俗。先忘仁义后忘礼乐,正藏有《人间世》"心和而不出"的微意,且就功夫而言,礼乐之本在仁义,故先忘仁义之体,而后忘礼乐之用。

再看"坐忘",已不在功夫次第之中,而是修养功夫所开显的理境。此从"堕肢体"说"离形",从"黜聪明"说"去知",成玄英疏云:"堕,毁坏也;黜,退除也。虽聪属于耳,明关于目,而聪明之用,本乎心体。……毁废四肢百体,屏黜聪明心智者也。"就《齐物论》而言,人生的困苦在"其形化,其心与之然",人的形体在时间中变化,而心知介入,执着形体也随之起了变化。此"心知"执着"形体",心失去虚静灵动,形也被制约绑住,故修养功夫从"心"说是"去知",从"形"说是"离形",在"去知"中"离形",也在"离形"中"去知",二者一体不可分。

若与《人间世》之"心斋"功夫比较而观,"堕肢体"的"离形",是"无听之以耳","黜聪明"的"去知",是"无听之以心"。"同于大通"的"坐忘",则是"听之以气"的"心斋"了。"去知"之后的形气,在制约中被释放了出来。"离形"之后的心灵,"虚而待物"的虚静观照,而照现了形气的自在美感。此即"游乎天地之一气"的存在真实。成玄英疏云:"大通,犹大道也。道能通生万物,故谓道为大通也。"看上下文,此专言人的修养功夫及其开显的理境,故当就主体言,"同于大通"是主体生命体现了道。

各家注疏皆未就"坐忘"做出合理的解释。宣颖云:"大通则一切放下矣。"此说颇具洞见。所谓"坐忘",是就在当下忘掉一切,再问,何以能够?理由为一切已在当下,什么可以说是一切,一切从道来,道已在当下现前,什么都有了,所以什么都可以放下。老子有云:"不如坐进此道。"什么人间的名利权势与生命的亮丽光彩,都不如当下证入天道理境,因为道临现,一切已在这里,所以一切可以放下。船山云:"坐可忘,则坐可驰。"此说将《人间世》之虽坐犹驰或心坐形驰,与当下放下一切的"坐忘"境界,连言并论,实则二者意思相反,堪称背道而驰。

从思想史的观点看,亦功夫亦境界的"坐忘",可能是禅门顿悟说之所本。因为人可能被功夫套牢,被经典困住,功夫无穷无尽,经典永远念不完,一生念佛也没完没了,何年何月才得解脱得救呢?所以一定要从渐修之无止境的历程中超拔出来,跳开历程,摆脱经典,连功夫也要放下,甚至连"忘"的本身也没有了,此之谓顿悟,此之谓坐忘。

"仲尼曰:'同则无好也,化则无常也。而果其贤乎!丘也请从而后也。'"仲尼回应说,"同"是同于大通,心无执着分别,也就无所偏好了；"化"是随物以任化，所以心中没有定常的执着。"同于大通"是"道未始有封"，"化则无常"是"言未始有常"，无封限无常准，所以孔子赞美颜回是有修养的贤者，甚至说，请容许我此后追随你吧！此说藏有儒家的理想，要以道家的智慧，来开发出更宽广之价值空间的深意。

第10章 "命"是没有理由的理由

子舆与子桑友,而霖雨十日。子舆曰:"子桑殆病矣!"裹饭而往食之。至子桑之门,则若歌若哭,鼓琴曰:"父邪!母邪!天乎!人乎!"有不任其声而趋举其诗焉。子舆入,曰:"子之歌诗,何故若是?"曰:"吾思夫使我至此极者,而弗得也。父母岂欲吾贫哉?天无私覆,地无私载,天地岂私贫我哉?求其为之者而不得也。然而至此极者,命也夫!"

子舆跟子桑为友,在连续下了十天的雨之后,子舆心想,子桑大概生病了吧,就携带饭菜前往,给子桑食用。到了子桑家门口,屋内传来若歌若哭的声音,一边弹琴,一边唱曲,歌词是:"父邪!母邪!天乎!人乎!"问父母,是你们生下我的,怎么会让我受此苦难;再问天地,是你们生下万物的,怎么会让万物孤独无依?到底是天地生成的呢?还是人为造成的?

"有不任其声而趋举其诗焉",成玄英疏云:"任,堪也。"而"趋"当"促"解。"不任其声",是杂着哭腔的歌声,透露承受不起的伤痛,"趋举其诗",是急促地唱曲直如念词般。宣颖云:

"其声悲放,若力不胜也。"不是力不胜,而是心不堪。陈寿昌云:"饥不能成声,而促其词也。"此解也不贴切,不止饥饿,更深层的理由在心的伤痛。

"子舆入,曰:'子之歌诗,何故若是?'""若是"是若歌若哭,且促举其诗,子舆说先生此番歌诗,怎会伤痛至此。"曰:'吾思夫使我至此极者,而弗得也。父母岂欲吾贫哉?天无私覆,地无私载,天地岂私贫我哉?求其为之者而不得也。然而至此极者,命也夫!'"子桑回答说:"我一直在想造成我陷入此存在困境的原因,却找不出来。父母生我爱我,怎么会迫使我受贫困的折磨呢?天不会私覆,地也不会私载,天地既无不遮覆,怎么会独独用贫穷来压迫我呢?我一直问是谁造成的,却找不到可以负责的人。既然如此,我所以会承受此极度困境的理由,那就在'命'吧。"

人来到这个世界,一是天地生成,二是父母生养;二者正是生命所从来的生成原理,贫病交迫等同存在基础动摇,所以要问是天地还是父母?既不可能是天地,也不可能是父母,那"至此极者"的唯一理由,就只剩下"命"了。

而"命"是没有理由的理由,是没有答案的答案,这就是最后的答案,不能再问下去了,不可能有合理的解释,而不合理就活不下去了。说句——还不是"命"吗?当下就得到释放。所以"命"是佛陀、上帝也无能为力的地方。这是气命,与天命不相干。王维诗篇"行到水穷处,坐看云起时","水穷处"是命,"云起时"是缘,命是伤心的终站,缘是再生的起点。故"命"是文化根土终极救命的妙方,一切都可以放下了,不用苦苦背负"至此极者"的理由,放下就得救了。

应帝王第七

【解题】

《庄子·内篇》以《应帝王》作为终结。郭象注云："夫无心而任乎自化者，应为帝王也。"此将"应"解为价值义的"应该"，说理想的帝王，在自家无心，而顺任天下人民去自生自化。此与老子所说的"我无为而民自化"，义理等同。

释德清云："庄子之学，以内圣外王为体用。……以前六篇发挥大道之妙，大宗师乃得道之人。……有体必有用，故此应帝王以显大道之用。若圣人时运将至，迫不得已而应命，则为圣帝明王。"此说据《天下》篇所云："神何由降？明何由出？圣有所生，王有所成。"以解《应帝王》之题旨要义，神降圣生是体，明出王成是用。此将"应"解为"顺应"，"应命"是顺应时运之命，而即体起用，成全内圣外王的理想。

王船山云："物适至而我应之也，不自任以帝王，而独全其天，以命物之化而使自治，则天下莫能出吾宗，天下无不治。"此将"应"落在主体修养的"应物无心"解。

此三说可融会贯通，价值义的"当该"，与顺应时运的"应命"，均不离"应物无心"的主体修养。由是而言，《应帝王》的意涵，就在应物无心，乃帝王之德。再深进一层言之，能应物无心的人，就如同帝王般自在自得，且是"帝力何有于我"的无冕王了。不用人家加冕，我无待自在，我的"然"从我自身来，《老子》云："道法自然。"何止是人间帝王，根本就与天道同在同行了。

这是"人皆可为尧舜"的道家版。儒家版的圣王，内圣在仁义，外王在圣智，道家版的圣王，内圣在"绝仁弃义"的无心,外王在"绝圣弃智"的无为,二者统贯,就是由无心而无为,且"无为而无不为"的无为治道了。

第1章　两层治道的超越区分

啮缺问于王倪，四问而四不知。啮缺因跃而大喜，行以告蒲衣子。蒲衣子曰："而乃今知之乎？有虞氏不及泰氏。有虞氏，其犹藏仁以要人；亦得人矣，而未始出于非人。泰氏，其卧徐徐，其觉于于；一以己为马，一以己为牛；其知情信，其德甚真，而未始入于非人。"

两位修道人，啮缺悟道零散渐进，王倪悟道则直接透显道的端倪。啮缺请教王倪，四问而王倪以四不知回应，未料啮缺因而雀跃大喜，走以告蒲衣子。成玄英疏云："尧时贤人。……即被衣子也。"此寓言人物名字，描述其人身披一件外衣，迎风独立的洒脱神情。蒲衣子听了之后，答道：你到了今天才知道吗？虞舜的道行不如伏羲氏，因为虞舜还藏有仁心，以拉引天下人。王船山云："要音邀，结也。"也算是得人心了，却没有超离物累。伏羲氏其寝不梦，其觉无忧，成玄英疏云："徐徐，宽缓貌；于于，自得貌。"既离形又去知，既可以把自身看作马，又可以把自身看作牛，此"一以己为马，一以己为牛"之"一"，当"或"解,甚至鼠肝虫臂亦无不可。"其知情信","知"的主体是"心",心虚静明照,照现人的本德天真,"情信"指谓人性的真实,却从来没有让自己掉落在物累之中。

"非人"可以是"天道",也可以是"物欲",看其上下文语句,未始出又未始入,从"其德甚真,而未始入于非人"来看,"非人"一定是负面的,那就不能解为天道之天行,而只能解为物欲所带来的负累了。此宣颖云:"非人者,物也,有心要人,则犹系于物,是未能超然出物之外也。……泰氏浑化自然,毫无物累,是未始陷入于物之中也。"此说解清晰贴切。

有虞氏的"藏仁以要人",是用仁心来拉引天下人,此为有心有为的治道,泰氏的"其知情信",如同"虚而待物",是无心无为的治道。故二者是超越的区分,前者是成心的层次,后者是道心的层次。成心执着造作,故掉落在心执物累中,道心无执着造作,故超离在心执物累之上。

第 2 章　顺应人性的无为治道

肩吾见狂接舆。狂接舆曰："日中始何以语女？"肩吾曰："告我君人者，以己出经式义度，人孰敢不听而化诸！"狂接舆曰："是欺德也；其于治天下也，犹涉海凿河而使蚊负山也。夫圣人之治也，治外乎？正而后行，确乎能其事者而已矣。且鸟高飞以避矰弋之害，鼷鼠深穴乎神丘之下以避熏凿之患，而曾二虫之无知！"

"肩吾"寓自我承担之意，而接舆是紧追在孔子座车之后的隐者。隐者是狷，而此谓之"狂"；"狂"寄托在孔子的身上。孔子是大圣人，接舆竟给出"何德之衰"的讥刺，当然是狂得可以的人物。

肩吾求见接舆，接舆先问："日中始用什么来教导你？"这是开药方之先，先问病情。肩吾答道，他告诉我一个治理天下的人，以经为法式，以义为量度，此经义本从天地来，故云天经地义。故问题出在"以己出"，而不从天地出。"己"与天下相对，以自身心知执着的成心偏见，作为天下人的价值标准。"人孰敢不听而化诸","人"即天下人，以绝对的权力作为后盾，天下人有谁敢不听从，而承受权力的宰制。"诸"是"之乎"的连音，"之"指谓天下人。

狂者接舆立即下了"是欺德也"的断语。德本天真，"欺德"是背离本德天真的狂妄虚假。《老子》有云："其次，畏之。其次，侮之。"又云："民不畏死，奈何以死惧之？""畏之"就是"以死惧之"，若活着没有尊严，也没有前景，就会逼出"民不畏死"的大怨。故从"畏之"转为"侮之"，人民侮慢政府，那就走向群起抗暴之路。故"人孰敢不听"，看似稳当，实则虚妄狂想，且其后果是没有人承担得起的，不是"而化诸"，而是"而乱诸"了。"犹涉海凿河而使蚊负山也"，这样的治理天下，有如涉入大海而开凿河道，迫使小蚊虫背负大山一样不合理，也不可能。宣颖云："欲就海中凿一河，必溺而无成，以至微负至巨，必不能胜。上句喻造作难为之事，下句喻民不堪命。"此亦谓不仅不可能，抑且不合理。

"夫圣人之治也，治外乎"，此一"治外乎"的质疑，来自"君人者，以己出经式义度"的狂妄，对天下人而言，那就是"外铄我也"的"欺德"，而不是"我固有之"的本德，是外来强加在我身上的法式量度，而强迫的道德等同不道德。"正而后行，确乎能其事者而已矣"，此"正而后行"的"正"，不是"以正治国，以奇用兵"之正奇相对的"正"，而是"我好静而民自正"之超离在奇正相对之上的"正"，前者是"以己出"之执着造作的"正"，后者是回归天真本德的"正"。故"正而后行"就是"民自正"，"确乎能其事者而已矣"，意谓真的能活出人人天生本有的本德天真。"能其事"是天下人民自能其事,有如孟子所说的良知良能,不待学不待教的自能其事,只要官方给出"无为"的自在空间,民间就可以"无不为"地自我实现。"而已矣"意谓治天下就是如此简单。

"且鸟高飞以避矰弋之害,鼷鼠深穴乎神丘之下以避熏凿之患",此天下人民的自能其事,有如鸟会往高处飞,以避开猎人以绳系箭的射杀危害,小鼠会在神坛底下深筑洞穴,以避开农家挖洞烟熏的忧患。"而曾二虫之无知",成玄英疏云:"而,汝也。""曾"当"竟"解,如同《论语·为政》之"曾是以为孝乎"可解为:"这样竟可以说是尽孝道了吗?"此谓你竟会以为,有心智之明的天下人民,反不如无知的二虫吗?二虫茫昧无知,凭其本能尚且能避开外来的患害,何况是灵明有知的人呢?宣颖解云:"二虫尚知避患,曾谓人无知可以欺德驱之乎!"陈寿昌云:"视百姓之有知,不若二虫之无知,而漫云孰敢不听邪!"二虫是本能之知,人则是心智之明,此"明"不仅可以避开政权力的迫害,且可以"民不畏威,则大威至"(《老子》七十二章)地厌弃政府,甚至颠覆威权。

此段寓言,关键在"以己出"的狂妄,以今天的话头来说,那就是专制独断,"人孰敢不听"的威权,就是权力的傲慢与腐化。对天下人民而言,所谓"治外",就是外来的桎梏,有如刑具加身一般的迫害。"正而后行"是回归天真本德,"确乎能其事",是活出自家的美好。

儒家是人皆可为尧舜,道家是人皆活出本德天真,有如无冕王,无须人为加冕,人人皆如帝王般地自在自得了。

第 3 章　游心于淡合气于漠的天下自治

天根游于殷阳，至蓼水之上，适遭无名人而问焉，曰："请问为天下。"无名人曰："去！汝鄙人也，何问之不豫也！予方将与造物者为人，厌，则又乘夫莽眇之鸟，以出六极之外，而游无何有之乡，以处圹埌之野。汝又何帠以治天下感予之心为？"又复问。无名人曰："汝游心于淡，合气于漠，顺物自然而无容私焉，而天下治矣。"

天根与无名人，皆就其道行而给出名号。《老子》云："玄牝之门，是谓天地根。"天根即为天地根；《老子》又云："道隐无名。"无名人即道隐无名的修行人。

天根游于殷山之南，到了蓼水之上，正好碰上了无名人，而向他请教治天下之道。无名人答道，给我走开，你这个没有趣味的人，怎会问出如此让人不愉悦的问题？我正想与天地造化做朋友，"厌"当"餍足"解，意谓饱览山河大地之美。"又乘夫莽眇之鸟"，王先谦云："谓清虚之气若鸟然。"实则，"莽"是"大"，"眇"是"无"，"大"则无所不在，"无"则无形不可见,意谓游乎天地一气之化。"以出六极之外","六极"是六合,上下四方已无所不包,故六极之外当是人间尘垢之外。"而游无何有之乡,以处圹埌之野",此与《逍遥游》所谓之"何不树之于无何有之乡,广莫之野",文义几乎等同。心无何有,无执着分别,无比较得失,无患亦无累,"圹埌之野"即"广莫之野",此天地的无限宽广,乃是由心的无何有所开显的理境。"处"当"闲处"解,与上一"游"字呼应。"汝又何帠以治天下感予之心为",陈寿昌云:"何帠,犹何故也;感,触动之意。"你又何故用治天下的无趣话题,来扰乱我本来闲游的心境呢?"为"是语句助词。

"又复问。无名人曰:'汝游心于淡,合气于漠,……'"天根依旧坚持请教,无名人最后答道,此"心"与"气"连言,如同《人间世》所说的"未达人心""未达人气","游心于淡"则达人心,"合气于漠"则达人气,"淡"则无心而可游,"漠"则无为而能合。心淡可游而气漠能合,心与天下人同在,气与天下人同行,"顺物自然而无容私焉,而天下治矣",此达人心的同在,又达人气的同行,也就是顺应天下人的自然天真,而不给出私心己出的空间,那天下不用治也自然治了。《老子》云:"为无为,则无不治。"君上所为的是"无为",而"无为"是无心的为,"淡"是无心,"漠"则无为,官方无为而民间无不为,那不就是心无何有,而可以闲处遨游在圹埌之野的桃花源吗?

第4章　无功无名的明王之治

阳子居见老聃,曰:"有人于此,向疾强梁,物彻疏明,学道不倦。如是者,可比明王乎?"老聃曰:"是于圣人也,胥易技系,劳形怵心者也。且也虎豹之文来田,猨狙之便、执嫠之狗来藉。如是者,可比明王乎?"阳子居蹴然曰:"敢问明王之治。"老聃曰:"明王之治,功盖天下,而似不自己,化贷万物而民弗恃;有莫举名,使物自喜;立乎不测,而游于无有者也。"

此段寓言,请出了两位大哲人当主角。成玄英疏云:"姓阳,名朱,字子居。"谓"阳子居",阳子是尊称,道家人物自隐无名,故以其居处为称号,实为阳子居于此之意。阳子居对所谓的"明王",说出他的诠表,也请教老聃做出评断。说有这样的一个人,如音响般疾速,像栋梁般坚强,才智灵敏,又有气魄担当,智光照彻万物,而有疏必明,且能学道而不厌倦,像这样的人可以说得上是"明王"吗?

老聃回答说,"是于圣人也",陈寿昌云:"是犹言此人也。"你所说学道不倦的这个人,就圣人的境界来说,"胥易技系",

如胥之易，而为技所系，"胥"是"刑徒"，"易"当"治"解，为自己的专技所系缚。成玄英疏云："胥徒劳苦，改易形容。"此解不当。郭庆藩云："胥徒，民给徭役者，胥易，谓胥徒供役治事。"此说较贴切。另刘武云："为胥，必精习乐舞之技；为易，必精习占卜之技。"可存一说。《老子》云："为学日益，为道日损。"学道不倦，仅是为学日益的执着造作，而"其出弥远，其知弥少"，既日益则弥远，对道的体悟来说，正适得其反，反而其知弥少，故修道功夫在每日求其减损，所减损的正是心知所日益的执着，故学道不倦，与圣人境界大有落差。不仅像刑徒服劳役，被自己的专技所绑住，且"劳形怵心"，"怵"当"忧"解，既劳累形体，又担忧烦心，怎能是虚静明照的明王呢？

"且也虎豹之文来田，猨狙之便、执斄之狗来藉"，王叔岷云："执斄之狗四字，疑涉《天地》篇文窜入。"问题在，《天地》篇年代在后，应以《应帝王》来勘定《天地》篇较合理，而不该以《天地》篇来质疑《应帝王》，或许删除了这四字，"虎豹之文来田"，与"猨狙之便来藉"，文正相耦，且较少纠葛，唯经文以不更改为佳。成玄英疏云："藉，绳也；猨狙，猕猴也。虎豹之皮有文章，故来田猎；猕猴以跳跃便捷，恒被绳拘；狗以执捉狐狸，每遭系颈。若以响疾之人，类于圣帝，则此之三物，可比明王乎！"此解明确。虎豹因身上的纹彩斑斓，引来田猎；猕猴因为灵巧便捷，猎狗因为能追捕狐狸，而引来系缚。像这样的为技所系，可以说是明王本有的生命气象吗？

"阳子居蹴然曰：'敢问明王之治。'"这一比喻与反问，让阳子居心头震撼。陆德明云："蹴然，改容之貌。""敢问"是从侃侃而谈的对话转为肃然起敬的请教，就请先生指点怎么样才可以说是明王治道。"老聃曰：'明王之治，功盖天下，而似不自己，化贷万物而民弗恃；有莫举名，使物自喜'"，老聃给出的最终解答，是明王之治，尽管功盖天下，却好像不从自身而来；尽管在赋予万物中化成万物，却不让人民有可以依靠的空间；尽管生成天下，天下人民却说不出任何歌功颂德的话语，而让生命的美好还归每一个人的自身。

这三句话，正与《逍遥游》的"至人无己，神人无功，圣人无名"前后呼应。"不自己"是"无己"，"民弗恃"是"无功"，"莫举名"是"无名"。唯相对比观，《应帝王》比之于《逍遥游》而言，义理更深进一层，无己无功无名，是就至人神人圣人的主体修养说，而"不自己""民弗恃""莫举名"三者，是从天下人民的感受说，就治道而言，贴近民间而深刻许多。不只是圣人自身修养境界的展现，而是将生命本来就如此美好，还给天下人自己。

就因为"不自己"，所以"民弗恃"；也因为"民弗恃"，所以"莫举名"。连明王之治好在哪里，都说不出来，才真正地做到"使物自喜"的最高境界。此有如老子所说的"百姓皆谓我自然"，百姓的"然"，百姓的生命美好，都从自身而来，百姓"自喜"来自"民弗恃"，而"民弗恃"来自"不自己"，明王之治解消自己的功盖天下，"解消自己"为的是不让人民依靠，人民依靠不了圣人明王，仅能回归自身，而活出自身本来的美好，这就是美好从自身来的"自喜"，神似老子所说的"自然"。"立乎不测，而游于无有者也"，此"不测"与"无有"，对道体不可测与不可说的形上性格做出描述，"立乎不测"是与道同在，"游于无有"是与道同行，明王治道与功业，仅其人格绪余而已！

第 5 章　回归真人不露相的生命本身

一、神巫季咸知死生祸福若神

郑有神巫曰季咸，知人之死生存亡，祸福寿夭，期以岁月旬日，若神。郑人见之，皆弃而走。列子见之而心醉，归，以告壶子，曰："始吾以夫子之道为至矣，则又有至焉者矣。"壶子曰："吾与汝既其文，未既其实，而固得道与？众雌而无雄，而又奚卵焉！而以道与世亢，必信，夫故使人得而相汝。尝试与来，以予示之。"

神巫是神与人之间的媒介，"神"无所不在，也无所不能，故预断未来，当引"神"入"人"，有如神明附体，故可以知人之死生祸福。神巫号称"季咸"，意谓不分四季皆神准。人生最大的祸福，就在寿夭，故预知死生存亡，乃神巫最大的卖点，且可以明确地断定是哪一年月哪一旬日。"若神"是跟神明一样灵验。

郑国人为其威名所慑，一看到他，都快速逃离，不敢面对他有如死刑判决的铁口直断。唯独列子例外,因为道家人物的修养功夫,就在勘破生死大关,故为之心醉不已。列子回去向老师壶子报告说,本来我以为夫子的道行已达最高境界了,现在却发现还有另一高人的道行在你之上。言下之意,师父只有道行,人家却有神通。这是笨学生所说的笨话。

壶子当下回应道,我教导你修道,"既"当"尽"解,仅尽其文而未尽其实,"文"在闻道,"实"在行道,也就是说仅停留在理论的层次,犹未进至实践的层次。此如《老子》云:"上士闻道,勤而行之;中士闻道,若存若亡;下士闻道,大笑之,不笑不足以为道。"人人皆可听闻道的理论,而士分上、中、下,是就实践层次的道行而言。尽其文未尽其实,仅闻圣人之道,而未尽圣人之行,所以反问他,你已经得道了吗?《齐物论》有云:"道行之而成,物谓之而然。"所谓"得道",即"行之而成",若道未行而不成,物焉能谓之而然,岂不是有修道之名,而未有修道之实,如同有雌而无雄,就算生了卵,也成不了形,徒有生之名,却无生之实。此成玄英疏云:"夫众雌无雄,无由得卵。既文无实,亦何道之有哉!"道在生成,今有卵而未成形,犹修行而未成正果,所以说道已然在人间失落。唯有诉诸空论,标榜道而跟世人对抗,以别高下。此"而"当"尔"解,"必信","信"当"伸"解,为了证成自己,而过度伸展,少了内敛涵藏,什么都写在脸上,什么都藏不住,使得人家可以根据你的脸相,而断定你的吉凶,演出的正是你示相而我识相的相命戏码。宣颖云:"言汝既扬其能,以取信于人,自处先已浅矣。"陈寿昌云:"言欲即尔所能,与世相亢,是有意炫露,求己之必伸也。信,通伸。"两家皆言之成理，因对抗而大言其道，为了取信而毫无保留，所以不是人家太神了，而是你太浅了。

问题在，师父意图点醒徒弟，而徒弟正在热头上，不一定服气，所以师父逼自己挺身出来，以道行来面对季咸相命若神的考验。"尝试与来，以予示之"，你既然把他说得那么神，就请他来看我的相，预断我的命好了。

二、当机示相的生命形态

明日，列子与之见壶子。出而谓列子曰："嘻！子之先生死矣！弗活矣！不以旬数矣！吾见怪焉，见湿灰焉。"列子入，泣涕沾襟以告壶子。壶子曰："乡吾示之以地文，萌乎不震不正。是殆见吾杜德机也。尝又与来。"

明日，又与之见壶子。出而谓列子曰："幸矣！子之先生遇我也！有瘳矣，全然有生矣！吾见其杜权矣！"列子入，以告壶子。壶子曰："乡吾示之以天壤，名实不入，而机发于踵。是殆见吾善者机也。尝又与来。"

明日，又与之见壶子。出而谓列子曰："子之先生不齐，吾无得而相焉。试齐，且复相之。"列子入，以告壶子。壶子曰："吾乡示之以太冲莫胜。是殆见吾衡气机也。鲵桓之审为渊，止水之审为渊，流水之审为渊。渊有九名，此处三焉。尝又与来。"

1. 示之以地文的杜德机

隔天，列子果真引来季咸，来看壶子的相。看完出来对列子说：啊！你的老师死定了，活不了了，不会超过十天了，我看到了怪异的脸相，像是被水浇透之湿灰般的气色。

　　列子听了这一番无异死刑宣告的话，泪水直流而沾湿了衣襟，向壶子转述了季咸的论断。

　　壶子平静地答道，我刚才给他看的是像大地般静寂的神情，"萌乎不震不正"，此句众说纷纭，向秀云："萌然不动，亦不自止。"江南古藏本"正"作"止"，宣颖云："震，动也；正，止也。"俞樾引《列子·黄帝》作"罪乎不誫不止"，而"罪"是辠，山貌，"誫"是"震"之异文，亦即像山一般不动不止之意，此说不可解，因"示之以地文"所萌发的生命气象，是像大地般寂静。且下文说的是"杜德机"，怎能说是"不止"，不动亦不止之说，可能与下文的"衡气机"混同，而打乱了整体"当机示相"的理路架构。故今本作"不正"，较切合上下文的意义。因其不动，故亦不正。此"正"正如《老子》所说的"我好静而民自正"与"清静为天下正"，凡此"正"字，皆有价值标准的意涵。因不动而未给出标的，也就是未显现任何兆端之意，此船山云："不震，一念不动；不正，无所期必。"此解精到。故云："见湿灰焉"而做出"弗活矣"的论定。

　　"是殆见吾杜德机也。尝又与来"，在当下那一机他大概看到了我关闭自家本来蓬勃的生机。"杜"当"塞"解，"德"是天生本真的无限生机，"机"指谓当下那一机，故"杜德机"是当机示相。壶子所"示"的相是"地文"，列子所"识"的相是"湿灰"，示相与识相的交会，依相而论断的"命"是"弗活矣"。壶子告诉列子，你再找他来看我的相，算我的命吧！

2. 示之以天壤的善德机

隔天,列子又带季咸来看壶子的相。出来对列子说,算你的老师幸运碰到了我,"瘳"当"救"解,他有救了。宣颖云:"全然,列子作灰然,对上文湿灰复然。"此解为死灰复燃之意。问题在,"湿灰"涵蕴了不可复燃的意思。故"全然有生",依字面解,本来是生机全无,现在却发现生机又回来了。"吾见其杜权",船山云:"杜之中有权,谓闭藏中有活机也。"就因为在本来"杜德机"的关闭中,生机全无,今发现关闭中有权变,生机已然再现。列子入门将季咸所言,向壶子报告。

壶子回应说,"乡吾示之以天壤",我刚才给他看的是天地一气之象。此陈寿昌云:"天与壤合,生物之本,视地文之孤阴不生,有间矣。"成玄英疏云:"壤,地也。示之以天壤,谓示以应动之容也。"唯高亨云:"天壤与上文之地文相对,则壤非谓土壤甚明。壤当读为相。"此解"天壤"为"天相",正与"地文"相对,此说亦可成立,二者皆就生机重现解。

"名实不入,而机发于踵",船山云:"名实不入于心。"宣颖云:"一段生气,自踵而发。"心知执着是名,人为造作是刑,有名则有刑,此即《人间世》所云:求名实者,是圣人之所不能胜也。故修养功夫在名实不入于心,无名即无刑,而让生命回归自然。"机发于踵",有如《大宗师》所说的"真人之息以踵",在"无听之以心,而听之以气"之下,生命之气被释放,自下往上涌现,所以会做出"有瘳矣"的论断。

"是殆见吾善者机也",宣颖云:"善,即生意也。"又云:"善者机妙此善字,即《易·系辞传》继之者善也,善字一元之气相续,乃天之所以为生也。"此说以儒家之义理来解庄,不很顺当。道家的生成原理在冲虚,而以无心自然为善。"善者机"承上文之"杜德机"而来,由杜而权,从权变说"全然有生矣",故相对而言,可能是"善德机"的一字之差,因无心自然而生机涌现,较切合道家义理。季咸说,壶子有幸碰上我,有救了;而壶子告诉列子,那是因为当下那一机,我给他看的是天真本德所蕴含的无限生机之故。"尝又与来",最后说你试着再找他过来。

3. 示之以太冲莫胜的衡气机

隔天,列子又引领季咸过来,季咸进去看了壶子的相,再出来对列子说,你的老师今天脸相不整齐,我看不到可据以论命的脸相,请你的老师统整一下自己的脸相,我再来论断他的命好了。

列子进去告诉老师,季咸嫌你的相貌不整齐。壶子解释说,我刚才给他看的是"太冲莫胜"的脸相。太冲是太虚,"莫胜",《列子·黄帝》作"莫朕",意即生命气象像太虚一样给不出任何朕兆。"是殆见吾衡气机也",他大概是看到了我两边平衡的生命气象吧!"不齐"是两边面相不一致,"衡气"则是两边面相平衡,正是"莫胜"的另一意涵——没有哪一边面相可以压过另一边,给不出可据以判定的朕兆或迹象,故"无得而相",是得不到足够的生命讯息可以做出论断。此所谓"不齐",可能半边脸生气蓬勃,另半边脸死气沉沉,呈现的脸相一边神采飞扬,另一边黯然神伤,当下那一机给出的脸相是忧喜参半,而两边平衡,这当是"不齐"之"无得而相"的理由所在。

"鲵桓之审为渊,止水之审为渊,流水之审为渊","审",崔谯本作"潘",奚侗云:"潘,水沉之深处。"成玄英疏云:"鲵,大鱼也;桓,盘也;审,聚也。"此鲵桓的水就是盘旋的水。而不论是静止的水、流动的水,还是既流动又静止在原地打转之回旋的水,都从"渊"来,"渊"是水的源头本身。陈寿昌云:"鲵桓之水,非静非动,喻衡气机;止水静,喻杜德机;流水动,喻善德机,三者不同,其渊深莫测,则一也。"此说清晰精到。壶子在季咸面前当下那一机,所示的相一边是地文,而另一边是天壤,故难以论定是"湿灰"的"弗活矣",还是"杜权"的"有瘳矣"。一边像是静止的水,另一边像是流动的水,两边不齐的汇合,就是盘桓回旋的水,此之谓既对反又平衡的"衡气机"。

"渊有九名,此处三焉",各家注引《列子·黄帝》说还有其他六水之审为渊。俞樾云:"九渊全列,然于上下文殊不相属,疑为他处之错简。庄子所见已然,不敢径去,而实非本篇文义所系,故聊举其三耳。"此看出九者并列,而性质互不相属的谬误,然说不出何以独留其三的理由。实则庄子在先,而列子成书在后,就庄子而言,流水、止水、盘旋的水的"此处三焉",已然穷尽,其他六水之审纯属多余,故当是《列子·黄帝》造作凑数而有。"渊有九名","渊"是道的象征,"九名"取其数之极,意谓无限可能的面相。就主体而言,"渊"是生命本身,每一当下的当机示相,都有无尽的应机面相,所以"命"是深不可测,而难以论定的。

"尝又与来",你再试着找他来看我的相,算我的命吧!

三、示之以未始出吾宗的生命本身

明日，又与之见壶子。立未定，自失而走。壶子曰："追之！"列子追之不及。反，以报壶子曰："已灭矣，已失矣，吾弗及已。"壶子曰："乡吾示之以未始出吾宗。吾与之虚而委蛇，不知其谁何，因以为弟靡，因以为波随，故逃也。"然后列子自以为未始学而归，三年不出。为其妻爨，食豕如食人。于事无与亲，雕琢复朴，块然独以其形立。纷而封哉，一以是终。

隔天，列子又带领季咸来看壶子。季咸甫一进门，两脚还没站定，转身就逃。"自失而走"，形同自我放逐，自己不要自己，自己受不了自己，自己让自己在人间消失。壶子下达命令，把他追回来，列子追过去，已来不及。只好回来向老师报告，说季咸完全失去了踪影，已在人间消失了。人世间只有列子可以这样说话，因为列子御风而行，世上几乎不可能会有他追赶不上的人。故"已灭矣，已失矣"，意谓这个人已在人间完全消失。

问题在，季咸为什么会仓皇奔逃，他到底看到了什么，而迫使自己在完全没有正面回应的情况下，如此没有尊严地消失在壶子跟列子的眼前？此仅能在壶子所说的"乡吾示之以未始出吾宗"来理解。"宗"是宗主，就万物说，宗主是天道，就生命而言，宗主是"真君"，真君是生命主体，是无执着无分别的道心。道心一如道体，本无声无形，然落在人间世就得走离像深渊般的自己，当机以示相，让天下人可以看到相应这一机我所显示的相，当下这一机我所显示的相，就是这一当下我这个人的命限。

此有如戏剧脸谱，通过你的扮相，而决定你在人生戏码所演出的角色。"未始出吾宗"，是我从未走出我自己，我不示相，我不给你看，我无相可相。试想，季咸一生阅人无数，算尽天下人的命，逼到最后连对方的相都看不到，这一神算的金字招牌已然砸掉了，要不要立即让自己就此在人间消失，在江湖除名，而回归"未始出"的素颜本真呢？

另一个可能，"未始出"是真君道心的本身，而道心虚静如镜，在那一当下，壶子以一面大镜子的姿态出现，镜子无相可相，季咸从镜子的反照中，看到的是天涯沦落人的自己。一生看尽天下人的相，也断定天下人的命，却从来看不到自己，这是生命自我的严重失落。故"自失而走"，有双重意涵，一者是让自己在人间消失，二者是生命自我的全面失落。前者是果，后者是因。壶子下令追他回来，是因为这个人值得救吧！实则，"自失而走"已涵蕴了退出江湖找回自己的自救意涵。

"吾与之虚而委蛇，不知其谁何"，成玄英疏云："委蛇，随顺之貌。"陈寿昌云："在彼捉摸不定，而莫识其主名。"壶子"未始出吾宗"，如同"虚而待物"，随顺季咸而与之俱往，季咸摆脱不了，又不知跟自身同在同行的人究竟是谁。"因以为弟靡，因以为波随"，郭象注本、船山本、宣颖本均作"波流"，王念孙云："案作波随是也，蛇、何、靡、随为韵。""因"当"顺任"解，"以为"是"以之为"，"之"指谓季咸。"弟靡"，宣颖云："一无所持，弟音颓，俗本作弟，误。"又云："波流，一无所滞也。""弟靡"，《列子·黄帝》作"茅靡"，"茅"是草，故可直接解为如草之随风而靡，"波随"亦可直接解为如水之随波而流，此为壶子对自家"虚而委蛇"的说解,而不是季咸眼中看到壶子委蛇之貌。就因为壶子如影随形,而无相可相,"故逃也",他无路可走,只能逃离现场。壶子展示道行来教导列子,此相命的过程,无异是证道的过程,到了无相可相的尽头,就是"道"的朗现。

经历了壶子现身说法之后,列子大彻大悟,由季咸的"技",而证入壶子的"道"。"自以为未始学而归",自我评量犹未入门,抱愧返家。"三年不出。为其妻爨",三年不出家门,为妻子下厨,"食豕如食人",饲养猪如供养人,"于事无与亲",万事万物对自己来说都一体无别,"雕琢复朴",从雕琢造作中回归自然素朴。"块然独以其形立",阮毓崧云:"若土块之无知也。"此"无"当动词用,"无知"是无掉心知的执着,"独以其形立",如《大宗师》所说之由外天下、外物、外生,而朝彻见独,解消了心知的执着与负累,放下一切而真我朗现。此"形"是在"去知"中"离形",不受心知宰制而被释放出来的生命自我,可以游乎天地之一气,也可与天地精神往来,故"立"是"提刀而立",是在四顾茫茫之中的傲世独立。"纷而封戎",多本作"封哉",《列子·黄帝》作"封戎",李祯云:"戎、终为韵,哉字传写之讹。""纷"是人情牵引与名利纠葛的纷扰,"封"当"缄"解,"戎"指谓心中的杂念,"纷而封戎"如同《大宗师》所说的"撄宁","纷"同"撄","封戎"就是"宁",在世事纷扰间,仍保有内心的平静。郭象注云:"虽动而真不散也。"以"动"解"纷",以"真不散"解"封戎",言简意赅。"一以是终",阮毓崧云:"言守其抱一,行其道以终其身也。"此解既言"抱一",

又何须言"守",且"一"与"是"皆指谓道,实则,"一"可当"整全"解,"是"指称的是"复朴"的"朴",意谓天下事皆以无名之朴的"道",作为终其身的价值依据。

末段写列子走向重生之路的历程,等同季咸"自失而走"之后的生命写照。季咸的"已灭矣,已失矣",固是"无";而列子的"自以为未始学而归",也是"无","无"是"行到水穷处,坐看云起时"的生命转机,因为人世间一切美好的"有",都从生命主体之自我解消也自我放下的"无"而来,列子打破了人与我、人与物的分别,无掉人为造作,而回归素朴天真,"块然独以其形立",似乎俗染尘嚣,跟自己不相干,颇有遗世而独立的气概。

此一大段通过相命来说解人生。人的生命主体是无执着无分别的道心,此之谓"未始出吾宗"的生命本身。真人本不露相,问题在,人物活在人间,总得走出自己而当机示相,并融入现场,使得天下人可以通过现场识我的相,而展开人我间气质的感应与生命的会通,此之谓达人心达人气。有如演一场人生大戏,人人登台亮相,粉墨登场,然要有现场感与存在感,所谓当机或应机,就是入戏,自己扮演好那一机的角色,自己发挥自己那一机的功能,那一机的示相,就是那一机的命定。问题在,下一机又重开另一戏码,演出另一角色,发挥另一功能,所以说生命本身是渊深莫测。"命"可由示相而识相做出论断,问题是,那仅是那一机所示之相的"命",下一秒机一转,所示之相不同,此相之命也就完全改观。总说,"生命本身"是像深渊般蕴藏有无限的可能空间,端看那一机你如何走出来,又如何应机而定了。

第6章　照现人间真相的用心若镜

　　无为名尸，无为谋府；无为事任，无为知主。体尽无穷，而游无朕；尽其所受乎天，而无见得，亦虚而已。至人之用心若镜，不将不迎，应而不藏，故能胜物而不伤。

　　此主语省略，无以心为名之尸，无以心为谋之府，无以心为事之任，无以心为知之主。心是生命主体，不要自贬身价，流落人间，而为名之尸、谋之府、事之任与知之主。成玄英疏云："尸，主也。"林云铭云："名尸，声誉之归。"以现代的用语来说，不要让主体的心灵，成为"功名"的汇归处，成为"谋略"的储藏所，成为"任事"的司令部，成为"心知"的基地台。
　　这四句话，可以有一逻辑理序，心知执着是为"知之主"，心知运用则为"事之任"，任事决断是为"谋之府"，谋略功成则为"名之尸"。
　　生命主体的心灵，即《养生主》之"生主"，《齐物论》谓之"真君"。真君道心，无执着无分别，《逍遥游》有云："至人无己，神人无功，圣人无名。"无己即无为知之主，无功即无为谋之府与无为事之任,无名即无为名之尸。无以心为"知之主",是无掉心知的执着,无以心为"谋之府",是无掉权谋的算计,无以心为"事之任",是无掉人为的造作,无以心为"名之尸",是无掉名号的追逐。《人间世》有云:"德荡乎名,知出乎争。""知"是心为"知之主"的执着,"名"是心为"名之尸"的排名,"争"是心为"谋之府"与"事之任"的争逐。"德"的天生本真,就在名号的争逐与权力的奔竞中流荡失落。故连续四个"无"字,是放下解消的功夫,无以心为谋之府,无以心为知之主,转"谋府"为"灵府",转"知主"为"生主","府"是奥藏之所,可以有无限的包容,"主"是生命主体,可以"虚而待物",摆脱功名事任的羁绊与负累。

"体尽无穷,而游无朕",成玄英疏云:"朕,迹也。"陈寿昌云:"体,悟也;朕,兆也。体之尽故无穷,游于虚故无朕。""体"是体现天道于生命自身,此从"无心"说"无穷",从"无为"说"无朕"。心知执着则有定限有穷尽,人为造作则有迹象有朕兆,故心知无执着则无穷尽,人为不造作则无朕兆。

"尽其所受乎天,而无见得","尽其所受乎天"即"体尽无穷","无见得"即"游无朕"。此言充分地体现了天内在于人的本德天真,"无见得"是无德行的迹象可寻。此老子说不德有德,《德充符》说才全而德不形,解消了心知执着的价值标准。德行不会成为自家的负累,也不会压迫身边的亲人朋友,德不形于外,而内敛涵藏,反而可以保有本德天真,此之谓"才全"。

总结一句,"亦虚而已","无"一路贯串下来,无心无知,无为无事,也无功无名,体尽的是无穷,所游的是无朕,却无见得，归结于心灵的虚静。虚而后能容，可以包容奥藏；虚静如镜，可以镜照照现。故云："至人之用心若镜。"此"用心"承上之"虚"而来，实则是虚心若镜，此《老子》云："致虚极，守静笃，万物并作，吾以观复。"心致心的虚，心守心的静，功夫在"心"上做，"并作"是天下人相互牵引而流落人间，"观复"是在虚静观照中回归自家的天真本德，故"虚"是心没有执着没有分别的虚灵，"静"是心没有期许没有等待的平静，镜子"无"了自己，而"有"了天下，至人的心"虚而待物"，在"照"物中"生"物，在镜照人间中生成天下。

　　"不将不迎"，成玄英疏云："将，送也。夫物有来去，而镜无迎送。"天下万物在镜子面前，一体无别。没有谁是它要送走的，也没有谁是它要迎接的。"应而不藏"，成玄英疏云："来者即照，必不隐藏。""应"是在感应中回应，物来即照，仅应物而不藏物，总还给你本来面貌，而不深藏于心，以免形成负累障隔，而干扰了自家虚静空灵的观照作用。且给出"故能胜物而不伤"的保证。"胜"可当"尽"解，"物"指谓天下万物。镜子的妙用在不藏中常照，且在照物中生物，要看到天下人的真实美好，且是整体而全面地看到。问何以能够？因为镜子虚灵，没有权威宰制，也没有标准责求，万物现身镜子面前，不必压抑隐藏，也不会委屈悲壮，而可以展示真实的自己、完整的自己。"不伤"说的是不会因诸多忌讳而有所遮蔽，不会有不被看到、未得赏识的遗憾。要"体尽无穷"，要"尽其所受乎天"，关键在"至人之用心若镜"，让天下每一个人的真实美好，在至人的镜照中完全充尽地展现，而没有人承受被冷落被抹杀的伤痛。

郭象注云："物来乃鉴，鉴不以心，故虽天下之广，而无劳神之累。"此言鉴不以心，是心乃空灵，虽遍照天下，亦不成自家的累。成玄英疏云："夫物有生灭，而镜无隐显，故常能照物，而物不能伤。"此言镜无隐显，而不藏于心，物有生灭，亦还它生灭，故不会成自家的伤痛。两家解，一者言"无劳神之累"，一者言"物不能伤"，皆重在至人用心的自我存全，然看上下文，"至人用心"在无心无知，无为无事，"若镜"在照现天下，故用心若镜重在生成天下，而不在存全自身。

此《老子》有云："圣人无常心，以百姓心为心。"圣人没有自己要执持固着的心，而以天下百姓的心为心。又云："常善救人，故无弃人；常善救物，故无弃物。"常善救人常善救物，是"胜物"，无弃人无弃物，是为"不伤"。以天下人自身本有的善，去救他自己，即用心若镜以照现天下人的真实美好，每一个人皆被看到皆被照现是"尽物"，没有人被遗忘，没有物被抛弃，是为"不伤"。陈寿昌云："应变万物而不伤本体。"仍依循郭注成疏，以存全至人自身说不伤，而未尽《应帝王》当有之生成天下的意涵。

第7章 凿破"现象自然"的浑沌而开显"境界自然"的理境

南海之帝为儵,北海之帝为忽,中央之帝为浑沌。儵与忽时相与遇于浑沌之地,浑沌待之甚善。儵与忽谋报浑沌之德,曰:"人皆有七窍以视听食息,此独无有,尝试凿之。"日凿一窍,七日而浑沌死。

成玄英疏云:"南海是显明之方,故以儵为有;北海是幽暗之城,故以忽为无。中央既非北非南,故以浑沌为非无非有者也。"此说实不如简文帝之所云:"儵忽取神速为名,浑沌以合和为貌。神速譬有为,合和譬无为。"以无为有为说浑沌与南北二帝的超越区分,远比以"非无、非有"之于"或无、或有",来得清晰贴切。

此言南海之帝与北海之帝,而以儵忽为名。吕惠卿云:"儵然而有,……忽然而无。"意谓帝位权力乃在倏忽之间,亟言其短暂,而难以长久。帝王家日理万机,而瞬息万变,权势名位亦有如过眼云烟,一去不回。中央之地,而以浑沌为名,意谓天地一体，而万象未分，帝力何有于我。南北二帝，在"儵而来者忽而逝"间，得当机立断，压力疲累缠身，他们在中央之地不期而遇，期盼浑沌未分可以给出休养生息的空间。

"浑沌待之甚善"，"善"在无心自然，故"待之甚善"，等同"无待"，二帝自己接待自己，而宾至如归。不必拜会，不做简报，没有谈判，也不结盟约，置身在心无何有，而身无所待的自在天地间，当真"体尽无穷，而游无朕"。二帝感怀浑沌无心所给出的余地闲情，而思有以报答。两人你看我，我看你，心意相通而得一共识，每一个人天生都有眼耳鼻口等七窍，用以视听食息，独浑沌未有，就好意地要为浑沌老兄开起窍来。每天开一窍，七天开七窍，七窍开成而浑沌死了。浑沌已不再浑沌，意谓天生本真的一体无别，就此在人间失落。

宣颖云："七日而浑沌死，庄子于此不胜大悲。"陈寿昌云："内七篇以南冥北冥起，以南海北海止。鲲鹏物也，化则相生；浑沌帝也，凿之乃死。"此言鲲鹏化则相生，大有问题。鲲化为鹏，寓意在生命乃由大而化的飞跃，而不是鲲鹏间相互转化。

再则，南海北海的帝业权位，因有心有为，而迫使自身困在短暂无常与疲累困顿间。浑沌看似无心无为，却被禁闭在原始洪荒的苍茫间。凿破浑沌可能是从现象自然往上升跃的一大契机，有如鲲化为鹏，随海运以怒飞，从北冥人间，而飞往南冥天池。此南冥说是天池，是终极的理想境，是为境界自然的理境开显。

上一诠表，内七篇堪称前后呼应，浑沌死了，乃由现象自然的北冥，经由主体生命的成长与飞跃，自我转化超离在儵忽的权势名位之上，无己无功无名地飞往南冥天池，此为境界自然之最高理境的开显。故浑沌之死，乃是开显境界自然的生命飞跃，又何须有庄子大悲的感怀？而当回归人人应物无心，都成了无冕王的终篇主题，而为内七篇画下完美的句点。

秋水第十七

【解题】

《庄子》三十三篇,除内七篇之外,尚有外十五篇与杂十一篇。《内篇》的各篇名即蕴藏且凸显全篇的精义要旨,外、杂篇则以篇首两字或三字为名。如《秋水》篇以"秋水时至"开篇,《天下》篇则以"天下之治方术者多矣"明义,皆以篇首两字名篇;亦有以篇首三字为名者,如《知北游》《庚桑楚》等即是。故外、杂篇从篇名分析不出藏在字里行间的奥义妙理。仅能在读透精熟之后,才能厘清其理路架构,再体会其深微旨趣。

《秋水》篇的理论体系,由两大主体构成,一是河伯与海若的七则对话,二是六则寓言的印证。前者是理论哲学,后者则是应用哲学,前者立论,后者实证。

王船山云:"此篇因《逍遥游》《齐物论》而衍之。盖物论之兴,始于小大之殊观,……而有贵贱之分,……因而有然否是非之异,……因而有终始之规,……因而有悦生恶死之情,……因而有精粗之别,……因而有意言之繁。"船山从"小大之殊观",与《逍遥游》之立生命之小大,与《齐物论》之破心知之小大,在价值取向上同归一路,故判定因《逍遥游》《齐物论》而衍之,不过推衍过甚,嫌其烦琐而已!

林云铭云:"是篇大意,自《内篇·齐物论》脱化出来。立解创辟,既踞绝顶山巅;运词变化,复擅天然神斧,此千古有数文字,开后人无数法门。"此言自《齐物论》脱化而出,较船山之说合理,因《逍遥游》立生命之小大,与《齐物论》《秋水》之破心知之小大,旨趣迥异,不可混同说解。

宣颖云:"假河伯海若问答,一层进似一层,如剥蕉心,不尽不止。"就因剥得太尽，少了含蓄深藏之妙。

方人杰云："读庄子《秋水》，真有潮海之势，浩浩荡荡，不见水端。……能以隽思逸笔，写深微之理；能以恒情俗态，作奇幻之文。其中位置天然，节奏妙合，从来文章之家，并未有此手笔。"此已将《秋水》推上前所未有的文学高峰。

刘凤苞云："《秋水》一篇，体大思精，文情恣肆。开端即借河伯海若一问一答，层层披剥，节节玲珑。"甚至，金翰林学士马定国留下这样的诗句："吾读漆园书，《秋水》一篇足，安用十万言，磊落载其腹。"似乎今古名家读庄品评，均未有《秋水》何以列为外篇的深层省思，竟将《秋水》篇视为庄子全书的代表作。

故读《秋水》篇，心中要有一个大问号，它既自《逍遥游》《齐物论》脱化而来，何以仍列为外篇？

第1章　河伯与海若的对话之一
——海若就大，河伯就小吗？

秋水时至，百川灌河，泾流之大，两涘渚崖之间，不辩牛马。于是焉河伯欣然自喜，以天下之美为尽在己。顺流而东行，至于北海，东面而视，不见水端，于是焉河伯始旋其面目，望洋向若而叹曰："野语有之曰：'闻道百，以为莫己若'者，我之谓也。且夫我尝闻少仲尼之闻，而轻伯夷之义者，始吾弗信；今我睹子之难穷也，吾非至子之门则殆矣，吾长见笑于大方之家。"北海若曰："井蛙不可以语于海者，拘于虚也；夏虫不可以语于冰者，笃于时也；曲士不可以语于道者，束于教也。今尔出于崖涘，观于大海，乃知尔丑，尔将可与语大理矣。天下之水，莫大于海，万川归之，不知何时止而不盈；尾闾泄之，不知何时已而不虚；春秋不变，水旱不知。此其过江河之流，不可为量数。而吾未尝以此自多者，自以比形于天地，而受气于阴阳，吾在天地之间，犹小石小木之在大山也，方存乎见少，又奚以自多！计四海之在天地之间也，不似礨空之在大泽乎？计中国之在海内，不似稊米之在大仓乎？号物之数谓之万，人处一焉；人卒九州，谷食之所生,舟车之所通,人处一焉;此其比万物也,不似豪末之在于马体乎?五帝之所连,三王之所争,仁人之所忧,任士之所劳,尽此矣。伯夷辞之以为名,仲尼语之以为博,此其自多也,不似尔向之自多于水乎?"

"秋水时至,百川灌河,泾流之大,两涘渚崖之间,不辩牛马",宣颖云:"水春生秋壮。"崔譔本"泾"作"径",云:"直度曰径。"直度等同河宽,而河宽之大,在两岸间,甚或水中沙洲与岸边之间,彼此相望,而分辨不出是牛还是马。此见秋水依时而至,百川灌入黄河的壮盛景况。"于是焉河伯欣然自喜,以天下之美为尽在己",王引之云:"焉同乎,语气词。"此时河老大自觉得意而喜形于色,以为天下的美尽在自家的身上。"顺流而东行,至于北海,东面而视,不见水端",顺流往东走,到了北海边上,向东看过去,看不到水的边际在哪里。"于是焉河伯始旋其面目,望洋向若而叹曰",就在这个时刻,河伯才改变他得意的神情。王先谦云:"望洋,仰视貌,叠韵连绵词。"王船山云:"海之神谓之若者,若有若无之谓。"此意谓仰视藏在没有尽头的海面之上的海神说:"野语有之曰:'闻道百,以为莫己若'者,我之谓也。"乡土鄙俗之言有此一说,闻道满百,就以为天下没有人可以跟我相提并论的,说的正是我。"且夫我尝闻少仲尼之闻,而轻伯夷之义者,始吾弗信;今我睹子之难穷也,吾非至子之门则殆矣,吾长见笑于大方之家","少"跟"轻"当动词用,以仲尼之博学多闻为少,以伯夷之让国义重为轻,甫听闻有这等人,我完全不能接受,现在我亲眼看见阁下的无边无际,使得我不得不信,我倘若没有来到先生的门前,那就大事不妙了,会自大而不自知,一定会被普天之下的体道之士所嘲笑。《老子》云:"大方无隅。""大方"指谓"道体",故大方之家是把道体现在自家身上的人,道大人亦大之意。

"北海若曰:'井蛙不可以语于海者,拘于虚也;夏虫不可以语于冰者,笃于时也;曲士不可以语于道者,束于教也。……'"王引之云:"蛙,本作鱼,后人改之也。"王念孙云:"虚与墟同,凡经传言丘墟者,皆谓故所居之地。"井鱼不知有大海的原因,就在为居处之地所局限;《尔雅·释诂》:"笃,固也。"夏虫不知有冬冰的原因,就在为存活的季节所困住;一曲之士不知有大道的原因,就在被自家的教义所束缚。"今尔出于崖涘,观于大海,乃知尔丑,尔将可与语大理矣",现在你从河岸水流中走出来,直接与大海照面,于是发现了过往自以为大的浅薄,有此体悟,将可跟你论说大道之理了。

"天下之水,莫大于海,万川归之,不知何时止而不盈;尾闾泄之,不知何时已而不虚;春秋不变,水旱不知。此其过江河之流,不可为量数",天下的水没有比海洋更大的了,万川皆汇归,不知何时止却不会盈满;尾闾泄出海水,不知何时停却不会流尽;不论春秋雨量有多有少,反正水位不变,也不管是否碰上水灾旱灾,也没有差别。大海容量超过江河的水流之大,那是无可计数的。此言大海不盈不虚,如《齐物论》所云:"注焉而不满,酌焉而不竭。"海若若有若无,超离在时间、空间与教义之上,此正是大道之理的所在。

"而吾未尝以此自多者,自以比形于天地,而受气于阴阳,吾在天地之间，犹小石小木之在大山也，方存乎见少，又奚以自多"，而我从未以数量之大自满的原因，就在自以为寄形于天地间，禀受阴阳之气，此身之立于天地，就像小石小木之在大山一般。"方"当"正"解，"存乎见"是存于心之所见，也就是自我评量的意思，意谓心里正自觉渺小，又凭什么可以自大自满？

"计四海之在天地之间也，不似礨空之在大泽乎？计中国之在海内，不似稊米之在大仓乎"，"计"当"估量"解，估量四海之在天地间的分量，不是像极石上孔穴之在大水泽一样细微吗？成玄英疏云："中国，九州也。"此中国可能指谓中原诸国，也就是所谓的天下，再估量天下之在四海之内，不是很像稊稗小米之在于大谷仓一样微不足道吗？

"号物之数谓之万，人处一焉；人卒九州，谷食之所生，舟车之所通，人处一焉；此其比万物也，不似豪末之在于马体乎"，物之存在号称"万之多"，而人的存在仅为万物之一。"卒"借为"萃"，当"聚集"解；另说，"卒"当"尽"解，二说相通，天下人聚集于九州，与天下人尽在九州，义同。此谓就谷粮所生与舟车所往的天下之大而言，人也仅能居处九州之一。这样不是如同秋毫之末之在于马体一样不成比例吗？

"五帝之所连，三王之所争，仁人之所忧，任士之所劳，尽此矣。伯夷辞之以为名，仲尼语之以为博，此其自多也，不似尔向之自多于水乎"，成玄英疏云："五帝连接而揖让。"王叔岷云："连疑为'禅'之误。"此谓人间天下，有五帝的接连禅让，有三王朝代的兴替，有仁人的忧天下，有豪杰志士的承担重任，凡此皆同马体之毫末般微不足道。伯夷辞让天下而得高义清名，仲尼论治天下而号称博学多闻，此孟子论之为"圣之清"与"圣之时"的圣贤自许，不就像你以前的自以为多吗？

这一大段，果真层层逼显人存在于天地间的微不足道，大大失落了老子"道大，天大，地大，人亦大"之人跟天地一体皆大，与《齐物论》之说"人籁之真"与"地籁之和"就是天籁彰显的存有大肯定，把人仅视为万物之一，而失去万物之灵的价值分位，以数量取代质量，将五帝、三王、仁人、任士的圣贤理想与使命担当，视同毫末，且质疑孔子之博学与伯夷之清名，如同河伯之自多，语出不敬，堪称千古所未有，此所以《秋水》远不如《齐物论》，而被列于《外篇》的关键所在。

第2章 河伯与海若的对话之二
——天地就大，毫末就小吗？

河伯曰："然则吾大天地而小豪末，可乎？"北海若曰："否。夫物，量无穷，时无止，分无常，终始无故。是故大知观于远近，故小而不寡，大而不多，知量无穷；证向今故，故遥而不闷，掇而不跂，知时无止；察乎盈虚，故得而不喜，失而不忧，知分之无常也；明乎坦涂，故生而不说，死而不祸，知终始之不可故也。计人之所知，不若其所不知；其生之时，不若未生之时；以其至小求穷其至大之域，是故迷乱而不能自得也。由此观之，又何以知豪末之足以定至细之倪！又何以知天地之足以穷至大之域！"

河伯听闻北海若之直以形体小大与数量多寡的小大之辨，此与《逍遥游》之以修养功夫作为生命底据的小大之辨，层次不同，《秋水》从实然的现象说，而《逍遥游》从生命的价值说。《老子》云："道法自然。"此言道的本身就是它自己存在的理由；"然"从自己来，是道体的形上性格，故"自然"指谓境界的自然，而不是现象的自然，就像"复归于婴儿"（《老子》二十八章），说的是天真的婴儿，而不是幼稚的婴儿一样。《秋水》却从现象的层次论小大，故河伯也从实然的观点，问道："既然如此，那我大天地而小毫末，可以吗？"

"北海若曰：'否。……'"海若给出一个"否"的论定。依据不在物象本身之客观存在的认知问题，而在主观认识的相对性与局限性，由是造成客观评量的不定性，海若由此说天地不一定就大，而毫末不一定就小。

"夫物"，说的是物的客观存在，"量无穷，时无止，分无常，终始无故"，是说从主体认知的立场变换与观点转移，会造成物存在之客观评量的复杂性与不稳定性。"量无穷"，不是指称客观存在之物的数量无穷，"时无止"也不是指称客观上时光的永不停留，"分无常"不是说存在物的本分无常，"终始无故"也不是叹惋物之存在的终始无固常，而是从主体的"观于远近""证向今故""察乎盈虚"与"明乎坦涂"而说的。

"是故大知观于远近，故小而不寡，大而不多，知量无穷"，此从主体的回应说，大知是大有智慧的人，以远近观物，在对象定着之下，从远处看则官觉印象是小，从近处看则官觉印象是大。此所以主体看是小的不一定是寡，看是大的也不一定是多。此言依据官觉印象的大小，所做出的多寡的评量论定，是靠不住的。如同"山近月远觉月小，便道此山大于月，若人有眼大如天，还见山小月更阔"，由近处看山觉山大，从远处观月觉月小，故官觉印象的大，不一定是客观存在的大；官觉印象的小，也不一定是客观存在的小。"知量无穷"，"知"是由是可知，"量无穷"说的不是物象数量的无穷,而是观点的不断转换,对物象的评量论定可以有无穷尽的可能空间。此从主观认识的相对性,说客观评量的不定性。

"证向今故,故遥而不闷,掇而不跂,知时无止",郭象注云:"向,明也。今故,犹古今。"此主语省略,仍为"大知","证向今故",是以古今的不同时间点来检验或证成,而在时间长流的无穷变换间,对物之存在的价值评量也是定不住的。"遥而不闷,掇而不跂","掇"当"拾取"解,"跂"是跂望。宣颖云:"不以远不可致而闷,不以近可掇取而跂。"王先谦云:"望古虽远,我自无闷,不必与古为徒也;近可掇取,我亦不跂而求之。"时间总在流转来去,过往年代再久远也无所眷恋,未来的岁月虽切近也无所跂望。"知时无止",由是而有一论断,"时无止"不是指谓时间无止无尽,而是说以古验今的时间点是定不住的,对物的价值评量也就充满了不定性。

"察乎盈虚,故得而不喜,失而不忧,知分之无常也","盈虚"指谓阴阳之气的盈虚消长,如月满月缺、潮起潮落。人活在天地气化的盈虚消长间,此之谓气运。"得"固是偶然,"失"也是偶然,得失落在际遇不定中。故得到了名利权势,没有什么好欣喜得意的,失去了也没有什么好忧伤失意的,得失被气运牵动,有幸有不幸。"知分之无常",就由此论定,人活一生的分量是没有定常的。此所谓"分",既非孟子从人人皆有仁义礼智之性说的"分定",也不是庄子所说的"周与蝶则必有分"的本分。二者所说的"分",都是天道内在于人的人性本善与天生本真,此乃人人皆有的分定有常。而《秋水》所说的"分",指谓的不是德性的分定有常，而是福报的不定无常。此从气之盈虚消长的流转不定，说人活一生的分量也是定不住的。

"明乎坦涂，故生而不说，死而不祸，知终始之不可故也"，林希逸云："明乎坦途者，犹曰识乎正道也。""坦涂"依字面解，是平坦的道途，而道途的平坦不就现象自然说，而就主体生命说，无掉死生的执着与分别，心归于虚静明照，让生死回归气之聚散，此从心无挂碍、放下平平说坦途，也就是可以坦然面对之意。《养生主》有云："适来，夫子时也；适去，夫子顺也。安时而处顺，哀乐不能入也。"来去说的是生死，来时可能偶然，去时总是必然，故仅能面对不知何时来的偶然，又顺应不知何时去的必然，而不让哀乐之情闯入心中，以免干扰了生命的平静。此即"生而不说，死而不祸"，"说"即"悦"，"生"是福之最大，"死"是祸之最大，"得"之最大是"生"，"失"之最大是"死"，得失仅是一时，尚且要不喜无忧，何况生死不可逆转，更要不喜无祸，勘破生死大关，扫尽满天阴霾，人生路上再无忐忑坎坷，眼前尽是朗朗乾坤，这就是从心境说的"明乎坦涂"。"知终始之不可故也"，"终始"就是死生，"故"当"固"解，由上可知，在气聚气散间，生死是无可固常的。

这一段说大知观于远近，验以古今，察乎盈虚，明以终始，旨在打破大小、古今、得失、死生的执着分别，无小无大，无古无今，无得无失，无死无生，故由大小带出来的多寡评量，由古今带出来的闷跂心思，由得失引发的忧喜心结，由死生引发的悦祸压力，也就可以一一解消了。此从心的虚静明照说"大知"。

"计人之所知，不若其所不知；其生之时，不若未生之时"，郭象注云："所知各有限也，生时各有年也。"此注未尽《秋水》本有之义。上下两句当统合求解，上半句是论定，下半句是论据。"计"是计量，计量人之所知远不如所不知的多，理由在人来到人世的时间远不如人未到人世的时间久。此"不若"的判定，完全取决于数量，而与质量无关。所知有道心之知与成心之知的超越区分，而未生之时，在生命的感应与体悟之外，等同不可知，又怎能与此生百年做出比较论列？

"以其至小求穷其至大之域，是故迷乱而不能自得也"，以人之所知与所生之时的至小，期求穷尽所不知与未生之时的至大界域，不仅是数量上不成比例的不可能，且会带来心知迷乱与生命不得安顿的后遗症。成玄英疏云："以有限之小智，求无穷之大境，而无穷之境未周，有限之智已丧，是故终身迷乱，返本无由，丧己企物而不自得也。"此说精到，只是将"至小"解为"智"也，"至大"解为"境"也，已非原典纯为数量对比的本有意涵。

此一析论，看似为《养生主》之"吾生也有涯，而知也无涯。以有涯随无涯，殆已"的翻版，"吾生也有涯"是"其生之时"，相对于"其未生之时"，是极其有限的；"知也无涯"是"其所不知"，相对于"其所知"，是近乎无限之大的；"以有涯随无涯"，如同"以其至小求穷其至大之域"，而"殆已"就是"迷乱而不能自得"了。两相对照，若合符节，实则义理上大有落差。因为"知也无涯"的"知"，不是客观的认知，而是心知的执着，且"以有涯随无涯，殆已"，重点不在事实上的不可能穷尽，而在价值上的不值得追寻。

"由此观之，又何以知豪末之足以定至细之倪！又何以知天地之足以穷至大之域"，"何以知"，是"以何知"，凭借什么可以知毫末足以定住至细的界限端倪，而天地可以穷尽至大的界定范域呢？从正面说是，毫末定不住至细的端倪，天地也尽不了至大的界域。

《齐物论》有云："其分也，成也；其成也，毁也。"分别心对心知而言是"成"，对生命而言是"毁"，由成了心知而毁了生命，来破解心知的执着。而《秋水》却直接破解心知的执着，因为范围既定不住，是非标准就成不了，不是带来生命之毁的考量，而在心知之"其分也，成也"的本身，根本就成不了。因为"分"落在"量无穷，时无止，分无常，终始无故"的境遇中，即使心知执着，也是在主观认知的相对性与局限性之下，成不了。此打破了河伯自喜，与伯夷、仲尼自多的论据，"大"既成不了，还有"自多"的余地吗？

第3章 河伯与海若的对话之三
——至精就无形，至大就不可围吗？

河伯曰："世之议者皆曰：'至精无形，至大不可围。'是信情乎？"北海若曰："夫自细视大者不尽，自大视细者不明。夫精，小之微也；垺，大之殷也；故异便，此势之有也。夫精粗者，期于有形者也；无形者，数之所不能分也；不可围者，数之所不能穷也。可以言论者，物之粗也；可以意致者，物之精也；言之所不能论，意之所不能察致者，不期精粗焉。是故大人之行，不出乎害人，不多仁恩；动不为利，不贱门隶；货财弗争，不多辞让；事焉不借人，不多食乎力，不贱贪污；行殊乎俗，不多辟异；为在从众，不贱佞谄；世之爵禄不足以为劝，戮耻不足以为辱；知是非之不可为分，细大之不可为倪。闻曰：'道人不闻，至德不得，大人无己。'约，分之至也。"

"世之议者"，是当世好发议论的人，指谓名家者流。"皆曰"是皆如是说，一是"至精无形"，一是"至大不可围"，河伯提问："是信情乎？"此二说可以成立吗？实情果真如此吗？

"至精无形"，意谓最精微的存在是没有形状的；"至大不可围"，意谓最广大的存在是没有范围的。依道家义理而言，"精"指谓"德"，"粗"指谓"物"，精象的"德"是道内在于人的天生本真，说是无形，在义理上是可以成立的。"至大"指谓"强为之名曰大"的"道"，道是终极的存在，超越在时空之上，说"不可围"，亦可成立。然"世之议者"并非道家者流，故北海若的回答，是以名理破名理，将至细至大当作视觉的对象来进行思考，而以官能的限制来检视两说成立否。

此从主体视角的定限来看，而不再是从观点的转移而言。"自细视大者不尽"，"细"指称主体的视角，"大"说的是客观的对象，"不尽"则是官觉的印象；反之，"自大视细者不明"亦然，"大"指称主体的视角，"细"说的是客观的对象，"不明"则是官觉的印象。"从小看大"是"看不尽"，"从大看小"是"看不明"，就从"看不尽"的主观错觉，而误判它是"不可围"，从"看不明"的主观错觉，而误判它是"无形"。

实则，"夫精，小之微也"，至精是极小，问题是，再小也是小，小亦有形，怎能说是无形？"垺，大之殷也"，"殷"当"盛"解，至大是极大，问题是，再大也是大，是有形之大，怎能说是"不可围"？"故异便，此势之有也"，郭象注云："大小异，所便不得同。"不知指的是至精至大的大小，还是自大视小与自小视大的大小？又云："若无形而不可围，则无此异便之势也。"据此而言，指的不是至精至大的大小，而是自小视大与自大视小的视角大小，所谓异便就表现在自大视小的不明与自小视大的不尽上。而此异便的效应，乃自然本有之物势。宣颖云：

"一觉不可围，是小者以大为不便，而自便其小；一觉无形，是大者以小为不便，而自便其大也。"此为小大之间相对的心理反应，与"势之有"不相干。"故异便"，不论是自大视小，或自小视大，皆是迁就一时的方便，而有不明与不尽之不同的感官印象，此为物势之本有。如《老子》云："躁胜寒，静胜热。"躁动可以克服"寒冷"，清静可以缓解"暑热"，这就是自然物势的异便。

"夫精粗者，期于有形者也"，举凡物之存在，说精说粗，皆限于有形而言。"无形者，数之所不能分也；不可围者，数之所不能穷也"，此为形式界定，"无形"是不可能量化处理（用数量来表现），也就是数量不可能再细分，"不可围"，是数量所不能穷尽。问题在，至精再小，至大再大，皆属有形，有形即数之所能分，也是数之所能尽。由是而言"至精无形，至大不可围"之说，是不能成立的。这就是以名理破名理，而不是《齐物论》之以玄理破名理。

"可以言论者，物之粗也；可以意致者，物之精也"，"物之粗"指称物之外表形象，"物之精"指称物之精神内涵，"可以言论者"，是可以用言语来描述形容，"可以意致者"，是可以用心意来感应体会。"言之所不能论，意之所不能察致者"，马叙伦云："察，羨文。"是多出来的赘文。言论之所不能说解，心意之所不能体会的，不在有形精粗之列，而当属物形之上的道体，只有道体是无形又不可围的。此郭象注云："唯无而已，何精粗之有哉！"成玄英疏云："无形不可围者，道也。"两家堪称独具慧眼。

"是故大人之行，不出乎害人，不多仁恩"，此下一整段马叙伦以为当删，与上下文不相涉。若说上下文语气不相类，文字风格大有不同，则可；若说不相涉，则不可。此百一十字，正以诡词为用，破解语言说道的执着定限。"言之所不能论，意之所不能察致者，不期精粗焉"，既不能期求在物的有形精粗之中，则仅能超越在物形精粗之上。形上道体不可说，既无形又不可围，人不能从耳目官觉去感知，仅能化解心知的执着定限，通过修养功夫，去体现道体的无限性。此即所谓的"大人之行"。"大人之行"就是"体道之行"，《老子》云："古之善为士者。"又云："古之善为道者。""善为士"者在"善为道"，这是"士志于道"的道家版。"志"是心之所往的方向贞定，儒家本在仁心自觉，而道家的"善"在无心自然。故"大人之行"，要超离在心知执着的价值二分之上。"不出乎害人"与"不多仁恩"共成一组而上下对显，"不害人"是心中有仁，而"不多仁恩"是不仁，超离在仁恩之上，在正反辩证之上的"合"，就是大仁。"动不为利"与"不贱门隶"共成一组而上下对显，虽是不为利所动，却也不以守门仆役为贱。"货财弗争"与"不多辞让"共成一组而上下对显，不争货财，也不以辞让为德。"事焉不借人，不多食乎力"与"不贱贪污"共成一组而上下对显，"焉"犹"则"，任事则不借力于他人，不以自食其力为高，同时也不以贪污为贱。"行殊乎俗，不多辟异"与"为在从众，不贱佞谄"共成一组而上下对显，行为迥异于世俗，而不以自身之僻异为高，行为随从世俗，而不以依附讨好为可耻。"世之爵禄不足以为劝"与"戮耻不足以为辱"共成一组而上下对显，世间爵位利禄不足以劝勉，而刑戮耻辱也不足以构成羞辱。

　　由是而观，大人之行，超离在害与爱、利与贱、争与让、廉与贪、辟异与佞谄、劝勉与羞辱的价值二分之上，也就是船山所谓的"仁而非仁""义而非义""让而非让""廉而非廉"之意，顺此思考还可以加上"异而非异"与"荣而非荣"两句。故下文云："知是非之不可为分，细大之不可为倪。"此破解是非与小大的执着分别。"是非"没有一个可以评估而成为分判的标准，"小大"也没有一个可以衡量而成为定论的尺度。

　　"闻曰"，是听闻说，成玄英疏云："寓诸他人，故称闻曰。"想必是体道之士留下来的生命证言。"道人不闻，至德不得，大人无己"，不闻、不得、无己是化解的作用，道人、至德、大人则是作用的结果，道人超离人间的名闻，至德放下天下的事功，大人解消自我的执着，加上一个"不"或"无"，就是修养的功夫。此与《大宗师》所说之"外天下""外物""外生"的功夫序列，一一相应，也如同《逍遥游》所说的"至人无己，神人无功，圣人无名"，只是上下理序颠倒而已！

　　最后，总结地说："约，分之至也。"成玄英疏云："约，依也；分，限也。夫大人利物，抑乃多涂，要功而言，莫先依分。"此"依分"说，不如郭象注所云："约之以至其分，故冥也。夫唯极乎无形而不可围者为然。"较能保有"约"之功夫义。"约"乃"为道日损"的"损"，心知"损之又损"的功夫，可以开显生命"玄之又玄"的境界。此即《老子》所谓之"物或损之而益"，"损"的是心知，"益"的是生命。宣颖云："收敛分定到极处也。"又云："分乃所性分定的分字，约即朱子所云自戒惧而约之的约字。"此先后引孟子与朱子的话语做比较说明，还不如引《齐物论》所说的"周与胡蝶，则必有分矣"，"分"指谓"生命本身"，"分之至"即生命本身之天真精纯的极致朗现。陈寿昌云："约分，将其真性中之分量，敛之又敛，以至无所谓闻，无所谓得，并无所谓己。俾天下若大若小之类，皆无可举似，即所谓不期精粗也。而道之超乎形色者见矣。"此解"分"为"真性中之分量"，是十分精确的，唯"敛之又敛"的功夫，所对治的可不是"真性中之分量"，而是心知执着与人为造作的名闻、事功与我执，故当是真性的分量，在敛之又敛的功夫中朗现豁显，不闻、不得与无己，即凸显此义。而最大的洞见在"而道之超乎形色者见矣"，此可以回应"言之所不能论，意之所不能致"的"不期精粗"，唯在无形与不可围的形上道体，故以"大人之行"的修养功夫，走向体现道体的超越之路。

第4章　河伯与海若的对话之四
——贵贱小大在何处透显端倪？

　　河伯曰:"若物之外，若物之内，恶至而倪贵贱？恶至而倪小大？"北海若曰:"以道观之，物无贵贱；以物观之，自贵而相贱；以俗观之，贵贱不在己。以差观之，因其所大而大之，则万物莫不大；因其所小而小之，则万物莫不小；知天地之为稊米也，知豪末之为丘山也，则差数睹矣。以功观之，因其所有而有之，则万物莫不有；因其所无而无之，则万物莫不无；知东西之相反而不可以相无，则功分定矣。以趣观之，因其所然而然之，则万物莫不然；因其所非而非之，则万物莫不非；知尧桀之自然而相非，则趣操睹矣。昔者尧舜让而帝，之哙让而绝；汤武争而王，白公争而灭。由此观之，争让之礼，尧桀之行，贵贱有时，未可以为常也。梁丽可以冲城，而不可以窒穴，言殊器也；骐骥骅骝，一日而驰千里，捕鼠不如狸狌，言殊技也；鸱鸺夜撮蚤，察豪末，昼出瞋目而不见丘山，言殊性也。故曰，盖师是而无非，师治而无乱乎？是未明天地之理，万物之情者也。是犹师天而无地，师阴而无阳，其不可行明矣。然且语而不舍，非愚则诬也。帝王殊禅，三代殊继。差其时，逆其俗者，谓之篡夫；当其时，顺其俗者，谓之义之徒。默默乎河伯！女恶知贵贱之门，小大之家！"

第四则对话，河伯开启了话头："若物之外，若物之内。"即不论物之外与物之内，从上文来看，"物之外"即物之粗，指谓言语可论的表象，"物之内"即物之精，指谓心意可以体会的内涵。道妙既不能落在"物之精粗"来诠释理解，唯有以"大人之行"之超离人间相对的价值二分，以正反之辩证，来开显"合"之形上理境。又怎么还会有小大贵贱的执着分别呢？既言之不可论，意之不可致，又怎么能透显大小贵贱的端倪呢？陈寿昌云："果不期精粗，则离形以观物，又从何处区别其贵贱大小乎？"此解"恶至"为从何而至，"倪"为"区别"之义。

北海若答道：观物之道，可有三个不同的层次，一是以道观之，二是以物观之，三是以俗观之。"以道观之，物无贵贱"，以无执着无分别的道心来观照万物，万物皆回归自身而无贵贱的分别。"以物观之，自贵而相贱"，以物之执着自我为价值标准的观点来看万物，万物皆高贵自身而以他人为低贱。"以俗观之，贵贱不在己"，以世俗流行的观点来看万物，贵贱皆由外在且浮动的价值标准来判定，而失落了自身天生本真的高贵。

再就"以俗观之"来看，又可细分为三：一是以差观之，二是以功观之，三是以趣操观之。"以差观之"有"小大之分"，"以功观之"有"有无之分"，"以趣操观之"有"然否之分"。此人间的价值二分，皆心知执着而有，本质上是相对而立，相因而成，互以对方为原因而成立。人间的纷扰就在老把本属相对的对，推上绝对的位置，而自以为是唯一的对。"以差观之，因其所大而大之，则万物莫不大；因其所小而小之，则万物莫不小"，"因"当"顺任"解，顺任万物所执着的小大之分，而给出是"小"或"大"的判定，那么要说"大"，万物没有不是"大"的，要说"小"，万物也没有不是"小"的。"知天地之为稊米也，知豪末之为丘山也"，由是可知，天地可以像稊米般小，而秋毫之末也可以像丘山般大。此与《齐物论》所说"天下莫大于秋毫之末，而太山为小"，意涵等同，毫末可以是大，泰山也可以是小。"则差数睹矣"，王先谦本"睹"作"等"，打破差别的意涵似更显豁，实则反与上下文的语气不相应。意谓大小的差数能有多少区别也就可以想见了。

"以功观之，因其所有而有之，则万物莫不有；因其所无而无之，则万物莫不无"，再以功能分量来看，顺任万物所认取的"有无之分"，而给出或"有"或"无"的判定，那么要说"有"，万物没有不是"有"的，要说"无"，万物也没有不是"无"的。"知东西之相反而不可以相无"，由是可知，东西从相对而立来看似两相对反，然从相因而成来看，却不可以相无，因为少了对方，自身的存在也挺立不住。"则功分定矣"，物的功能分量就在相反而不可相无中确定。

"以趣观之，因其所然而然之，则万物莫不然；因其所非而非之，则万物莫不非"，再以志趣操持来看，顺任万物所执定的然非之分，而给出或"然"或"非"的判别，那么要说"然"，万物没有不是"然"的，要说"非"，万物也没有不是"非"的。

"知尧桀之自然而相非","自然"是"然自己",由是可知,尧桀皆自以为是,而互以对方为非。"则趣操睹矣",人间所说的志趣操持能有多少意义,也就可以想见了。

以差观之,破大小的执着分别,以功观之,破有无的执着分别,以趣观之,破然非的执着分别,不论大小的差数,有无的分量与然否的操持,堪称白忙一场。此与《齐物论》之"可乎可,不可乎不可"与"然于然,不然于不然"的论述近似,唯《齐物论》终究回归"物固有所然,物固有所可"的存在真实,与"无物不然,无物不可"的同体肯定。《秋水》却仅能"破",而无所"立"。就"尧桀之自然而相非"而言,亦与《大宗师》之"与其誉尧而非桀也,不如两忘而化其道"的论调近似。唯《大宗师》旨在批判世俗人间以尧为善而以桀为恶的价值二分,会带来"何以堕为桀,只为了想当尧"的负面效应,所以不如两忘,化掉尧桀善恶的执着分别,而在道中相互放下,各自回归生命本身的自在美好,此之谓"相忘于道术"。《秋水》仅破解自是而相非,而未有"化其道"的"道通为一"。此即《秋水》何以列入《外篇》的原因所在。

"昔者尧舜让而帝,之哙让而绝;汤武争而王,白公争而灭",从前唐尧虞舜禅让而称帝,燕王哙让位给燕相子之而身死国亡;商汤周武革命而王天下,楚平王孙胜封于白邑,起兵反而为叶公子高所灭。"由此观之,争让之礼,尧桀之行,贵贱有时,未可以为常也",成玄英疏云:"争让,文武也,尧桀,是非也。"此解不尽相应,看上下文,意谓王位传承的抗争与礼让,圣王尧让位的美德与暴君桀被流放的恶行之间,结局贵贱不同,完全取决于时代气运的流转变化，此中并无定常的律则可说。

除了引据史实之外，此下再以殊器、殊技、殊性论证。"梁丽可以冲城，而不可以窒穴，言殊器也"，成玄英疏云："梁，屋梁也；丽，屋栋也。冲，击也；窒，塞也。"栋梁大木可用来冲开城门，却因材大而不能用来堵塞洞穴，此说的是不同的器用。"骐骥骅骝，一日而驰千里，捕鼠不如狸狌，言殊技也"，成玄英疏云："骐骥骅骝，并古之良马也。捕，捉也；狸狌，野猫也。"此世上良马，一日可以驰骋千里之远，捕捉鼠类却不如野猫或黄鼠狼，此说的是不同的本能。"鸱鸺夜撮蚤，察豪末，昼出瞋目而不见丘山，言殊性也"，王引之云："鸺字，涉《释文》内鸱鸺鶹而衍。"《淮南子·主术》亦云："鸱夜撮蚤。"鸱是猫头鹰，夜晚可以捉跳蚤，眼力明察秋毫，白天出来，却睁大眼睛也看不到丘山的存在，此说的是不同的生性。

"故曰，盖师是而无非，师治而无乱乎？是未明天地之理，万物之情者也。是犹师天而无地，师阴而无阳，其不可行明矣"，"盖"当"盍"，"何不"之意。"故曰"是世俗恒持此一观点，何不仅师法人间的"是"，而不要落入人间的"非"，仅师法天下的"治"，而避开天下的"乱"呢？此一说辞，根本是不明天地生物的理则与万物存在的真实。"是犹"当"如同"解，如同仅师法"天"的无不遮覆，而不要"地"的无不乘载；仅保存"阴"柔的作用，而不要"阳"刚的功能一样。"其不可行明矣"，有天而无地，有阴而无阳，是不可能生成，也不可能存全万物的。这一背离生成原理的不可行，是十分明确的。

问题在，上下两命题的表述，是以"是犹"加以类比，而性质却彼此迥异，故此说是不能成立的。因为天地阴阳乃自然造化的生成之理，而是非治乱却属人间天下的心知二分，此相对而立、相因而成的价值二分，是可以解消执着造作，而归于皆是而无非、皆治而无乱的体道化境。《秋水》未加检别，而以"是犹"贯串，将堕为价值相对主义的困境。

　　"然且语而不舍，非愚则诬也"，"然"承上文，"且"开下文，既知不可行，还说个不停，不是愚昧无知，就是欺世妄言。宣颖云："愚者不知，诬则知而妄言。"此《韩非子·显学》云："无参验而必之者，愚也；弗能必而据之者，诬也。"更精确地界定了二者的意涵。"帝王殊禅，三代殊继。差其时，逆其俗者，谓之篡夫；当其时，顺其俗者，谓之义之徒"，五帝的禅让与三代的继位，各有不同，不切合时代的脉动，而与世俗民情不相应，就被判为篡位夺权；反之，能切合时代的脉动，且与世俗民情相应，就被尊为仁心义士，故人间贵贱的价值论断，不过是时运机遇的产物罢了。

　　最后做一总结："默默乎河伯！女恶知贵贱之门，小大之家！"宣颖云："贵贱之门，从无贵贱开也；小大之家，从无小大成也。双收贵贱小大。"意谓本无贵贱小大，多言反增困扰，不如一体放下吧！海若告诫河伯，最好少发议论，你怎么知道"贵贱"从何而来，"小大"又终归何处呢？回归道体，不就一体无别了吗？

第5章　河伯与海若的对话之五
——人间行走有什么值得为，什么不值得为？

河伯曰："然则我何为乎，何不为乎？吾辞受趣舍，吾终奈何？"北海若曰："以道观之，何贵何贱，是谓反衍；无拘而志，与道大蹇。何少何多，是谓谢施；无一而行，与道参差。严乎若国之有君，其无私德；繇繇乎若祭之有社，其无私福；汎汎乎其若四方之无穷，其无所畛域。兼怀万物，其孰承翼？是谓无方。万物一齐，孰短孰长？道无终始，物有死生，不恃其成；一虚一满，不位乎其形。年不可举，时不可止；消息盈虚，终则有始。是所以语大义之方，论万物之理也。物之生也，若骤若驰，无动而不变，无时而不移。何为乎，何不为乎？夫固将自化。"

海若破解了贵贱小大的分别，河伯心中浮现的困惑在——"然则"，"然"承上，"则"启下——既无贵贱小大，那么人间行走，"我何为乎，何不为乎"，有什么值得我去做，又有什么不值得我去做的？"吾辞受趣舍，吾终奈何"，没有了价值标准，人生的为与不为之间，顿失依据，是推辞还是接受，是趋前还是舍离，我怎么能做出决定呢？"

北海若回答说，"以道观之，何贵何贱，是谓反衍"，以道来看人生百态，又有什么贵贱的分别呢？"反衍"，各家说解不一，又不切其意。"衍"，即《齐物论》所谓的"曼衍"，贵和贱在相反中曼衍，此为现象的描述，既以道观之，则意谓在贵贱的曼衍中回归道。此在义理诠释上可与"何贵何贱"贯串。郭象注云："贵贱之道，反覆相寻。"成玄英疏云："反衍，犹反覆也。"两家解仅得"衍"之"反覆"义，而失其"反"之"回归"义，"以道观之"之义反而落空。

"无拘而志，与道大蹇。何少何多，是谓谢施"，"而"当"尔"解，成玄英疏云："而，汝也。"不要拘束你的心志。林希逸云："蹇，违碍也。"自身背离大道而滞碍了人间，"何少何多"，以道观之，又有什么多少的执着分别呢？"谢施"，成玄英疏云："谢，代也；施，用也。……施用代谢，无常定也。"此在字面上求解，仅说施用代谢，故外加一句"无常定"，以尽其意。实则，"代谢"已含有超离之意，意谓在多少的施用中，超离人间世俗的价值二分，而回归道体的一体无别。"无一而行，与道参差"，"无"当"毋"解，成玄英疏云："若执一而行，则与理不冥者也。"意谓不要执着多少贵贱的一偏而行，而与大道参差有隔，偏离在道之外。下文即在道的一体无别之下，连言无私德、无私福、无畛域、无方所。

"严乎若国之有君，其无私德"，一国有君做主，"严"指谓人间理序的客观庄严，故云无私德。"繇繇乎若祭之有社，其无私福"，陈寿昌云："繇繇，即悠悠也。""社"指谓土神，此泛指神社,在神社祭拜,而福报有神做主,故显现悠然自得的神情,是谓无私福。"汎汎乎其若四方之无穷,其无所畛域","汎汎",成玄英疏云:"普遍之貌。"王先谦云:"如水之无畔岸。"陈寿昌云:"流通之意。"综合各家之说,此谓道无所不在,若往四方延伸则无有限界,故云无所畛域。"兼怀万物,其孰承翼",同时包容万物,又有谁独能承受翼助?"无方",一如《老子》所说的"大方无隅"与"大道泛兮,其可左右",大道遍在人间的每一角落,本来就没有局限在特定的方所,问谁独承翼助,意在言外地点出道的德泽广被万物,故谓无方。

"万物一齐,孰短孰长",万物齐于一,"一"就是"道","齐于一"就是"以道观之",在道心的观照之下,万物归于平齐,此平齐不在"物形"说,而在天真本德说,人人皆天真,物物皆自在。道心无执着分别,解消了短长的分异。"道无终始,物有死生,不恃其成",道超越在时空之上,无始亦无终,而万物却属有限的存在,在时间的流转变化中,有生必有死。"不恃其成",宣颖云:"有生死,则物之成不足恃。"意谓人生路上偶有所成,也不足恃。"一虚一满,不位乎其形","位"当动词用,当"定位"解。在气化的盈虚消长间,人的存在分位是定不住的。"年不可举,时不可止",陈寿昌云:"已往之年莫再,故不可拾而举。"过往的年岁不会再来,时间从不停下它前进的脚步。"消息盈虚,终则有始","有"当"又"解,在阴阳之气的盈虚消长间,生命看似终结,实则又从头再起。

"是所以语大义之方,论万物之理也","大"指谓"道","是"意谓有此体悟理解,可以用来论说"大义之方"与"万物之理","大义之方"说的是"道"作为万物的价值源头,"万物之理"说的是"道"作为万物的存在之理。问题在,"物之生也,若骤若驰,无动而不变,无时而不移",万物的存在有如在急骤的奔驰中,"无动而不变",说的是空间的变化;"无时而不移",说的是时间的迁移。有如"量无穷,时无止",以远近观的空间点是定不住的,以古今验的时间点也是定不住的,而以盈虚察的气运机遇是在流转变动中,故得与不得皆属偶然,故又云:"分无常。"人生一时的"成",也就不足恃了。

最后以"何为乎,何不为乎"做出感叹式的总结,人生的一切尽在不定无常中,为与不为有何区别,又有何意义。此为生命逼出一条出路,那就是跳开"为"与"不为"的价值二分,人人回归生命自身的真实美好,此之谓"夫固将自化"。"固"当"本来"解,《老子》云:"我无为而民自化。"也就是圣人无为,让百姓回归自生自化的无不为。"自化"就是从存在的条件串系中超离出来,而走向自在自得之路。《逍遥游》有云:"彼且恶乎待哉?""恶乎待"是"何乎待",问的是那自家的生命还有什么好等待的,意即"无待",而"无待"就是"自化"最贴切的诠表。

第6章　河伯与海若的对话之六
——既固将自化，道又有什么好可贵的呢？

河伯曰："然则何贵于道邪？"北海若曰："知道者，必达于理，达于理者，必明于权，明于权者，不以物害己。至德者，火弗能热，水弗能溺，寒暑弗能害，禽兽弗能贼。非谓其薄之也，言察乎安危，宁于祸福，谨于去就，莫之能害也。故曰，天在内，人在外，德在乎天。知天人之行，本乎天，位乎得；蹢躅而屈伸，反要而语极。"

河伯听闻物在气化不定中，唯有"固将自化"，立即质疑说，人人自化，那又何贵于道呢？此暴露河伯犹未悟道，因为只有在道心的观照之下，"自化"才成为可能，怎么会问出"何贵于道"的笨问题呢？

北海若答道，"知道者，必达于理"，"知"是"体悟"，体悟天道的人，必通达于万物的存在之理。此存在之理，显发在天生本真的"德"。"达于理者，必明于权"，"权"是通权达变的应世智慧，"明"是心灵虚静的观照作用。"明"承上，也启下，承上在照现天生本真的"德",启下在显发通权达变的智慧。"明于权者,不以物害己","明"在"虚而待物"(《人间世》),不执着物,就可免于物累,所以说没有物可以伤害自身。

"至德者,火弗能热,水弗能溺,寒暑弗能害,禽兽弗能贼",知道达理又明照权通的人,称之为"至德者"。对人世间名利权势的尘垢污染,已具免疫力,就以火不能灼热他的心,水不能陷溺他的身来做比喻,如《人间世》所说"朝受命而夕饮冰,我其内热与",心里像火烧般的灼热,即受到"朝受命"的压力与伤害,故以"夕饮冰"来冷却缓解。此名利权势如水火与寒暑的两极多变,而"禽兽"则意谓非理性的情绪反应,生命有如"兽死不择音"般变调走音。至德者解消心知执着的"名",就可以避开人为造作的"刑"。

"非谓其薄之也,言察乎安危,宁于祸福,谨于去就,莫之能害也","薄",林希逸当"迫"解,成玄英当"轻"解,因为看轻,所以迫切,故二说相通,意谓并不是人因看轻而迫近,"言察乎安危",而是说要明察安危。"察"当扣紧"明"而言,因虚静明照,则不会被祸福所绊住。"宁于祸福",郭象注云:"安乎命之所遇。"而成玄英疏云:"体穷通之有命,达祸福之无门。"命之所遇有困穷有通达,穷为祸,达为福,此为人间际遇的气运之命,故从"有命"说"无门",人无可奈何,故仅能随遇而安。"谨于去就","明"重在解消心知的执着,"谨"重在化掉人为的造作,郭象注云:"审去就之非己。"成玄英疏云:"谨去就之无定。""去就"是"进退",因为"非己"所以"无定",非己力所能操控扭转,故世事难料,仅能敬"谨"以对,此"去就"牵动"祸福"跟"安危",而去就之间的抉择,根本在明于权。明于权则不以物害己,故谓宁于祸福。此郭注成疏过于消极,祸福非己而无定,那说"谨"就失去意义,而"宁"也只是无可奈何的认命而已。"明"之本在"虚",心无执着无分别,可以灵活运转,通权以达变,"谨"在"因",顺任世变而转,而"宁"在超离人间祸福之上,就从"莫之能害也"说"宁","莫之能害"是"莫能害之",没有什么可以伤害他。由是而言,"察"是无心,"察乎安危"是心无安危;"宁"是无知,"宁乎祸福"是心无祸福;"谨"是无为,"谨于去就"是心无去就。无心无知无为,就是"无所",指谓心无执着,生命就没有弱点,没有可以被打败的地方。所以人间的名利权势,都不会成为他的压力与伤痛。

"故曰,天在内,人在外","天在内"指谓天内在于人的本德天真,"人在外"指称人物的天真投入复杂的人间。"德在乎天",说的是"天在内"的本德。"知天人之行,本乎天,位乎得",此"天在内,人在外"的统合,是为天人之行,从"天在内"的天真本德说"本乎天",从"人在外"的人间定位说"位乎得",而"本乎天"是存有论的自在,"位乎得"是功夫论的自得。既本乎天真,又位乎自得,此之谓"知天人之行"。

最后以"蹢躅而屈伸,反要而语极"做一总结,陈寿昌云:"蹢躅者,若却若前,屈伸者,或隐或见。"至德之人,心无安危,不知祸福,去就顺任于明权达理之下,生命样态在若有还无之间,好像向后退却,又好像往前推进;应世态度在若隐若现之间,好像隐退,又好像显现。"反要"是回归道之要,"语极"是论道之极。"反要"要"位乎得","位"是人间的自我定位,而定位在生命的自得;"语极"要"本乎天","语极"看似论道,实则说的是体道之行。"反要"在"复命","语极"在"归根"(《老子》十六章),回归生命之本,而体现天道之极,就在天道的无心自然中,人人自在,也物物自得,天道的高贵,就在给出万物自生自化的空间。

第7章 河伯与海若的对话之七
——天生人为从何区隔？

曰:"何谓天？何谓人？"北海若曰:"牛马四足是谓天；落马首，穿牛鼻，是谓人。故曰，无以人灭天，无以故灭命，无以得徇名。谨守而勿失，是谓反其真。"

承上文本于天道，而位乎人得的"知天人之行"，故河伯再问:"何谓天？何谓人？"到底什么是天，什么是人，可否说得平实点？海若给出了贴近乡土民间的回答:"牛马四足是谓天；落马首，穿牛鼻，是谓人。"此从天生自然说"天"，不论牛马皆有四足，是天生自然的生理官能，"落"同"络"，羁络之意，把辔头络在马首，缰绳穿过牛鼻，以控御牛马的方向与速度，此从人为造作说"人"，人为引来扭曲，造作带出宰制。宣颖云:"天，自然；人，造作。"即以天生自然说天，人为造作说人。

"故曰，无以人灭天，无以故灭命，无以得徇名"，"无"是人生价值抉择的告诫语，不要以人为来伤害自然。"无以故灭命"，陈寿昌云:"有心曰故，命，天性也。"由有心而有为，有心而为，是谓造作，不要以造作来伤害天性。上下两句，语式一致，义理等同，唯"天"指谓天生自然的天真本德，"命"指谓天生自然的形气物欲，前者是"道生之，德畜之"的存在之理，后者是"物形之，势成之"（《老子》五十一章）的形构之理。"无以得徇名"，依上下文语式看，"得"与"人""故"对应，当为负面的意涵，有如人为与造作，当作"求得于外"解。"名"由"形"而来，指谓"形"的"实"，就生命而言，天真本德是唯一的真实，故意谓不要为了求取虚假的名号，而失落生命的真实。《人间世》有云："德荡乎名。"追逐外在的名号，反而失去内在本有的天真，亦如"至德不得"，不求得于外，而存全生命的至德。

总结三句话，"谨守而勿失，是谓反其真"，要无心无为地守住天生本真的德，不要在人为造作中失落生命的真实美好，"勿失"就在"反其真"，回归人人天生本有的天真本德。

唯"无以得徇名"，宣颖云："得，天德也。"不要以天德来换取虚名，此说亦可通，唯与上两句语式不一致。成玄英疏亦云："夫名之可徇者无涯，性之所得者有限，若以有限之得，徇无涯之名，则天理灭，而性命丧矣。"王先谦跟进，云："勿以有限之得，徇无穷之名。""得"不论解为天德，或性之所得，都不可以"有限"说，因为本德天真，乃属于"质"之"在"与"不在"的问题，而不属于"量"之多寡的有限问题。成疏看似承《养生主》"以有涯随无涯，殆已"之说，实则，"有涯"指谓"吾生"百年的岁月，而不是性分所得的天真本德，故此解除了与上两句语式不一之外，又多了理解上的偏差。

统合河老大与海龙王的七则对话，陈寿昌云："七问七答，精义层出。语大者，入道之基；反真者，得道之效。彻始彻终，允为玄理中无上妙谛。"从首段的"可与语大理"，到末段的"反其真"，头尾贯串而相为呼应。

第8章　六则寓言的印证之一
——以众小不胜而为大胜的圣人

　　夔怜蚿，蚿怜蛇，蛇怜风，风怜目，目怜心。夔谓蚿曰："吾以一足跋踔而行，予无如矣。今子之使万足，独奈何？"蚿曰："不然。子不见夫唾者乎？喷则大者如珠，小者如雾，杂而下者不可胜数也。今予动吾天机，而不知其所以然。"蚿谓蛇曰："吾以众足行，而不及子之无足，何也？"蛇曰："夫天机之所动，何可易邪？吾安用足哉！"蛇谓风曰："予动吾脊胁而行，则有似也。今子蓬蓬然起于北海，蓬蓬然入于南海，而似无有，何也？"风曰："然。予蓬蓬然起于北海，而入于南海也，然而指我则胜我，䲡我亦胜我。虽然，夫折大木，蜚大屋者，唯我能也，故以众小不胜为大胜也。为大胜者，唯圣人能之。"

　　成玄英疏云："怜是爱尚之名，夔是一足之兽。……蚿，百足虫也。"夔则以少欣羡多，故怜蚿；蚿则以有脚欣羡无足，故怜蛇；蛇则以有形欣羡无形，故怜风；风则以有声欣羡无声，故怜目；目以视野有限欣羡无所不在，故怜心。

"夔谓蚿曰：'吾以一足趻踔而行，予无如矣。今子之使万足，独奈何？'"成玄英疏云："趻踔，跳踯也。"意谓我以一足跳踯颠跛前行。"予无如矣"，成玄英疏云："天下简易，无如我者。"此解与上下文不合，当直接解为"我无可如何了"，意谓我天生本能仅得如此而已！现在你要用万足前行，"独奈何"，王引之云："独"当"将"解，意谓将如何统合万足并进？"蚿曰：'不然。子不见夫唾者乎？喷则大者如珠，小者如雾，杂而下者不可胜数也。'""不然"是并非如此，不是你所想的那个样子，你没见过打喷嚏的情景吗？喷出来的唾液大的凝结如玉，小的散开如雾，还有混杂泻下的点滴，那是数不清的。"今予动吾天机，而不知其所以然"，现在我的万足并行，就如同唾者喷出洒下一样的天生自然，我也不知之所以会如此的道理所在。

"蚿谓蛇曰：'吾以众足行，而不及子之无足，何也？'"蚿对蛇说，我启动万足并行，却赶不上你无足而行的快速，请问理由何在？"蛇曰：'夫天机之所动，何可易邪？吾安用足哉！'"蛇答道，此天机启动，纯任自然，怎能用万足或无足的有形因素来衡量呢？"何可易邪"，"易"当"取代"解，我纯任天机，又何需用脚来取代前行呢？

"蛇谓风曰：'予动吾脊胁而行，则有似也。'"蛇对风问道，我扭动我背脊腰胁的力道前行，而这是有形而可见的，"似"是"形似"。"今子蓬蓬然起于北海，蓬蓬然入于南海，而似无有，何也"，现在你声势浩大地从北海飞起，又声势浩大地冲入南海，"而似无有"，而无形象可见，请问何以能够？"风曰：'然。予蓬蓬然起于北海,而入于南海也,然而指我则胜我,鳅我亦胜我。虽然,夫折大木,蜚大屋者,唯我能也,……'"风回答道,确实如此,我风声隆隆而声势浩大地从北海飞起,飞入南海。不过,只要有人用手指向我,就可以插入风中,郭嵩焘云:"指者,手向之,鳅者,足蹴之。"有人用脚踢向我,就可以穿透风中,看起来人人手舞足蹈都可以胜过我。虽然如此,可以折断大树,"蜚"通"飞",刮走大屋的,却只有我做得到。

"故以众小不胜为大胜也。为大胜者,唯圣人能之",所以我是用诸多小处的不求胜,而生成我不求胜所给出来之大胜的空间。《人间世》有云:"予求无所可用久矣,几死,乃今得之,为予大用。""以众小不胜"即"予求无所可用","为大胜"即"为予大用","求"是修养功夫,解消心知执着的"有用之用",而从"用"的束缚绑住中释放出来,回归生命本身的"无用之用"。此《人间世》云:"人皆知有用之用,而莫知无用之用也。"故"以众小不胜",乃心知的化解作用,"为大胜者",则为作用的效果。"唯圣人能之","能之"是"以众小不胜"的修养功夫,而证成"为大胜者"的生成原理。

宣颖云:"此段发无以人灭天意也。"又云:"夔有用足之劳,蚿无用足之劳,蚿所以胜也;蚿有足之用,蛇无足之用,蛇所以胜也;蛇有体之运,风无体之运,风所以胜也。唯无体,故似为人胜,而实成大胜。盖至于风,而形迹尽矣,目与心之运,虽更神,然当身可自喻之,故省文也。"此说精彩。风形迹已尽,"目"已无形迹可运,却可直接看到,眼神闪现,天地尽在其中,唯"心"的本身一如道体,每一当下以自身的"虚",包容万物,也照现万物。故虽省文，而义理蕴涵其间。此船山亦云："目居逸而速于风，心居隐而灵于目。""逸"与"隐"正是道家"无"的形上智慧在人间的彰显。

第 9 章 六则寓言的印证之二
——知穷之有命通之有时的圣人之勇

孔子游于匡,宋人围之数匝,而弦歌不惙。子路入见,曰:"何夫子之娱也?"孔子曰:"来!吾语女。我讳穷久矣而不免,命也;求通久矣而不得,时也。当尧舜而天下无穷人,非知得也;当桀纣而天下无通人,非知失也;时势适然。夫水行不避蛟龙者,渔父之勇也;陆行不避兕虎者,猎夫之勇也;白刃交于前,视死若生者,烈士之勇也;知穷之有命,知通之有时,临大难而不惧者,圣人之勇也。由处矣,吾命有所制矣。"无几何,将甲者进,辞曰:"以为阳虎也,故围之;今非也,请辞而退。"

此段说的是《论语·子罕》"子畏于匡"的故事,只是未有现场情节的铺陈,且所说的理念也大异其趣。曰:"文王既没,文不在兹乎?天之将丧斯文也,后死者不得与于斯文也;天之未丧斯文也,匡人其如予何!"此为孔子的自我表白,面对匡人包围的突发事件,自身能不忧不惧的理由就在三代以来之人文传统终将永传的信念。他说道,文王离开了人世间,人文传统就会在斯土消失了吗？假如上天真的想要让此一人文传统不传的话，那么后来者的我，就不可能有机会参与此人文传统的承续；今我已参与且担负了此一人文传统的承续，可见上天是不会让此一人文传统在人间消失的，今天就算处在匡人的重重包围之下，又怎么能伤害我呢？此一天命在我的信念，下传孟子则是"天之将降大任于是人也，必先苦其心志，劳其筋骨，饿其体肤，空乏其身，行拂乱其所为，所以动心忍性，增益其所不能。……然后知生于忧患，死于安乐也。"（《告子上》）此为天将降大任的自我期许与自我锤炼。

《秋水》诠释孔子，大不如内篇。如《大宗师》说孔子与子贡在游方之内与方之外的对话。子贡问："然则夫子何方之依？"孔子答道："丘，天之戮民也；虽然，吾与女共之。"此谓我孔丘是天生劳累人，尽管人间多尘垢污染，我们师生两个还是共处方之内的人文世界吧！另《德充符》有谓："天刑之，安可解！""天刑之"就是"天之戮民"；安可解是解不开，又何须解！就留在人间世承担人道关怀与社会责任吧！故《秋水》这一段的诠表，反而贴近《论语》所说的"道之将行也与，命也；道之将废也与，命也"（《宪问》），与"不知命，无以为君子"（《尧曰》）的感怀。

"孔子游于匡，宋人围之数匝，而弦歌不惙"，孔子从鲁适卫，游于匡地。司马彪云："宋当作卫。"卫人误以为孔子为阳虎而围之；"围之数匝"，是重重包围了好几圈，却仍然讲学不辍。"子路入见，曰：'何夫子之娱也？'"子路看孔子未做反应，入门问道，这是什么时候了，怎么夫子还沉浸在讲学论道的愉悦中呢？此颇见责难之意，事态紧急，处境堪虑，"娱"藏有不识时务不知死活的讽刺之意。"孔子曰：'来！吾语女。我讳穷久矣而不免，命也；求通久矣而不得，时也。'"孔子答道，来，你不要急，我好好跟你说个道理。成玄英疏云："讳，忌也，拒也；穷，否塞也；达，泰达也。……我忌于穷困，而不获免者，岂非天命也；求通亦久，而不能得者，不遇明时也。"此解下半句对，上半句则误。"命"是气命，而不是理命，"命"与"时"在这一语境中，皆指谓时代的气运，此为普遍性的共命，而不是殊异性的殊命，是人物活在人间的无可奈何。因为，"穷"是道不行于世，贤者未被赏识起用，"达"是道行于世，贤者受礼敬重用，故穷达指涉知识分子有无行道人间的机遇，此与"天命"不相干。"当尧舜而天下无穷人，非知得也；当桀纣而天下无通人，非知失也；时势适然"，当尧舜之时，天下没有困于"穷"而不被赏识起用之人；当桀纣之时，天下没有通于"达"而受礼敬重用之人，此中"得"与"失"之间，与主体的才智高下，完全不相干，而是时势的偶然决定的。"适然"意谓仅是一时的偶然。

"夫水行不避蛟龙者，渔父之勇也；陆行不避兕虎者，猎夫之勇也；白刃交于前，视死若生者，烈士之勇也；知穷之有命，知通之有时，临大难而不惧者，圣人之勇也"，身为渔夫，水行终日，避不开蛟龙从水中飞跃而起的可能伤害，而这是渔夫所当面对承担的"勇"；身为猎人，深入山林，避不开猛兽利爪的可能挥击，而这是猎人所当面对承担的"勇"；刀锋在面前交错飞舞，仍得直道而行，把生命置之度外，那是身为烈士所要面对承担的"勇"；有了困于"穷"或通于"达"皆离不开时运气命的体认，面临重大危难而能不心生恐惧的，那是圣人所要面对承担的"勇"。道家的"勇"，是"慈故能勇"而"勇于不敢"之"不敢为天下先"的"勇"，本于母慈无心，守柔居弱，而以包容生成为德。

"由处矣，吾命有所制矣"，"处"是闲处、安处之意，子路你放下心吧，反正心急也无济于事，"制"当"制约"解，身为儒者的命，总是离不开也逃不掉在人间行走随时可能发生的意外事件，我们就面对、承担吧！成玄英疏云："我禀天命，自有涯分，岂由人事所能制哉！"陈寿昌云："其谓命有所制者，非制于天，实制于己也。至人事之穷达，则皆视若浮云，而以无心付之耳！"两说可以会通，"禀天命，自有涯分"，即"非制于天，实制于己"之"性分"，故"吾命有所制"，"制"当"定分"解，此即孟子"分定故也"之意。

"无几何，将甲者进，辞曰：'以为阳虎也，故围之；今非也，请辞而退。'"没过多久，带兵者进入，"辞曰"是做一番解释，也等同告罪，说误以为是阳虎，才有这样的包围行动，今知看错而误判，"请辞"可不是请容许我们告辞，而是请接受我们的解释，就退兵解围了。

宣颖云："此段发无以故灭命意也。"

第10章 六则寓言的印证之三
——坎井之蛙的困穷与东海之鳖的大乐

公孙龙问于魏牟曰:"龙少学先王之道,长而明仁义之行;合同异,离坚白,然不然,可不可;困百家之知,穷众口之辩;吾自以为至达已。今吾闻庄子之言,汒焉异之。不知论之不及与,知之弗若与?今吾无所开吾喙,敢问其方。"公子牟隐机大息,仰天而笑曰:"子独不闻夫坎井之蛙乎?谓东海之鳖曰:'吾乐与!吾跳梁乎井干之上,入休乎缺甃之崖;赴水则接腋持颐,蹶泥则没足灭跗;还虷蟹与科斗,莫吾能若也。且夫擅一壑之水,而跨跱坎井之乐,此亦至矣,夫子奚不时来入观乎!'东海之鳖左足未入,而右膝已絷矣。于是逡巡而却,告之海曰:'夫千里之远,不足以举其大;千仞之高,不足以极其深。禹之时十年九潦,而水弗为加益;汤之时八年七旱,而崖不为加损。夫不为顷久推移,不以多少进退者,此亦东海之大乐也。'于是坎井之蛙闻之,适适然惊,规规然自失也。且夫知,不知是非之竟,而犹欲观于庄子之言,是犹使蚊负山,商蚷驰河也,必不胜任矣。且夫知,不知论极妙之言,而自适一时之利者,是非坎井之蛙与？且彼方跐黄泉而登大皇，无南无北，奭然四解，沦于不测；无西无东，始于玄冥，反于大通。子乃规规然而求之以察，索之以辩，是直用管窥天，用锥指地也，不亦小乎！子往矣！且子独不闻夫寿陵余子之学行于邯郸与？未得国能，又失其故行矣，直匍匐而归耳。今子不去，将忘子之故，失子之业。"公孙龙口呿而不合，舌举而不下，乃逸而走。

坎井之蛙与东海之鳖的对话，正是河伯与北海若之间对话的浓缩版。

公孙龙是名家人物，与惠施齐名，他请问魏公子牟说，我年少时听闻先王的治道，随年岁的增长，而能理解仁义的德行。"合同异，离坚白"，本是名家两大派别不同的思理，惠施"合同异"，否定了同异的确定性，公孙龙"离坚白"，肯定坚白各有独立的存在性，前者合同异以为一，故万物可以毕同，也可以毕异。后者离坚白以为二，故坚白石可以是二。此笼统言之，将合同异亦归于公孙龙，在庄子书中二者常混而不分。如《齐物论》说"惠子之据梧也，……故以坚白之昧终"，"据梧"即"日以其知与人之辩"(《天下》)，终其身困在离坚白的昏昧中。《德充符》说惠施"天选子之形，子以坚白鸣"，亦属笼统言之之辞。

"然不然，可不可"，此与《齐物论》所言之"可乎可""然于然"大有不同。《齐物论》"可"与"然"的价值判断来自合乎"可"与"然"的价值标准，而"可"与"然"的价值标准却来自心知的执着，本质上是主观的偏见。此则言"然"天下人之"不然"，而"可"天下人之"不可"，天下万物有同有异，我偏说毕同毕异,坚白石显然相盈为一,我偏析离为二。"困百家之知,穷众口之辩",就以此"合"与"离"之背离经验常识,穷困天下百家的知解与天下才士的口辩。"吾自以为至达已",自我评量在知解与辩才上已到了极高的境地了。

"今吾闻庄子之言,汒焉异之。不知论之不及与,知之弗若与?今吾无所开吾喙,敢问其方",现在我听闻了庄子的言说,"汒"当是"茫",却因惊异而茫然自失,不知是我的理论深度不足,还是我的智慧高度欠缺,现在我面对庄子,已经不知要如何开口说话了,请容许我请教到底是何等道行,会把我逼到如此的困境。实则,不是理论辩才与才智知解的不如,而是道之体悟的不及。

"公子牟隐机大息,仰天而笑曰:'子独不闻夫坎井之蛙乎?'谓东海之鳖曰:'吾乐与!吾跳梁乎井干之上,入休乎缺甃之崖;……'"公子牟靠着茶几,深深叹了一口气,面向上天笑着说,你难道没听说在坎井中的青蛙吗?对东海的海鳖说,我好快乐,郭象注本"吾"作"出",与下文之"入"相对,成玄英疏云:"我出则跳踯井栏之上,入则休息乎破砖之涯。""干"今作"榦",井垣之意,"甃",成玄英疏云:"井中累砖也。"故"缺甃之崖"是砖缺处其形若崖。"赴水则接掖持颐,蹶泥则没足灭跗",成玄英疏云:"游泳则接腋持颐,蹶泥则灭趺没足。"跳入水中,水太浅,承托着两腋与脸颊,说是赴水等同蹶泥,躯体扑倒在泥地里,脚板脚趾都没入泥中。"还虷蟹与科斗,莫吾能若也","还"读为"旋",当"顾视"解,回顾井水中的赤虫与蝌蚪,没有能像我这般自得其乐的。

"且夫擅一壑之水，而跨跱坎井之乐，此亦至矣，夫子奚不时来入观乎"，成玄英疏云："擅，专也；跱，安也。蛙呼鳖为夫子，言：我独专一壑之水，而安坎井之乐，天下至足，莫甚于斯。处所虽陋，可以游涉，夫子何不暂时降步，入观下邑乎！"这是井蛙对海鳖的自喜夸耀之辞。"跨"当"据"解，"跱"同"峙"，当"住"解，故跨跱有如盘踞。言自身专擅独享此一方之水，而横跨据有此一井之乐，先生何不时来参访观赏呢？

"东海之鳖左足未入，而右膝已絷矣。于是逡巡而却"，在盛情邀约之下，东海之鳖乘兴而来，左脚犹未踏入，而右脚已被绊住。成玄英疏云："絷，拘也。"又云："逡巡，从容也。"此说不贴切，当是徘徊在进不了又退不出的两难中，反而是落在进也不是退也不是的困境。"告之海曰：'夫千里之远，不足以举其大；千仞之高，不足以极其深。禹之时十年九潦，而水弗为加益；汤之时八年七旱，而崖不为加损。……'"就在身陷浅井困境之时，告诉坎井之蛙大海的样态，千里的远不足以尽举它的大，千仞的高不足极尽它的深度，禹的时代十年中有九年发生水患，而海水并没有为此加深；商汤的时代八年中有七年发生旱灾，而涯岸水位并没有为此降低浅露。"夫不为顷久推移，不以多少进退者，此亦东海之大乐也"，不会为了水旱的时间长短而有推移变化，也不会因为降雨水量的多少而让水位涨落，这也是身处东海的大乐。"于是坎井之蛙闻之，适适然惊，规规然自失也"，成玄英疏云："适适，惊怖之容；规规，自失之貌。"坎井之蛙于是时听闻了这一席话，露出了惊恐的神情，心中除了大受震撼之外，且多了一分失落感，不知要何以自处。

"且夫知，不知是非之竟，而犹欲观于庄子之言，是犹使蚊负山，商蚷驰河也，必不胜任矣。且夫知，不知论极妙之言，而自适一时之利者，是非坎井之蛙与"，"且夫"，是进而言之，"知"当"才智"解，"不知"当"不足以知"解，意谓才智不足以知是非的究竟，"而"当"却"讲，"犹欲"是"还想"，"观于庄子之言"，"观"不当"观照"解，而是比高下之意，还想对庄子的玄理做出评比，此等同要蚊虫背负大山，要马蚿虫驰骋河海一般，那必定是承担不起的重任。再说，才智不足以理解深论道妙的玄理，"自适"是自以为得意，"利"是言辞的犀利，意谓只在一时困百家穷众口的言辞犀利上，自以为得其所哉——"是"指谓这样的生命意态——不就是坎井之蛙的写照吗？

"且彼方跐黄泉而登大皇，无南无北，奭然四解，沦于不测；无西无东，始于玄冥，反于大通"，林希逸云："跐，蹈也。"成玄英疏云："大皇，天也。"且庄子方将上穷碧落下黄泉，已无南北之分。宣颖云："奭犹释。"林希逸云："四解，四达也。"陈寿昌云："释然达于四方，而入于不测之地，岂分南北。""沦"另本作"渝"，当"浸渍透入"解，此在自我解消中释放天下，有如道临现人间，所以说入于深不可测的生命理境。"无西无东"，郭象本作"无东无西"，据王念孙之说改，与"反于大通"为韵。陈寿昌云："立于无极之先，反而归于大通之道，岂分西东。""玄冥"是道体根源之地，万物皆从玄冥的生成原理来，又回归到道通为一的一体无别之境。

"子乃规规然而求之以察，索之以辩，是直用管窥天，用锥指地也，不亦小乎"，"乃"当"竟"解，成玄英疏云："规规，经营之貌。"先生竟然还在"察察为明"上用心,还在"口舌之利"上逞能,"是直",是此简直就像用竹管看天,用尖锥量地一般狭隘自限,"不亦小乎",意谓心知执着分别,生命就此失落了自在的空间。

"子往矣!且子独不闻夫寿陵余子之学行于邯郸与?未得国能,而失其故行矣,直匍匐而归耳",成玄英疏云:"弱龄未壮,谓之余子。"先生你就去吧,你难道没有听闻燕邑寿陵的少年,远行到赵都邯郸学习行走步法,未料,未得赵国的独步妙法,反而失去了自家本来的步调,仅落得用双手撑地爬行归来的困窘。"今子不去,将忘子之故,失子之业",今先生不离开,将如同寿陵少年般,忘掉了自家本来的名理思路,失去了你困百家穷众口的辩才智能。"公孙龙口呿而不合,舌举而不下,乃逸而走",成玄英疏云:"呿,开也;逸,奔也。"公孙龙嘴巴张得大大的而合不起来,舌头也举得高高的而放不下来,想说话又一句也说不出来,当下快速走离。

公孙龙的"乃逸而走",有如《论语》楚狂接舆歌而过孔子,讽劝孔子停下周游列国的脚步,未料,孔子下,欲与之言,接舆却趋而避之的场景。何以接舆要走离现场,可以合理地推测他担心自己会被孔子的人格感化了,或言语说服了,而动摇了隐者退出人间的抉择。公子牟要公孙龙尽快离去,否则,学庄不成,反而失落了自身的艺业与光彩。

这一段寓言故事,宣颖云:"一发无以得殉名意也。公孙龙弃在我之德,而殉智辩之名,故不免自失于庄子也。"此言无以内在之德,殉外在之名,与"无以得殉名"之本有意涵恰恰相反，依三句一体连贯的合理解释，当作"不要为了心知执着的往外求得，反而失落了生命本身的内在真实"。正可与"无以人灭天，无以故灭命"前后呼应。

第 11 章 六则寓言的印证之四
——宁生而曳尾于涂中的存在抉择

庄子钓于濮水,楚王使大夫二人往先焉,曰:"愿以竟内累矣!"庄子持竿不顾,曰:"吾闻楚有神龟,死已三千岁矣,王巾笥而藏之庙堂之上。此龟者,宁其死为留骨而贵乎?宁其生而曳尾于涂中乎?"二大夫曰:"宁生而曳尾涂中。"庄子曰:"往矣!吾将曳尾于涂中。"

庄子垂钓于濮水之上,楚王任使两位大夫前来。司马彪云:"楚王,威王也;先,谓宣其言也。"高亨云:"先借为诜,诜即聘义。"《史记·老子韩非列传》有云:"威王闻庄周贤,使使厚币聘之,计以为相。"此"诜"即"聘问"之意。楚王想借重庄周,任使使者以厚礼聘请,"问"有不知意下如何的期待之意。曰:"愿以竟内累矣!""竟内"是境内,说:楚王愿以一国之事烦劳先生,也就是"计以为相"之意。

庄子手持钓竿,也不回头看,就说:我听闻楚国有一只神龟,已死了三千年了。"王巾笥而藏之庙堂之上",成玄英疏云:

"盛之以笥，覆之以巾。"陈寿昌云："笥，藏衣之器。"君王用巾笥珍藏在宗庙之上，问卜以决断国之大事。"此龟者"，就这只神龟本身而言，"宁其死为留骨而贵乎？宁其生而曳尾于涂中乎"，它是宁愿死去只为了留下龟壳而显贵在庙堂之上呢？还是宁愿活着而快意地摇曳尾巴在泥地上爬行呢？此是二者选一的存在抉择，故以"宁"来表达其愿望。

两位大夫回应说，宁愿活着在泥地里自在爬行。庄子最后说出自己预留的答案，回去吧！我将是摇曳尾巴在泥地里爬行的那只龟。

《老子韩非列传》又云："我宁游戏污渎之中自快，无为有国者所羁。""污渎"即是泥地，自快是快意自得，而不被一国之君所羁绊。《逍遥游》云："至人无己，神人无功，圣人无名。"不要功名利禄，帝力于我何有，不过源头在放下自己，不执着自身，无须以功名来使自己荣耀，也无须以利禄来使自己富有，这就是"彼且恶乎待哉"的"无待"，像他这样的人还有什么好等待的？原来这一段说的是庄子无待逍遥而快意自得的故事。

庄子身处战国乱世，还保有一个容许知识分子快意自得的空间，算是庄子的幸运。与庄子齐名的孟子，也一样纵横在列国之间，可以批判梁惠王的好利，讥刺齐宣王之求大欲，且直对权势说出"望之不似人君"的重话。就因为列国分裂，争相礼敬贤士，才有诸子百家争鸣齐放的空间。所以那是一个危机的时代，也是一个希望的时代，看似黑暗，实则涵藏光明，老子所说"明道若昧"的意涵在此。问题在，"若昧"是道家自我隐藏的修身功夫，光明的大道藏身在看起来像昏昧的人生智慧中。庄子垂钓于濮水,正是"若昧"的自我解消,而给出"曳尾"的自在空间。

宣颖云:"此段二发无以得殉名意也。"不为奔竞功名争逐利禄,而失去生命本身的自在空间。

第12章　六则寓言的印证之五
——得腐鼠而吓鹓鶵的惠施

惠子相梁，庄子往见之。或谓惠子曰："庄子来，欲代子相。"于是惠子恐，搜于国中三日三夜。庄子往见之，曰："南方有鸟，其名鹓鶵，子知之乎？夫鹓鶵，发于南海而飞于北海，非梧桐不止，非练实不食，非醴泉不饮。于是鸱得腐鼠，鹓鶵过之，仰而视之曰：'吓！'今子欲以子之梁国而吓我邪？"

惠施登上梁国相位。庄子前来看这位仕途得意的好友。"或"当"有人"解，就有人来示警说，庄子此番前来，意图取代你的相位。惠施听了这一番话，大为恐慌，就下令搜查庄子行踪三天三夜之久。没有多久，庄子突然现身在惠施面前。劈口就说：南方有一种名叫鹓鶵的凤鸟，你知道吗？那鹓鶵从南海起飞，而飞向北海，一路上不是梧桐树不栖息，不是洁白竹实不食，不是甘甜醴泉不饮。就在此时，有一只地面上的鸱鸟口咬腐鼠，看到鹓鶵飞过，就仰头向上紧张兮兮地对着凤鸟，"吓"得叫了一声，警告人家别来抢我的美食。现在你老兄下令搜城，也是"吓"我一声叫我别来抢阁下的高位吗？

　　这是好朋友之间的戏谑之词，说庄子前来抢权位，而惠施竟下令搜捕，是绝对不可能发生的事。《徐无鬼》说庄子过惠施之墓，怀想昔日两人对话，有如鼻端上抹上了薄如蝇翼的白泥，而请对方挥动柴刀，白泥尽去鼻端无伤，自家犹屹立如山而面不改色。惠子死后，就不再有可以挥刀消去的白泥之"质"了。"吾无与言之矣"，一生顿失什么话都可以说而不伤感情的朋友了。当然寓言可以是游戏文字，重在深藏其间的哲理，庄子视权位如腐鼠，未免太过，不过也显发其什么话都可说的真性情。可惜的是，未留给惠施发言的空间，就算不伤感情，也可以说两句讥刺庄子的话吧！

　　宣颖云："三发无以得殉名意也。"不要为了求得于外，而失去了内在本真的德。《天下》篇评惠施"弱于德，强于物"，即逐物不反而失落天真。以"合同异"之说，晓天下之辩者，且遍为万物说，所谓"强于物"，即在卒以善辩闻名，此正是《人间世》"德荡乎名，知出乎知"的最佳写照。难怪《天下》篇给出了"悲夫"之无限惋惜的论定语。

第13章 六则寓言的印证之六
——请循其本而知之濠上的鱼乐之辩

庄子与惠子游于濠梁之上。庄子曰:"鲦鱼出游从容,是鱼乐也。"惠子曰:"子非鱼,安知鱼之乐?"庄子曰:"子非我,安知我不知鱼之乐?"惠子曰:"我非子,固不知子矣;子固非鱼也,子之不知鱼之乐,全矣。"庄子曰:"请循其本。子曰'女安知鱼乐'云者,既已知吾知之而问我,我知之濠上也。"

此段说是鱼乐之辩,实则是庄子玄理与惠施名理之学术进路的对话。尽管惠施"泛爱万物,天地一体"(《天下》)的名理,贴近庄子之"天地与我并生,万物与我为一"(《齐物论》)的玄理,不过,道家玄理由主体生命的修证体悟而开显,名家名理乃就物性同异皆属相对而证成。

庄子与惠施一起游于濠水之上的石桥。成玄英疏云:"鲦鱼,白鱼也。从容,放逸之貌也。"庄子说道,白鱼在水中从容出游,这是鱼的快乐。问题在,"乐"是自家生命的内在感受,故惠施立即发难问道,阁下不是鱼,怎么会知道鱼在这一存在情境之下是快乐的？庄子看好友挑起话题，也就好玩式地回应，那先生也不是我，怎么会知道我不知鱼是快乐的？看来是以子之矛，攻子之盾，自身可以立于不败之地。未料，庄子无意间以惠施名理的立场来回应，而失去了自家玄理的本有分位。惠施何等敏锐，怎会放过这一可以痛宰好友的机缘，当然大逞机锋地说道："我不是你，本来就不能知你；而你本来也不是鱼，那你不能知鱼是快乐的，也就不容置疑了。""全矣"是百分百的必然。一场辩论倘若到此终结，惠施还是惠施，而庄子却不再是庄子了。

成玄英疏云："若以我非鱼，不得知鱼；子既非我，何得知我？若子非我，尚得知我，我虽非鱼，何妨知鱼，反而质之，令其无难也。"此为庄子设想之词，其中"若子非我，尚得知我"一句，给出了可以翻转论辩情势的立基点，所以庄子就从惠施的名理言说中跳脱出来，而回到自家玄理的生命进路，说"请循其本"，请回到当初我说鱼是快乐的存在情境。"子曰'女安知鱼乐'云者，既已知吾知之而问我"，意谓当阁下问出"你怎么会知鱼是快乐的"这句话时，就已然知道"我可以知"才问我的，否则，你质疑我的话，岂非全成了废话！好，你既问我怎么可能知，那我现在就直截了当地告诉你，"我知之濠上也"，本来如此简单，我就站在这濠水石桥上知道的。"知之濠上"是斩截的真切语，我就是知道，不必给出任何证明，因为证道是自证自了，不足为外人道。我凭什么能知？凭我从"知"进到"不知"的修养，凭我"物化"的功夫。"物化"即解消自我而化入对方，解消自我是消，化入对方是融，物化消融即物我两忘而情景交融，在"离形去知"之下"同于大通"，是谓"坐忘"（《大宗师》）。道在当下现前，一切已在这里，所以一切可以放下。且在"无听之以心"之下"听之以气"，是为"心斋"（《人间世》），无掉心知的执着与障隔，而释放了被心知禁制，被物欲封闭的生命之气，而"游乎天地之一气"（《大宗师》）。此从"无听之以心"说"达人心"，从"而听之以气"说"达人气"，不在对方的心之外，也不在对方的气之外，我乐鱼亦乐，鱼乐我亦乐，此知是"不知"之知，是生命实感，而不必经由官觉印象与知识概念作为媒介的存在之知，所以说"我知之濠上也"，我就是站在这里知道的。鱼之乐就在"相忘于江湖"中透显，人之乐也在"相忘于道术"中朗现。

宣颖云："此段发反其真意，反真则真在我，安往而不与物同乐乎，其寓意俱在若即若离间。""反其真"则人为真人，"有真人而后有真知"，既知天之所为，又知人之所为，知天知人，通过"本德"之真，而"道通为一"，在道心一体无别之下，人可知我，我可知人，抑且人可知鱼，而鱼可知我。船山云："困于小大、贵贱、然非之辩者，彼我固不相知。……人自立于濠上，鱼自乐于水中，以不相涉而始知之。人自乐于陆，鱼自乐于水，天也。……惠可以知庄，庄可以知鱼，此天之不隐于人之心者，万化通一之本也。"所谓"不相涉而始知之"，是"虚而待物"，"待"不是"对待"，而是"观照"，"不相涉"是拉开距离，"知之"是照现了他的本来面貌，"天之不隐于人之心者"，就是虚静观照的道心，在道心的朗现之下，惠施可以知庄，庄可以知鱼，而万化也可以通而为一。

刘凤苞云:"内篇庄化为蝶,蝶化为庄,可以悟'齐物'之旨;外篇子亦知我,我亦知鱼,可以得反真之义:均属上乘慧业,不能有二之文。"此说甚有见地,堪称英雄所见略同。

天下第三十三

【解题】

此篇列在《杂篇》，且为最后一篇。外、杂篇皆以篇首两字或三字为篇名，以"秋水时至，百川灌河"开篇，故名"秋水"，以"天下之治方术者多矣"开篇，故名"天下"。

《天下》篇纵论天下思想，评述诸子百家，堪称学术思想史上的开山之作。不论理路格局与文采气势，比诸《齐物论》，不仅毫不逊色，且建构了超越《内篇》之神明圣王统贯为一的道术观，以厘定天下百家的分位，并给出价值的评量。此已从"物论"平齐，进至"天下"一家。越过了《内篇》道通为一的思想体系，故虽列在最后一篇，也不能说是《庄子》的后序。

王船山云："系此于篇终者，与孟子七篇末举狂狷、乡愿之异，而历数先圣以来至于己之渊源，及史迁序列九家之说略同，古人撰述之体然也。"又云："或疑此篇非庄子之自作，然其浩博贯综，而微言深至，故非庄子莫能为也。"此认定《天下》篇为庄子后序，且出自庄子的手笔。徐复观云："从天下篇的文体看，它与庄子内七篇最为接近。"故直承船山之说，也做出"天下篇乃出于庄子之手"的判定。胡适则判定"是一篇绝妙的后序，却绝不是庄子自作的"；唐君毅则认为"天下篇统论古今之道术位庄子为各家之学之最高者，盖非必庄子所著，当是道家之徒缘道家思想之线索，而更开阔其心胸，以概括古今道术而综贯论之之文"。此论定不是庄子所著，而是出乎后起门徒之手笔。劳思光以为《庄子》书成后，门人作《天下》篇附之，不是庄子自作，而出于门徒之手，年代在庄子之后不久，因《庄子》评论各家，未及庄子后之家派。因其本为最后一篇，外、杂篇之后起之杂著，纷纷插入其间，而排列在《天下》篇之前。

梁启超进一步说："天下篇不独以年代之古见贵而已，尤有两大特色，一曰保存佚说最多，二曰批评最精到也最公平。"实则保存佚说，仅是为后世留下可引据析论的史料而已，而批评精到所透显的慧解洞见，则来自其全体大用上下内外的价值体系，以作为其评论百家的理论根据，这才是《天下》篇精神命脉之所在。

《天下》篇所建构之独步千古，借以评量天下百家的理论体系，既超越《内篇》之上，当然不会是庄子自作，可能是出自庄子学派后起之秀的手笔，如同孔孟儒学之后，有《大学》《中庸》《易传》之承先启后，并回应老庄之质疑问难的巨著，那老庄道家之后，岂能独无可与相提并论之精英继起！

第1章 神明圣王统贯为一的道术观

一、神降明出圣生王成原本是一

天下之治方术者多矣,皆以其有为不可加矣。古之所谓道术者,果恶乎在?曰:"无乎不在。"曰:"神何由降?明何由出?圣有所生,王有所成,皆原于一。"

天下百家间大多仅治一方之术,成玄英疏云:"方,道也。"此说离谱。与下文之"天下多得一察焉以自好",而谓之为"一曲之士";与"各为其所欲焉以自为方",而叹之为"悲夫"的观点,完全抵触,且背离了《天下》篇所要建构之全体大用的道术观。王船山云:"治方术者,各以其悦者为是,而必裂矣。"陈寿昌云:"方术亦在道中,特局于一方,不可以道名耳。"二说较贴切。且"皆以其有为不可加矣",郭象注误断为"皆以其有为,不可加矣","有"即各家所执持之局限于一方之术的理论观点。"为不可加",是自以为已登完美之境,而了无缺憾。实则,方术与道术，乃超越的区分，有下之术而无上之道，或有外之术而无内之道，有一方之术而无全体大用之道，是为方术。

此如同《荀子·解蔽》之所云："凡人之患，蔽于一曲，而暗于大理。"此为一曲所蔽，而不明大理，就是方术。一曲之士，即"皆以其有，为不可加"，在彰显自我的同时，也自我遮蔽，就此失落了道术的全体大用。

在点出了天下仅治方术的病痛之后，借设问自答，以揭示全体大用的道术观。问说："自古相传的道术，到底存在于何方？"答道："无所不在。""曰"是再深进一层的诠表，"神何由降？明何由出？圣有所生，王有所成"，这四句话当一体求解，此非问神从何而降，明从何而出的问题，而是神降于何处，而明出于何处的问题，答案就在"圣有所生，王有所成"，意谓神降而圣生，明出而王成。

人间天下的生成原理，在内圣的人格修养与外王的治道志业，而圣生王成，却由神降明出而来。神降，生而为圣，明出，成而为王。"皆原为一"，此意谓上之神明与下之圣王，或内之神圣与外之明王，上下内外总体是一。"原"可当"根源"解，宣颖云："一者道之根也。"即持此说；亦可作"原本"解，从"神降圣生，明出王成"的义理架构来看，解为根源于一，恐失其义。因为神明就是天道的神体明用，说根源于一，反成多余。当解为"原本是一"，神明圣王与神圣明王之上下内外总体是一，正回应了道术无所不在的自我说解。

此不再是《齐物论》所谓的"道通为一"，由道体的价值根源合理地解释万物的存在，并保证万物的一体和谐；而是神明圣王全体大用的统体是一，此超越了内七篇既有的诠释系统，而建构了独步千古统贯百家的价值体系。

二、天人、圣人、君子、百官的统体是一

不离于宗，谓之天人；不离于精，谓之神人；不离于真，谓之至人。以天为宗，以德为本，以道为门，兆于变化，谓之圣人。以仁为恩，以义为理，以礼为行，以乐为和，薰然慈仁，谓之君子。以法为分，以名为表，以参为验，以稽为决，其数一二三四是也，百官以此相齿。以事为常，以衣食为主，蕃息畜藏，老弱孤寡为意，皆有以养，民之理也。

"不离于宗"，"宗"是宗主，指谓天道本身。"精"与"真"，依《老子》云："窈兮冥兮，其中有精；其精甚真，其中有信。""精"指谓道内在于万物的本德天真。此存有论之"道生之，德畜之"的"德"，仍是无形的，故以"其精甚真"来说它虽无形不可见，却是真实的存在。且再以"其中有信"来验证其存在的真实性。"信"则有形可见。此"窈兮冥兮，其中有精"，可与"惚兮恍兮，其中有象"相对应，故精、象位阶等同，而"其精甚真，其中有信"，亦可与"恍兮惚兮，其中有物"相对应，故信、物位阶亦等同，而信物连称。若据老子之存有论的观念来鉴定，说"不离于真"，不如说"不离于象"，因为精、象位阶等同，而"真"只是形容"精"之虽无形而可见。此"不离于精"与"不离于真"，可能从"其精甚真"一语而来。

此三句连言，重在"不离"，不离于"神"体的位置。《老子》有云："常德不离，复归于婴儿。"此所谓"不离"，意谓守在道根德本之所，与天道同其长久，故云："不失其所者久。""不离于宗"，等同《应帝王》所说的"未始出吾宗"，"不离"就是"未始出"。故以"天人""神人""至人"称之。

"以天为宗，以德为本，以道为门"，已走离道根德本之所，说"以天为宗"，已在天之外，"以德为本"，已在德之外，"以道为门"，已在道之外，三者已走离"神"体，而出于"明"用的位置。"明"是神体外现的光照，"兆于变化"，即智光明照，一眼看到时代将变而未变的兆端，由"知几其神"到"见几而作"（《易·系辞传》），以化解问题于无形，《老子》有云："为之于未有，治之于未乱。"正是圣人在天下动变的关键时刻，得以扭转时局的高明智慧。此为走离神体、发为明用的圣人。此"不离"的天人、至人、神人，居于上之神的位置，说的是庄子之学；"兆于变化"的圣人，居于上之明的位置，说的是老子之学。庄子的思想，将"明"用消融在"神"体中，解消"明"的光彩，而融入"德"的生命流行中，朗现为至人、神人、圣人、真人的生命人格。说"有真人而后有真知"，真人知天之所为，又知人之所为，故"真知"在"知天"，是谓"不离"。

老子的思想，则以"无"之"明"，以照现"有"之"德"，明用已走离神体，而显发光照，照现"天门开阖"的治乱兆端，明出而王成，而有"治之于未乱"的智光妙用。

"以仁为恩，以义为理，以礼为行，以乐为和，薰然慈仁，谓之君子"，此说的是儒家之学，仁义君子，居于内之圣的位置。

"仁"在心的不安处呈现,由不安而求安,是为道德的依据,故一者云:"天生德于予。"二者云:"仁者安仁。"而仁者爱人,恩从爱来,给出心头的温暖与生命的润泽,恩德就在爱的流露与感应间,活出美好人生。此之谓"以仁为恩"。而爱总在人与人之间展开,爱要合理,理就在双方的认同与接受,而这一是否合理的价值标准与价值判断,就是义。既是人间正义,也是天下公义。此之谓"以义为理"。

"以仁为恩,以义为理",属于内圣修养,而"以礼为行,以乐为和",则属于外王教化。通过"义"之合理的价值判断,再制作礼乐,以架构出情意交流与理想会通的管道,"礼"是行为模式,"乐"在陶冶性情。孔子云:"礼之用,和为贵,先王之道,斯为美。"礼主敬,别上下之分,乐主和,通上下之情,先王之道就在礼行而乐和之中,堪称完美。"薰然慈仁",仁心流露总是如母慈般温柔抚慰,"薰然"描述的是有如夏日和风般熏陶涵化,而化成君子的生命人格。

"以法为分,以名为表,以参为验,以稽为决",此说的是法家之学,百官养民,居于下之王的位置。这四句话,是法家思想的纲维,"以法为分",是以"法"为定分,以"名"为量表,"法"是体制法条,定出每一个人的分位,"名"即由法定而来的职责。故前者是价值的依据,后者是价值的评量。

"以参为验,以稽为决",不在"法"之体制的界域说,而在"术"之运用的层面说。韩非子法中心思想,以法为体,以术为用,即体起用在"循名而责实","名分"由"法制"来,依"职"之名以求"责"之实,此责求事功之术用,本在法定之体制。

"参"是众端参观,把来自各方之信息与观点,放在一起参照验证,即可显现事实真相。"以稽为决","稽"是"稽考","决"是"决断",验证就是稽考,根据验证稽考所得之事实真相,而做出政策的决断。"其数一二三四是也",政策既经决断,付诸实施自有其定数,"数"是理序,有如一二三四的序列,清晰而严谨。"百官以此相齿","齿"也是"序列",百官各有分位职责,依序列而分层负责与分工合作。"以事为常","事"是众人之事,也就是民生日常之事,"以衣食为主",民生日常即以衣食为主;"蕃息畜藏为意",依陶鸿庆之说改,"蕃息"是生养孳息,"畜藏"是储存蓄藏,不论是农作畜牧,都要生息,也都得蓄藏。"老弱孤寡为意,皆有以养",年老稚弱、孤苦无依的人,皆得到收容养护,"民之理也",此即执政治民之理。此可图示如下:

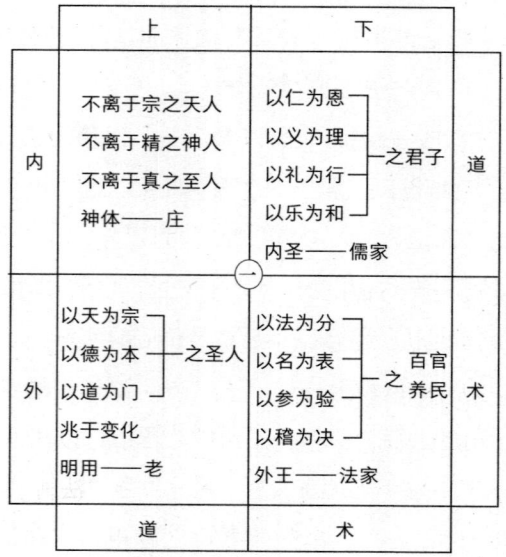

《天下》篇建构了上下内外、神明圣王之全体大用原本是一的道术观，此超越了《内篇》之"道通为一"的思想体系，并将庄学之不离，老学之兆于变化，儒家之仁义礼乐，与法家之法名参稽，分别安放在上下之层次与内外之界域的上之神、上之明，与内之圣、外之王的位置，而上下内外、神明圣王总体是一，道体术用总体是一，并据此道术总体是一，以评述道术已被百家所裂解的诸子思想。

三、古之道术的流传称道

古之人其备乎！配神明，醇天地，育万物，和天下，泽及百姓。明于本数，系于末度，六通四辟，小大精粗，其运无乎不在。其明而在数度者，旧法世传之史尚多有之。其在于诗书礼乐者，邹鲁之士搢绅先生多能明之。诗以道志，书以道事，礼以道行，乐以道和，易以道阴阳，春秋以道名分。其数散于天下而设于中国者，百家之学时或称而道之。

自古以来的道术传承，都是完备的吧！"配神明"，成玄英疏云："配，合也。"是合于神体明用，"醇天地"，章炳麟云："醇，借为准。"即以天地为准则。"育万物，和天下"，生育万物，也和成天下。"泽及百姓"，恩泽遍及百姓。"配神明，醇天地"，是"明于本数"，"育万物，和天下"是"系于末度"。"明于本数"是"明出"，"系于末度"是"王成"，明出王成也就泽及百姓。"本数"是"道"，"末度"是"术"，此方位上涵盖上下四方，皆通达透辟，故云："六通四辟。"不论是天下与自我的小大之分，还是心与物的精粗之别，"其运无乎不在"，上言道术无乎不在，重在道体，此言"其运无乎不在"，重在术用，故"运"是道体术用的遍在运转。

此"其运无乎不在"，是神体透显的明光下照，遍照天下，以运转成用。此其流传有三大管道：其一在"其明而在数度者"。此明光下照而显发在本数末度的道体术用，"旧法世传之史尚多有之"，在承传旧法的史官身上，还保留许多。其二在"其在于诗书礼乐者，邹鲁之士搢绅先生多能明之"。此专指孔孟邹鲁的儒家门徒与"学而优则仕"的搢绅（缙绅）先生，多能由上之"明出"而往下之"王成"走，成玄英疏云："搢，笏也，亦插也；绅，大带也；先生，儒士也。""搢绅"是将笏板插在官服的腰带上，而"王成"则落在古之道术诗书礼乐之典籍的传承与运用。

"诗以道志，书以道事，礼以道行，乐以道和，易以道阴阳，春秋以道名分"，诗以言人之心志，书以载王政之事，礼以齐天下之行，乐以和性命之情，易以达阴阳之变，春秋以定君臣之分。马叙伦云："诗以道志以下六句，疑古注文，传写误为正文。"六经之说，起于两汉，此说可以成立。因为上已明言"其在于诗书礼乐者"，已指谓传统典籍的传承，自不必再数说其所道者何。

其三在"其数散于天下而设于中国者，百家之学时或称而道之"。史官身上的旧法世传，本数末度尚兼而有之；孔孟儒学的邹鲁之士，传承的是兴发心志的理想与治理天下的事证，还有立之于礼、成之以乐的教化，此本数末度皆保存在典籍文献中。此外，百家之学偶有引据称道的学术思想，其本数之道已散落天下，而末度之术却还施设在中原诸国的行政上。

四、今之道术的流落裂解

天下大乱，贤圣不明，道德不一，天下多得一察焉以自好。譬如耳目鼻口，皆有所明，不能相通。犹百家众技也，皆有所长，时有所用。虽然，不该不遍，一曲之士也。判天地之美，析万物之理，察古人之全，寡能备于天地之美，称神明之容。是故内圣外王之道，暗而不明，郁而不发，天下之人各为其所欲焉以自为方。悲夫，百家往而不反，必不合矣！后世之学者，不幸不见天地之纯，古人之大体，道术将为天下裂。

就因为本数之道已散开，而仅落在末度之术的施设原本是一的道体术用，离析裂解，圣贤哲人发不出光照，道德的价值体系错乱，天下各家大多只得道术的一偏之见，而自以为得意。此正如荀子所谓的"诸侯异政，百家异说"，异政异说，故谓贤圣不明，道德不一，天下理序因而大乱。王念孙云："郭象断'天下多得一'为句，释文曰：得一，偏得一术。案'天下多得一察焉以自好'，当作一句读。"此说甚是。就好像耳目鼻口的官觉，皆有所明之能，却不能交感互通。也如同百家众技，皆有专擅之长，也可以发挥各自的功能。

"虽然，不该不遍，一曲之士也"，虽然如此，"不该"是不完备,"不遍"是不普遍,所谓"一曲之士",就在"得一察焉以自好","察"是彰显,"曲"为遮蔽,彰显的同时是遮蔽,而未有上下内外统贯为一的全体大用。"判天地之美,析万物之理,察古人之全",钱穆云:"此察字,与上文之判、析同义。"高亨亦云:"判、析、察,皆割裂之义。"此谓分判天地的精纯之美,剖析万物的存在之理,裂解古人的全体之用。"寡能备于天地之美,称神明之容","备"当"完备"解,"称"当"合"解,意谓很少能够完备地照现天地的大美,与体现神降明出之生成天下的全体大用。

"是故内圣外王之道,暗而不明,郁而不发",内圣外王之道,郁结于内,而不显发于外,更先在的省思当在"暗而不明"。意谓上明下王之道,涵藏于上,而不光照于下,以是之故,内圣外王之道,也就"郁而不发"。宣颖云:"内圣即神,外王即明也。"此说有洞见,不过当更完整地说,内圣由神降而生,外王由明出而成。明不出则王不成,是谓"暗而不明"。"天下之人各为其所欲焉以自为方","欲"当"意欲"解,"方"当"方术"解,天下众人各依自身的意向,而自以为已得道术之一方。"悲夫",是极为可悲的现象,"百家往而不反",天下百家各往一方之术竞走,而不知回归道体术用,"必不合矣",一定不符合道术的全体大用。"后世之学者,不幸不见天地之纯,古人之大体",后起一代的学者,何其不幸再也看不到天地的精纯与古人的全体大用,"道术将为天下裂",自古以来的道术传统,眼看就要被天下百家的"以自为方"与"往而不反"所裂解了。

第2章 以绳墨自矫，备世之急的墨翟、禽滑厘

一、墨子非乐、节用、非斗的思想大要

不侈于后世，不靡于万物，不晖于数度，以绳墨自矫而备世之急。古之道术有在于是者，墨翟禽滑厘闻其风而说之。为之大过，已之大顺。作为非乐，命之曰节用；生不歌，死无服。墨子泛爱兼利而非斗，其道不怒；又好学而博，不异，不与先王同。毁古之礼乐：黄帝有咸池，尧有大章，舜有大韶，禹有大夏，汤有大濩，文王有辟雍之乐，武王周公作武。古之丧礼，贵贱有仪，上下有等，天子棺椁七重，诸侯五重，大夫三重，士再重。今墨子独生不歌，死不服，桐棺三寸而无椁，以为法式。

各家思想，皆直对世道人心发言，故总要对后世负责。"不侈于后世"，宣颖云："不示奢侈。"即不给出奢侈的形象；"不靡于万物"，宣颖云："不事靡费。"即不虚耗万物的资源；"不晖于数度"，宣颖云："不务光华。"即不在本数末度的治道上显现光

彩，而走出一条"以绳墨自矫而备世之急"的救世之路。"绳墨"是工匠依规矩之方圆，绘图以施工的墨盘准绳，"自矫"是处世做人重在自我约束，而全幅生命在抢救世人的急难。"古之道术有在于是者"，自古以来有这一方面的道术传统。"墨翟禽滑厘闻其风而说之"，墨翟、禽滑厘听闻这一道术的学术风向，而生悦服之心，开出墨家学派。

"为之大过，已之大顺"，"顺"另本作"循"，成玄英疏云："循，顺也。"上下两"大"字念"太"。陈寿昌云："已，止也；大顺犹太甚也。"意谓为别人做得太多，为自己做得太少。"作为非乐，命之曰节用"，"非"是持否定态度的不以为然，相对于儒家的礼治乐教，墨子站在平民立场，反对"礼不下庶人"的礼乐传统。礼乐对庶人而言，是奢侈靡费，"命之曰"即"名之曰"，形名相对，"名"指涉"实"，意谓非乐的意涵就在节用，非乐以节用，平民才有存活的空间。其直接表现就在"生不歌，死无服"，生不歌是非乐，死无服即节用，活着的时候没有欢笑，死去的时候没有陪葬。

"墨子泛爱兼利而非斗"，墨子的中心思想在"兼相爱而交相利"，"泛爱"即兼相爱，"兼利"即交相利。工匠者流以绳墨规矩作为自家的招牌，虽本为农工商之一，却自我期许为士；而士志于道，道在"兼以易别"。儒家的仁爱，是有分别的爱，墨家的兼爱，是无等差的爱，故以儒士为别士，而自许为兼士。从兼爱交利的立场，列国间该当"非斗"，反对以战争来解决问题。故"备世之急"，首重"非斗"，而其可能之道端在"不怒"，心存兼爱，不气苦不悲愤，解消委屈感，就不会把自己逼向悲壮决绝之路。"又好学而博",墨者集团来自民间底层,各有专技艺业,出头天的唯一出路,就在好学多闻。"不异",是不立异以为高,"不与先王同",也不认同先王治道。"毁古之礼乐",先王治道离不开礼乐传统,孔子说:"周因于殷礼,……殷因于夏礼。"夏商周三代,且可上溯尧舜,以至于黄帝,虽有损益,仍相因传承,故毁弃自古以来的礼乐传统,包括黄帝之时的咸池,唐尧之时的大章,虞舜之时的大韶,夏禹之时的大夏,商汤之时的大濩,文王之时的辟雍,武王周公的武,凡此乐章皆涵蕴王朝治道的精神与气象。

而礼乐不可分,自古相传的丧礼,依身份的贵贱,而有厚薄的差别,天子的外棺有七重,诸侯五重,大夫三重,士再重。"今墨子独生不歌,死不服,桐棺三寸而无椁,以为法式",墨者独超离在这一礼乐传统之外,既"作为非乐",再"毁古之礼乐",生者无歌之欢乐,死者无服之陪葬,什么都没有地来,又什么都没有地去,仅三寸薄棺藏身下葬,而没有外棺的护持,就以此作为墨者立身处世的行为模式。

二、反天下之心,去王远矣的墨家悲歌

以此教人,恐不爱人;以此自行,固不爱己。未败墨子道,虽然,歌而非歌,哭而非哭,乐而非乐,是果类乎?其生也勤,其死也薄,其道大觳;使人忧,使人悲,其行难为也,恐其不可以为圣人之道,反天下之心,天下不堪。墨子虽独能任,奈天下何!离于天下,其去王也远矣。

上一段重在现象的描述，这一段则重在价值的评量。"以此教人，恐不爱人；以此自行，固不爱己"，"此"指称"生不歌，死无服"之"已之太甚"的行为模式，以此来教导徒众，说是兼爱实则不爱人，以此责求自身，本来就不爱己。"未败墨子道"，阮毓崧云："因尚能躬行所言，故其道未遽败坏。"尽管不爱人，亦不爱己，然墨者仍以绳墨自矫，而备世之急，其道一时还未败坏。

"虽然，歌而非歌，哭而非哭，乐而非乐"，墨子道虽然一时未败，不过，当歌而以歌为非，当哭而以哭为非，当乐而以乐为非，或许英雄无泪，然过于矫情，情意冻结而没有出路。"是果类乎"，"是"是"此"，"类"当"近"解，这样果真近于人情之常吗？"其生也勤，其死也薄"，生时勤苦劳累，死时草草薄葬，德行与福报不成比例。"其道大觳"，"其道"是指墨家"为之太过，已之太甚"的立身处世之道，"大"读为"太"，郭嵩焘云："觳，薄也，……郭象注：觳，无润也，解似迂曲。"实则郭象注的"无润"说，解为生命干枯，而少有情意的润泽，比直接说为对待自己过于刻薄，更贴合墨子道。"使人忧，使人悲"，似乎存活一生的内涵，仅有忧愁跟悲苦。"其行难为也，恐其不可以为圣人之道"，这样的人生行谊，让人承受不了，也担当不了，"恐"表担心，"不可以为"是"不可以之而为"，"之"指谓"使人忧，使人悲"的人生苦行，既安顿不了天下人的生命，当然成不了内圣又兼及外王的圣人之道。

"反天下之心，天下不堪。墨子虽独能任，奈天下何！离于天下，其去王也远矣"，"反"是背离，背离了天下人的心，天下人承受不了，墨子自身虽独能承担大任，又奈天下人心何。你做得到，但天下人做不到啊；人民感受如此，你又能对他们怎么样呢？墨子道跟天下人拉开了距离，甚至与天下人的感受背道而驰，"其"是语气词，当"将会"或"可能"解，可能跟备世之急的救人初衷，越离越远了。墨家的精彩热力在外王，却"去王远矣"，此为墨家与儒家同称"世之显学"，却难以传诸久远的症结所在。

此一评论，极为贴切，墨家站在平民立场，反贵族礼乐奢靡，却节用非乐过甚，歌而非歌，哭而非哭，是则人已非人，怎么救得了劳苦大众呢？

三、墨家学派的源流

墨子称道曰："昔者禹之湮洪水，决江河而通四夷九州也，名山三百，支川三千，小者无数。禹亲自操橐耜而九杂天下之川；腓无胈，胫无毛，沐甚雨，栉疾风，置万国，禹大圣也，而形劳天下也如此。"使后世之墨者，多以裘褐为衣，以跂蹻为服，日夜不休，以自苦为极，曰："不能如此，非禹之道也，不足为墨。"相里勤之弟子五侯之徒，南方之墨者苦获、已齿、邓陵子之属，俱诵墨经，而倍谲不同，相谓别墨；以坚白同异之辩相訾，以觭偶不仵之辞相应；以巨子为圣人，皆愿为之尸，冀得为其后世，至今不决。

"墨子称道曰"，墨子自称其道说，此等同现身说法，说自己家派的思想,源自大禹治水的精神。"湮洪水,决江河而通四夷九州也","湮"当"塞"解,洪水泛滥,一者筑堤防洪,二者开决河道,让水流往四方边陲与中国九州。"名山三百,支川三千","名山"另本作"名川",俞樾云:"名山当作名川,字之误也。"此谓大川三百,支川三千,"小者无数"是小沟渠多到数不完。"禹亲自操橐耜",成玄英疏云:"橐,盛土器也;耜,掘土具也。"筑堤要填土,开决要掘土,禹亲自带头施工,"而九杂天下之川",宣颖云:"九,通纠,纠杂使之纵横相入也。"船山云:"九杂,纠合错杂。"此谓纠集而杂入,使泛滥洪水汇集而归于大川。"腓无胈,胫无毛",治水是长年累月奔走于途,过于劳累而欠缺休息,以致腿长不出肉,而小腿也长不出毛。此即孟子所说之"摩顶放踵,利天下为之","放"当"至"解,从头顶到脚踵皆因工作过劳而磨损。"沐甚雨,栉疾风",在大雨中沐浴,在强风中梳发,有如"墨突不得黔"之意,墨者的烟囱从来都没有时间可以冒出黑烟。"置万国,禹大圣也",此"国"指谓可以落脚安居的城邦市镇,安置万民以成众多之国,让天下人民不致漂泊流落之意,此成就了大圣人的外王志业。"而形劳天下也如此",为了平治天下竟是如此辛苦劳累。

"使后世之墨者,多以裘褐为衣,以跂蹻为服",使后世承继此精神而兴起的墨家徒众,大多身穿兽皮与粗布的衣裳,脚着木屐草鞋,塑造了墨家集团简朴的形象。"日夜不休,以自苦为极","极"是充尽的表现,此一理想追寻的极致,就在日夜不停息地要为天下人受苦,来自我责求,此为墨者行谊最感动人的精神所在。"曰:'不能如此,非禹之道也,不足为墨。'"彼此共勉宣示，倘若做不到这一境地，不算是大禹的传承者，没有资格说自己是墨者。

"相里勤之弟子五侯之徒，南方之墨者苦获、已齿、邓陵子之属"，陈寿昌云："相里勤亦学墨而为师于世者，且弟子皆为五国诸侯之徒，言从学者众也。"《韩非子·显学》云："自墨子之死也，有相里氏之墨，有相夫氏之墨，有邓陵氏之墨。"两文对看，若"五侯之徒"，说的是相里勤之弟子，那么南方之墨者的苦获、已齿，可能就是相夫氏之墨。"俱诵墨经，而倍谲不同"，不论是三大派或两大派，俱诵读《墨经》，《墨经》指称《经》上下，《经说》上下与《大取》《小取》等六篇，其成书年代，劳思光判定在庄子之后，《天下》篇之前。故不可能是墨子自身的作品，却一定在三大流派之先就已成书，否则不可能形成"倍谲不同，相谓别墨"之争。劳思光云："倍即违背之意，谲即异，倍谲不同，言互相违异也。"意谓在《墨经》的解读上，理解分歧，而引发争论。"相谓别墨"，即互相指责对方非正统，而是别支。"以坚白同异之辩相訾"，成玄英疏云："訾，毁也。"今诋毁之意，亦可当"责难"解，此坚白同异之辩，正是名家"离坚白"与"合同异"的两大名理思辨，《墨经》（胡适谓之为《墨辩》者）有"盈坚白"与"别同异"之坚白不相外与同异交得之回应，而墨家三流派就此两大论题进行辩论，而相互攻讦。"以觭偶不仵之辞相应"，奚侗云："觭借为奇，仵借为伍。"奇偶相对，"伍"当"同"解，而"仵"当"合"解，船山云："觭偶即奇偶，不仵，所答非所问也。"意即用奇偶相对本就不合的言辞相为对答。同异相对，而坚白不合，两句上下呼应。

"以巨子为圣人，皆愿为之尸，冀得为其后世，至今不决"，"巨子"，另本作"钜子"，是墨家领袖的称号。墨家主"尚同"说，又主"尚贤"说，从尚贤说尚同，以德行做根底，以救下同于上之可能误导徒众的弊病。巨子是身份地位，圣人则是德行品格。"以巨子为圣人"，故墨家徒众把领袖看作圣人般尊崇。"皆愿为之尸"，"尸"当"主"解，皆愿尊奉他为"主"导的精神领袖；"冀得为其后世"，满心盼望能将此一传承留给后世；"至今不决"，船山云："决，犹断也。""不决"是"未定"之意，言三派相谓别墨，而以正统自居，争论至今不休。

四、墨家行谊的价值论定

墨翟禽滑厘之意则是，其行则非也。将使后世之墨者，必自苦以腓无胈胫无毛，相进而已矣。乱之上也，治之下也。虽然，墨子真天下之好也。将求之不得也，虽枯槁不舍也。才士也夫！

此对墨家行谊，做一价值的论定。"墨翟禽滑厘之意则是，其行则非也"，意谓两人以泛爱非斗、节用非乐来为天下平民争取存活空间的用心，是值得肯定的；而"其生也勤，其死也薄"的"其行难为"，则背离了人情之常。"非"在"反天下之心，天下不堪"。"将使后世之墨者，必自苦以腓无胈、胫无毛，相进而已矣"，将会迫使后起的墨家徒众，以自苦为极，"极"是最高的理想，"自苦"指腓无胈、胫无毛，"相进"指"极"的无限向往与追寻。宣颖解"进"为"尚",阮毓崧则解为"竞",徒众间竞以受苦为高,看谁受的苦比较多,来相互竞争,而不以智慧来开展,或以修养来扭转,此已然走向恶性竞争了,还遗忘了兼相爱、交相利的本怀初衷。

"乱之上也,治之下也",宣颖云:"乱天下之罪多,治天下之功少。"此近乎《韩非子·五蠹》"侠以武乱禁"的说法。高亨云:"在乱世,其人为上品,其道为上乘;在治世,其人为下品,其道为下乘。"墨家集团跃身战国时代的历史舞台,既身处乱世,果如高亨所说,其道为上乘,其人为上品,何以谓其意则是,其行则非?"虽然,墨子真天下之好也","虽然",是承上启下语,虽然是乱之上而治之下,乱天下多而治天下少,在"其行则非"的评价之下,仍给出"其意则是"的肯定,真正是求之于当世,却不可得的大好人。

"虽枯槁不舍也","枯槁"是生命干枯而欠缺润泽,没有自身的前景,没有家室的温暖,没有人间的美好,也没有天国的终极安顿,堪称孑然一身,一无所有。生命干枯,却枯槁不舍,不舍是永不放弃,此侠义道侠客行,看似浪漫的情怀,实则生命的悲歌。一无牵挂,彻底放下,可以是理想主义者,也可能是虚无主义者。而与现实决裂,有毁坏的冲动,义无反顾,而慷慨悲歌,冲决既有体制,又有流血的倾向,此理想与浪漫的结合,而成烈士的性格,生命力暴冲而出,没有迂回,也没有曲折。故曰:乱之上,治之下也。"才士也夫",以《大宗师》所说之"圣人之道"与"圣人之才"的二分而言,墨子有圣人之才,而无圣人之道,"其去王远矣",虽打开了"天下之言,不归杨,则归墨"的格局，闯出一片天，却仅给出"才士也夫"的评价，是一位能承担人间苦难而值得尊敬的豪杰志士。

墨子言天意天志为人格主宰之天，天为神体，一者未内在而为圣，二者又未外发而为王，"神"不降故无"圣"，"明"不出故无"王"，仅有"神"之独体，而未明光下照，内圣外王之道，在暗而不明之下，也就郁而不发了。

第3章　愿天下之安宁以活民命的宋钘、尹文

一、在墨家怀抱与道家心境之间的宋尹学派

不累于俗，不饰于物，不苟于人，不忮于众，愿天下之安宁以活民命，人我之养毕足而止，以此白心。古之道术有在于是者，宋钘尹文闻其风而说之。作为华山之冠以自表，接万物以别宥为始；语心之容，命之曰心之行，以聏合驩，以调海内，请欲置之以为主。见侮不辱，救民之斗，禁攻寝兵，救世之战。以此周行天下，上说下教，虽天下不取，强聒而不舍者也，故曰上下见厌而强见也。

"不累于俗"，不为世俗所牵累；"不饰于物"，不以外物来美饰自己；"不苟于人"，不苟合于人，另章太炎云："苟者，苛之误，下言苛察，一本做苟，亦其例也。"此解作不苛察于人；"不忮于众"，王先谦云："无所忌害。"不忌害于人，此为道家无心无知的心境。

"愿天下之安宁以活民命,人我之养毕足而止",愿天下可以安定,人民可以存活,日用所需止于人我皆足,此为墨家非斗节用的怀抱。"以此白心",《管子四篇》被认为是宋尹学派的作品,其中有《白心》篇,就以此作为心事愿景的告白。《荀子·非十二子》墨宋并称,宋尹学派的救世之斗,是墨家的怀抱,而"语心之容"则是道家的心灵。自古道术的流传,有这一流风余韵,宋钘、尹文听闻此一学术风向而心悦景从。"作为华山之冠以自表",即以华山之上下均平为意象,作为冠冕,以自我表白家派的学风走向。"接万物以别宥为始",《荀子·非十二子》说墨宋"大俭约而僈差等",意谓尚俭约而无差等,故"别宥",意近"僈差等"的抹掉差别。成玄英疏云:"宥,界域也;始,本也。"《说文解字》云:"别,分解也。"故"别宥"即解消分别之意。另说,"宥"借为"囿",奚侗云:"分解其心之所囿。"则"别囿"意同荀子之解蔽,即接万物以去蔽为本。较贴合上下文的诠解,"别"当差别解,"宥"当宽容解,"别宥"即"差别中的宽容",正与下文"语心之容"语气贯串,而义理亦相应。"语心之容,命之曰心之行",船山云:"心以有容为主,所行一如其心,所谓实能容之也。"王先谦云:"即名此容受,而为心行。""命之曰"即"名之曰",名以指实,就心的容受说心的作用功能。

宋钘、尹文承墨家"兼以易别"的余绪,却因天下不堪而其行难为,转而以道家虚而能容的心,给出差别中的宽容。以道家之"虚",取代墨者之"兼"。"以聏合欢,以调海内",船山云:"聏音而,熟煮也。合海内之欢,如烹调五味,令其融和。"高亨云:"聏,柔也,驩借为欢。"心虚能容,无执着分别,以柔弱的姿态，调和四海之内的理序和谐。"请欲置之以为主"，梁启超谓"请欲"为"情欲"，"置之"为"寡之"，下文已有"情欲寡浅"之说，何须在此强调。故"请欲"是请容许我们，"置之"即尊奉之意，"之"指涉以"心之容"为"心之行"的作用，"以为主"，推尊它作为家派思想的基调主轴。

"见侮不辱，救民之斗，禁攻寝兵，救世之战"，成玄英疏云："寝，息也。"所谓救民之斗与救世之战，重心就在禁攻寝兵，此承墨家泛爱非斗之说。然墨者以生命热血去承担，宋钘、尹文却落在"心之容"的"见侮"而不以之为辱上。《荀子·正论》云："人皆见侮为辱，故斗也；明见侮之不辱，则不斗矣。"后起之墨者，在"天下不堪"而"其行难为"之下，将墨家救世志业的生命承担，一转而为道家人生智慧的心知化解，只要我将被欺侮的屈辱，在心的认知上加上一个"不"字，让屈辱感在心中消除，那我就不会也不必去讨回公道、找回尊严了。那不就泛爱非斗了吗？不就禁攻寝兵了吗？不就救民之斗，也救世之战了吗？故从墨子年代至后起《墨经》的发展，实是墨家生命的萎缩，从生命承担往心知化解的路上走。问题在，道家通过"致虚极，守静笃"的功夫修养，解消心知的执着与人为的造作，而回归天生本真的一体和谐；宋钘、尹文却通过名学的处理，直接将"辱"转为"不辱"，有如重新编词典下定义般，在我的词典中，"侮"的定义是"不辱"，此荀子判之为"惑于用名以乱名"，因为"侮"之"名"所涵蕴之"实"就是"辱"，故"见侮不辱"之说，不是心知的化解，未有主体生命的超拔升跃，而是心知拒绝承认之无奈的容受。

"以此周行天下，上说下教"，以此一主轴基调，遍行天下，对上试图说服君王，对下亟盼教导人民，国与国之间禁攻寝兵，人与人之间见侮而不以为辱。"虽天下不取，强聒而不舍者也"，虽然天下人根本不认同，也不愿接受，依旧在天下人的身边，聒噪不停说个不休。"故曰上下见厌而强见也"，所以天下人皆如是说，从君上到下民都深感厌烦，他们还在强迫性地宣扬自家的理念，这一强聒不舍的行谊，自有其救世的坚持，奈何天下不堪，不免从厌烦转为厌弃。

二、在墨家承担天下与道家修养自我间两头落空

虽然，其为人太多，其自为太少；曰："请欲固置五升之饭足矣。"先生恐不得饱，弟子虽饥，不忘天下，日夜不休，曰："我必得活哉！"图傲乎救世之士哉！曰："君子不为苛察，不以身假物。"以为无益于天下者，明之不如已也，以禁攻寝兵为外，以情欲寡浅为内，其小大精粗，其行适至是而止。

"虽然"，是承上启下的转折语，他们如此地坚持不舍，毕竟"其为人太多，其自为太少"，为人与自为相对，为天下人做得太多，为自身做得太少，即墨家之"为之大过，已之大顺（甚）"。"曰：'请欲固置五升之饭足矣。'""请欲"是向天下人做出宣告，请容许我们这样的使命担当，章太炎云："固，借为姑。"每天只要给我们五升的饭食也就够了，"先生恐不得饱，弟子虽饥，不忘天下"，五升之饭，先生不敢吃饱，弟子虽挨饿，

也不会忘了救天下的使命。"日夜不休,曰:'我必得活哉!'图傲乎救世之士哉",日夜不得休息,"曰"是对自己承诺,我一定要活下去,钱穆云:"图,计拟之词。"宣颖云:"图欲以活民命,傲彼救世之士耳。"此一意志的坚持,意图让普天之下号称救世的志士感到羞愧。"傲"是傲视群伦的自我期许。

"曰:'君子不为苛察,不以身假物。'"阮毓崧云:"不苛求以矜明察。"他们又宣称,君子不做苛察天下人的事,来凸显自身的精明,也不会为了富丽自身,而假借外物,耗损社会的资源。"以为无益于天下者,明之不如已也",凡无益于天下人的事,"明之"是晓喻天下,"不如已","已"当"止"解,不如停息下来,以免带来不必要的纷扰。

"以禁攻寝兵为外,以情欲寡浅为内",这两句话是宋尹学派思想的总纲,外求禁攻寝兵,内求情欲寡浅,宣颖云:"外以此救世,内以此克己。""见侮不辱"与"情欲寡浅",是宋钘、尹文学派的理论基石。《荀子·解蔽》说"宋子蔽于欲而不知得",《天论》篇说"宋子有见于少而无见于多",意谓人之情本欲多,而言欲寡,故《正名》篇判之为"惑于用实以乱名"。宋钘、尹文即以"见侮不辱"说禁攻寝兵,以"情欲寡浅"说"人我之养,毕足而止"。人间有名利权势的复杂性,人物有形气物欲的有限性,总得以修养功夫来化解或超越,孟子云:"养心莫善于寡欲。"《老子》云:"常使民无知无欲。""寡欲"是人格修养,"使民无知无欲"是圣人无心无为的政治智慧,而不是以"心之容",来接受"见侮"之为"不辱",来承认"人之情"本"欲寡",既无功夫修养作为根底,两大理论基石等同空论。且会引发委屈难堪与压抑郁结的后遗症，根本没有解决问题。

"其小大精粗，其行适至是而止"，以寥寥三两语来做出总结，似嫌草率，仅言不论是天下的大，还是自身的小，也不论心知的精，还是形气的粗，这一学派的言行也仅能到此为止，再无其他可称道的了。船山云："适至是而止，亦其尤陋也，盖乡愿之狡者。"说他们鄙陋，还算公允，说乡愿之狡，则未免太过了。

《逍遥游》说宋荣子"定乎内外之分，辩乎荣辱之境"，此从内外的定分，说荣辱的分界，有求于外则引来屈辱，回归自身则保有荣耀。问题在，宋荣子可以无求于外，却困守于内，可以无功无名，却苦苦守住一个不被束缚也不免干枯的"己"，故所保住的荣耀，也只是空洞而没有内涵的荣耀。此重在说他的道家性格，而《天下》篇与《荀子·非十二子》则重在说他的墨家性格，他把墨家的天下，还归道家的自我来寻求解决之道，且不以道家心知化解的修养功夫，而经由名学来处理。"见侮"而不以之为"辱"，"情"本"欲多"，而说服自己转之为"欲寡"，摇摆在墨家怀抱与道家心境之间，而两头落空，既救不了天下，也成不了自我。逼迫自己的心，去接受"见侮"之为"不辱"，承认"情"之为"欲寡"；而告诉自己"情欲寡浅"可以救民之斗，"见侮不辱"又可以救世之战，"其行适至是而止"，不免自以为是，也自以为荣耀了。

从全体大用的道术观来看，既无神体，亦无明用，神无由降而圣不生，明无由出而王不成，故宋钘、尹文学派，可以说是无神而无明，无圣故无王，正是治一方之术而自以为"不可加"的代表。

第4章　于物无择与之俱往的田骈、慎到

一、田骈、慎到"道则无遗"的思想学风

公而不党，易而无私，决然无主，趣物而不两，不顾于虑，不谋于知，于物无择，与之俱往。古之道术有在于是者，彭蒙田骈慎到闻其风而说之。齐万物以为首，曰："天能覆之而不能载之，地能载之而不能覆之，大道能包之而不能辩之。"知万物皆有所可，有所不可，故曰："选则不遍，教则不至，道则无遗者矣。"

"公而不党"，大公而不结党，"易而无私"，平易而无私心，"决然无主"，决去牵累而无所执着，"趣物而不两"，"趣"即"趋"，顺任物势而行，却不去主导。不党在无私，不两在无主，没有自家的心知执着，也就可以随物而转了。"不顾于虑，不谋于知"，此如《应帝王》之"无为谋府，无为知主"，虑择起于忧疑顾盼，心思在于权谋算计，既无私无主，也就无庸顾虑，无所

图谋了。"于物无择"就是"决然无主","与之俱往"就是"趣物而不两",既与物同行,当然就不会择取不同的走向。自古以来的道术流传,有在这一面向的,彭蒙、田骈、慎到听闻这一学风走向,而心悦兴起。彭蒙,齐之隐士,田骈之师,游于稷下;田骈,齐国人,游稷下,《汉书·艺文志》列道家,《吕览·不二》谓陈骈贵齐,陈骈即田骈;慎到,赵人,《汉书·艺文志》列法家,先于申韩。三者较显道家性格,而法家形名皆原于道德之意,故转向法家。道家人为不可靠,自然之道才可靠,法家天生人性不可靠,人为法制才可靠。

"齐万物以为首",这一学派以齐平万物为首要关怀。"曰:'天能覆之而不能载之,地能载之而不能覆之,……'"上天遮覆万物,却不能乘载,大地乘载万物,却不能遮覆,天地代表道的生成作用,却不能相互取代。"大道能包之而不能辩之",大道能在包容万物中生成万物,却不能辨别万物的不同。此如同《荀子·礼论》所说的"天能生物,不能辨物也;地能载人,不能治人也"。天地各有所能,却不能辨别万物,也就不能治理天下。荀子的哲学在"天地生之"之外,更强调的是"圣人成之"的"人有其治",而道家性格的田骈、慎到,在天覆地载之上,更看重的是"大道包之"。宋钘、尹文"作为华山之冠以自表"之均平万物的理论根据,在人心的包容;而田骈、慎到"齐万物以为首"之平齐万物的价值依据,却在大道的包容。

"知万物皆有所可,有所不可",此与《齐物论》所说的"可乎可,不可乎不可"的观点,迥然不同。《齐物论》说的是:做出认可的价值判断,是因为合于"可"的价值标准,做出不认可的价值判断,是因为不合于"可"的价值标准。此"可"的价值标准是心知的执着,也不免是主观的偏见。而"知万物皆有所可,有所不可",跟天地各有所能,也有所不能一样,是天生本有的功能作用。"知"当"体认"解,有此体认,"故曰",就可以如斯说,"选则不遍,教则不至",一有挑选剔除,就难以普遍,一经教导引领,就难以致极。因为心知介入,选则有心,教则有为,万物失落其自身的天生本真,反而陷入"可乎可,不可乎不可"之心知执着与人为造作的困局中。"道则无遗者矣",大道无心不选,又无为不教,放开万物,让万物自在自得,反而可以普遍且致极地包容万物,就在包容万物中生成万物,有如《老子》所云:"渊兮似万物之宗。"深渊可以在包容万物中生养万物一般。

二、慎到弃知去己而块不失道的死人之理

是故慎到弃知去己而缘不得已,泠汰于物以为道理,曰:"知不知,将薄知而后邻伤之者也。"謑髁无任而笑天下之尚贤也,纵脱无行而非天下之大圣,椎拍辌断,与物宛转,舍是与非,苟可以免,不师知虑,不知前后,魏然而已矣。推而后行,曳而后往,若飘风之还,若羽之旋,若磨石之隧,全而无非,动静无过,未尝有罪。是何故?夫无知之物,无建己之患,无用知之累,动静不离于理,是以终身无誉。故曰:"至于若无知之物而已,无用贤圣,夫块不失道。"豪杰相与笑之曰:"慎到之道,非生人之行而至死人之理,适得怪焉。"

慎到是由道入法的转关人物，犹如荀子是由儒入法的转关人物。在两人的思想体系，儒道两家的天道，转成现象自然之天，而失去其形而上的超越性格，故价值源头不在天道，也不在人性，转而落在外在的礼与法，去建构价值规范与行为模式。唯荀子是儒家的人为之礼，慎到则是道家的自然之势。

《荀子·非十二子》偏重慎到的法家性格，《庄子·天下》则偏重慎到的道家性格。郭象注、成玄英疏均以其法家性格，来注疏其道家性格的词句，故大多不相应。

慎到"弃知去己"，形似老子之"绝圣弃智""绝仁弃义"，与庄子之"离形去知"（《大宗师》），问题在，老庄是致虚守静与心斋坐忘的修养，由化解的作用而保存圣智仁义，且证成"同于大通"的生命理境。慎到的弃知去己，却不是心知的化解与真我的体现，而是心知与自我的绝弃。少了修养功夫的化解作用，就保存不了天真本德的价值美好，仅能无奈地"缘不得已"，"缘"当"顺任"解，"已"当"止"解，指谓自然的物势。《老子》云："道生之，德畜之，物形之，势成之。"道生、德畜是超越在物形之上的存在之理，物形、势成是囿于物形之中的形构之理。慎到失落道德的形上根源，而仅存物势的现象自然，"不得已"是人不能让它停下来，像四季运行，昼夜交替，正如《荀子·天论》所说的"天行有常，不为尧存，不为桀亡"，天道运行有它自己的常轨，不因为人的德行而改变，人生最大的不得已，就在时光飞逝，而青春不再。失落了存在之理的价值天地，人生仅剩下形构之理的成器而已；"泠汰于物以为道理"，"泠"是"轻妙"，"汰"则"超离"，超离物象物欲的牵引负累，生命就可以轻妙自得了。

"曰：'知不知，将薄知而后邻伤之者也。'"此"不知"不是超越在"知"之上的"不知"，不是解消"知"的执着，而仅是与"知"相对的"不知"而已。人间因执着分别而有"有知"与"无知"的二分，将迫使生命承受"心知"所带来的压迫与伤害。"薄"当"迫"解，"邻"当"近"解，孙诒让云："邻，当读为磷，磷伤犹言毁伤也。"亦可以顺通。"谋髁无任而笑天下之尚贤也"，成玄英疏云："谋髁，不正貌，随物顺情。"宣颖云："盖圆转不任职事也。"没有方方正正地承担职责，也就可以圆转适意地放下自得了，反而嘲笑天下人以贤能为上的价值观念。老子也说"不尚贤"，是君上不去崇尚贤德的名号，以免百姓去争逐空虚的名号，慎到嘲弄的却是贤能贤德的价值观。"纵脱无行而非天下之大圣"，陈寿昌云："纵放脱略，不事行检。"放纵自身从体制规格中脱离出来，对自身言行无所检束，反而非难天下人以圣为大的价值观念。此不仅失落了道德的价值根源，且颠覆了道德的价值标准，不是解消，而是反对。

"椎拍𫐐断，与物宛转"，陈寿昌云："椎则善推，拍则应节，𫐐去圭角，断去牵滞，所以与物宛转也。"此承宣颖解，将首句"椎以自柔"，改为"椎则善推"，"椎拍𫐐断"四字，皆当动词用；成玄英疏云："宛转，变化也。"故"与物宛转"，是随顺物势而与之俱往，正是"缘不得已"之意。"舍是与非，苟可以免"，舍去是非的执着分别，只求免于承担的牵累。"不师知虑，不知前后，魏然而已矣"，不以知虑为师，即不以心知虑择作为言行的依据，也就没有先后理序的排列，"魏"通"巍"，"巍然"

是"独立"貌,不为人世间的万象流转所牵动或摇摆。"推而后行,曳而后往",推动始前行,拉曳而后往,而推动拉曳者,非自然物势莫属。故下文云:"若飘风之还,若羽之旋,若磨石之隧",成玄英疏云:"隧,转也。"像回旋来去的飘风,像在空中飞舞的羽毛,像前后转动的磨石,纯任自然物势的不得已,而未藏有自家的意欲动向。"全而无非,动静无过,未尝有罪",存全自身,不落入人间是非圈中,故不论动静,都没有过错,从来没有人可以罪责自己。

"是何故?夫无知之物,无建己之患,无用知之累",何以能够无罪可责?理由在,作为一个无心知之执着分别的存在,生命中就不会有建构自己一生愿景的忧患,也不会有运用心知虑择去跟天下人奔竞争逐的牵累。"动静不离于理",此"理"非应然的存在之理,而是实然的形构之理;"是以终身无誉",因此终身没有荣耀,也相对没有过错。"故曰:'至于若无知之物而已,无用贤圣,……'"所以说要做到彻彻底底地抽离自己的情意与理想,仅需维系形气生命的存在而已!如是而言,贤能圣德皆成多余,"夫块不失道",郭象注云:"欲令去知如土块也。"无知之物甚至如土块一般,然此中仍有道在,有如《知北游》所说之"道在蝼蚁,道在稊稗,道在瓦甓,道在屎溺"的"每下愈况",越卑微之地越显现道的高贵。宋荣子不要外在的功名,而只要自身的荣耀;告子不要内在的心知,而只要守住形躯生命的自然之气;慎到进一步连生命之气也不要了,因为生命之气有感觉,会觉得痛,而要像土块一般没有感觉,不痛也就得救了。"豪杰相与笑之曰:'慎到之道,非生人之行而至死人之理,适得怪焉。'"

天下豪杰志士听闻此一"块不失道"的论调,就一起嘲笑说,慎到的道,不是活出人生的美好,而是压抑窒息了生命价值的可能空间,仅是惊世骇俗的一大怪事而已!

三、彭蒙、田骈、慎到所谓的道不是道

田骈亦然,学于彭蒙,得不教焉,彭蒙之师曰:"古之道人,至于莫之是莫之非而已矣。其风窢然,恶可而言?"常反人,不见观,而不免于鲵断。其所谓道非道,而所言之韪不免于非。彭蒙田骈慎到不知道。虽然,概乎皆尝有闻者也。

"田骈亦然",说田骈也是如此,与慎到是同一学派的人物,"学于彭蒙,得不教焉",他就学于彭蒙,学得不言之教的道理。因为"教则不至",所以要回归"道则无遗"的不言之教。"彭蒙之师曰:'古之道人,至于莫之是莫之非而已矣。……'"彭蒙的老师如是说,自古以来的修道人,要修到没有可以是、没有可以非的境地,泯除是非,就可以平齐万物了。"其风窢然,恶可而言",成玄英疏云:"窢然,迅速貌。……风教窢然,随时过去,何可留其圣迹,执而言之也。"风教一时,在时光迁流间无可停留,怎能据而言之呢?另林云铭作"寂"解,马叙伦说借为"洫",《说文解字》:"洫,静也。"意谓风教寂静无声,怎可据而立论呢?

"常反人,不见观",常与世俗人情之好论是非相反,陈寿昌云:"不聚人之观听。"不引来众人之关注重视。高亨云:"观,

疑借为欢。不见欢，谓不悦于人也。"意即不讨人欢喜。"而不免于鯢断"，"鯢断"即"輐断"，輐去圭角而断去牵制，一如弃知去己，为了与物宛转，而舍去了自己的才气与性格。"其所谓道非道，而所言之韪不免于非"，他们所说的道，根本不是道，仅是死人之理，而非生人之行，虽说大道包之，若无修养功夫，以开显大道，说大道无限包容，也只是空论而已。所认定的道既不是道，而所论的"是"，也不免于"非"了。"莫之是莫之非"之价值认定的本身，就是不合理的"非"了。"不知道"是说这三位思想家对"道"根本未有亲切的体会，也未体现道的理境。"虽然，概乎皆尝有闻者也"，概略说来，他们对"道"确有某些程度的体认。

因为"不知道"的断语，似乎不留余地空间，故以"虽然，概尝有闻"来修补过于严苛的论定。慎到可是法家三派中"势治派"的代表人物，他"势因于自然"的观点，将道家智慧消化导入在政治权势的规范与运作上，理当还给他一个公道，给出他在学术思想的一席之地。

总而言之，"其所谓道非道"，是无神体，"不知道"是无明用，"弃知去己"是无圣，"块不失道"则是无王。船山云："此亦略似庄子，而无所怀，无所照，盖浮屠之所谓枯木禅矣。"看其人生观点，形似庄子，实则，"无所怀"是无神体，"无所照"是无明用，神不降而圣不生，明不出而王不成，好像什么都可以不要，什么都不放在心上，颇见禅意，而其内涵却干枯无物。

第5章 以有积为不足澹然独与神明居的关尹、老聃

一、道家空虚不毁万物的生成原理

以本为精,以物为粗,以有积为不足,澹然独与神明居。古之道术有在于是者,关尹老聃闻其风而说之。建之以常无有,主之以太一,以濡弱谦下为表,以空虚不毁万物为实。

"以本为精,以物为粗",成玄英疏云:"道为精,……物为粗。"精粗相对,"本"当与"末"相对,依"以德为本"来看,"本"指谓天真本"德","物"指谓形气物欲。"精"从《老子》"窈兮冥兮,其中有精"与"惚兮恍兮,其中有象"来看,指谓虽"有"而尚未成形的生命精象,"粗"从《老子》"其精甚真,其中有信"与"恍兮惚兮,其中有物"来看,指谓有形而可验证的生命粗迹。

"以有积为不足,澹然独与神明居",《老子》有云:"圣人不

积,既以为人己愈有。""积"是积存蓄藏之意,"不积"是无掉想去积存名、蓄藏货的心知,相对地,"有积"是有心想去积存名、蓄藏货的意念萌动。此"有积"正反映生命本身的匮乏虚欠,故云:把"有积"的执着与造作,看作生命的虚欠不足。圣人生成百姓,"既"当"尽"解,倾尽自家所有而为天下人,天下人的"有"等同自身的"有",故云"己愈有"。"圣人不积,既以为人己愈有"是正面的论说,"以有积为不足"则是反面的陈述。既认定"有积"为"不足",当然往"知足之足,常足矣"(《老子》四十六章)的路上走,能真切体认生命自身本来就完足的"足",才是永远的"足",既足于生命自身的天真本德,也就可以"澹然独与神明居"了。"澹然"相对于名利心权力欲而言,《老子》云:"道之出口,淡乎其无味。"看淡世俗人间的名利权势,而往修道的路上走,此即"独与神明居","独"是外天下、外物、外生之后的真我朗现,名利权势,甚至生死,一切放下,存在时空尽是"仰天地之悠悠",与神体明用同在同行。

　　自古以来的道术流传,有在这一面向的,关尹、老聃听闻此一学风而心悦兴起。"建之以常无有","建"是理论建构,"常无有"有二解,一为常、无、有三大独立理念,二为常无与常有。两种说法均可成立。"常"是"常道""常名"之常,与"知常曰明"(《老子》十六章)、"知和曰常"(《老子》五十五章)之常,"常"指谓"道体"的恒常作用。"无"与"有",用来描述道体的存在性格,"无,名天地之始;有,名万物之母。"(《老子》一章)因为道体是"无",超越在万物之上,可以作为天地万物的根源之始;同时道体也是"有",内在于万物之中,可以作为天地万物的生成之母，此为道体的两面性。"天下万物生于有，有生于无。"（《老子》四十章）天下万物生于"道体"的"有"，而"道体"的"有"，生于"道体"的"无"。此说的是道体的双重性。此外，"常"分别与"无""有"联结，"故常无，欲以观其妙；常有，欲以观其徼。"（《老子》一章）此言从道体的常无，可以观照其始物之妙，从道体的常有，可以观照其终始之徼。此谓道体是恒常之无，也是恒常之有。上述两种说法，并存于《老子》的诠释系统中。

"主之以太一"，即以"太一"为主，"一"指谓"道"，"道生一"（《老子》四十二章）是道体的"无"生道体的"有"，亦即"有"生于"无"之意。"太"用来形容"道"的唯一之"极"。

"以濡弱谦下为表，以空虚不毁万物为实"，表与实相对，"表"是外表姿态，"实"是实质内涵。高亨云："濡，借为嬬，《说文解字》：嬬，弱也。"《老子》云："柔弱者生之徒。"又云："弱者，道之用。"柔弱是柔和虚弱，"谦下"是自处卑下，此处下居弱的表象姿态贴近"道"的体现，看似空虚而一无所有，实则虚弱是心知的化解，而化解的作用就在保存万物本有的美好；"空虚"是"无"，"不毁万物"是"有"，"空虚不毁万物"是"有生于无"的生成原理。宣颖云："空虚即不毁矣。"空虚即无心无为，无掉心知的执着，也解消人为的造作，则放开万物，让万物自生自长，也放开百姓，让百姓自在自得。故表象在"濡弱谦下"，实质在"不毁万物"。

二、关尹其动若水其静如镜的价值取向

关尹曰:"在己无居,形物自著。其动若水,其静若镜,其应若响。芴乎若亡,寂乎若清,同焉者和,得焉者失。未尝先人而常随人。"

"关尹曰",函谷关之令尹,名喜,《汉书·艺文志》列道家,有《关尹子》九篇。宣颖云:"世传关尹系老聃弟子,今庄子不见此说,且叙之于老聃之上,岂传者未必然乎?"此质疑关尹为老聃弟子之说,且关尹名列老聃之上,似乎年代在老聃之先。故先论关尹的思想。

"在己无居,形物自著。其动若水,其静若镜",此从"其动若水"说"在己无居",再从"其静若镜"说"形物自著"。以水流动不息,来说生命主体的灵动,"无居"是无执着无滞陷;而心虚静如镜,镜照观物,"着"是照现,意谓万物在镜子面前朗现他自己,有如"万物静观皆自得"的诗句,我静观,物自得,我无心,物自著。

"其应若响",成玄英疏云:"动若水流,静如悬镜,其逗机也似响应声,动静无心,神用故速。"陈寿昌云:"若响之应声,其应无心。"如响之随声而起,意谓应物无心,即《德充符》所说的"和而不唱",只是应和而不主唱。"芴乎若亡",成玄英疏云:"芴,忽也;亡,无也。"船山云:"与惚通。"陈寿昌云:"恍忽之际,若亡而实存。"此亦空虚不毁万物之意,空虚即若亡,不毁万物即实存。"寂乎若清",《吕氏春秋·不二》云:"关尹贵

清。"生命的"清"明，由心的虚静而来，所以说：寂乎若清。陈寿昌云："虚寂无物，若清而实神。"由神体发为明用，就生命言清虚，就道体言神明。在主体的虚寂清明间，涌现灵感创意。

"同焉者和"，陈寿昌云："与物同尘，和其光也。"混同自己于尘土，消融自己的光芒，即可融入，而有一体的和谐。"得焉者失"，想得到却反而失去。此《老子》云："为者败之，执者失之。"为者想求成，却可能落败；执者想求得，却可能失去。又云："是以圣人无为故无败，无执故无失。"根本之道在无为与无执，不求成就不会落败，不求得就不会失去。甚至可以依"多藏必厚亡"解为：想往外求得的本身，就是生命价值的重大失落。"未尝先人而常随人"，道家思想守柔居弱，处下不争，所以说："不敢为天下先。"却有"后其身而身先"的妙用，与"欲先民，必以身后之"的自觉，所以说未尝抢在天下人之先，而常随在天下人之后。

三、老聃无藏有余可谓至极的生命大智慧

老聃曰："知其雄，守其雌，为天下溪；知其白，守其辱，为天下谷。"人皆取先，己独取后，曰受天下之垢；人皆取实，己独取虚，无藏也故有余，岿然而有余。其行身也，徐而不费，无为也而笑巧；人皆求福，己独曲全，曰苟免于咎。以深为根，以约为纪，曰坚则毁矣，锐则挫矣。常宽容于物，不削于人，可谓至极。关尹老聃乎！古之博大真人哉！

"老聃曰",引据《老子》二十八章开宗明义的前两句,"知其雄,守其雌,为天下溪;知其白,守其辱,为天下谷",却未完整征引,而省略了"为天下溪,常德不离,复归于婴儿",与"为天下谷,常德乃足,复归于朴"之两句的后半段。依老子"有生于无"的生成原理,"知其雄"的"有",生于"守其雌"的"无","知其白"的"有",生于"守其辱"的"无"。"雄"与"白"代表正面开创的理想,"雌"与"辱"代表负面化解的智慧,想要开创英雄志业吗?得守住清静无为,想要朗现正大光明吗?得守住幽谷昏暗。"白"是光明,"辱"读为黵,昏暗之意,二者正相对。王弼本误以为"白"当与"黑"对,"辱"当与"荣"对,故增添了"守其黑,为天下式;为天下式,常德不忒,复归于无极;知其荣"之一大段语气用语与上下文不类的二十三个字。今据《天下》篇所引述,即可校勘论定。"为天下溪"与"为天下谷",溪谷虚静能容,虚则无心,静则无为,可以不离自身之常德,因为常德本身就已然完足,如此,人物可以复归于婴儿的天真,人间也可以复归于乡土之素朴。

"人皆取先,己独取后,曰受天下之垢",天下人熙熙攘攘,尚贤名贵货利,未料,甚爱名而大费身,多藏货而厚亡身,故体悟道的人生取向,不在抢先,而在取后,《老子》云:"受国之垢,是谓社稷主;受国不祥,是谓天下王。"意谓圣人要承受一国的污垢与不祥,才足以成为社稷之主与天下之王。此处所说"受天下之垢",一者云处于下流或守在后头,总要承受天下人所积存的尘垢污染,二者云还得承受来自天下人之"顽似鄙"的贬抑讥刺。

"人皆取实，己独取虚，无藏也故有余"，天下人皆认取实利，我独取虚用，《老子》云："有之以为利，无之以为用。"以"有之"为"利"，以"无之"为"用"，"有之以为利"是"知其雄"，"无之以为用"是"守其雌"，"知其雄"的"有"，生于"守其雌"的"无"，故"有之之利"，亦生于"无之之用"。更简易地说，想"有之"吗？请先"无之"。此将"有生于无"的生成原理，落实人间，而拆成两句，让天下人能有贴切的体会。天下人皆取实利，而不知"实利"从"虚用"来。"无藏也故有余"，"无藏"就是"取虚"，《老子》云："圣人不积，既以为人己愈有。""不积"即是"无藏"，而"己愈有"就是"有余"。问题在，既"不积"，怎能"己愈有"，既"无藏"，又怎能"有余"？故所谓的"己愈有"与"有余"，指涉的不是物质性的数量，而是精神性的质量。圣人为天下人倾尽自家所有，看似"无"了，然天下人的"有"，不就是圣人的"有"吗？圣人生百姓，百姓皆有，不就等同圣人的"己愈有"吗？"有余"指谓生命本身的自我完足，我什么都有了，我什么都可以不要，此所以虽"无藏"，却"有余"。《老子》又云："知足者富。"一个体悟自我完足的人，才是真正的富有。"岿然而有余"，李勉云："系解释上句之注辞，误入正文。"少了此五个字，正好与上一小段三三成句，而形成对称。宣颖云："岿然，充足貌。而有余，故叠一句，甚言之。"此谓显发一个什么都有的巍然气象。

"其行身也，徐而不费，无为也而笑巧"，"行身"是立身处世行走人间，陈寿昌云："从容而少事。"《老子》云："孰能浊以静之徐清，孰能安以动之徐生。"此"徐"乃无心从容，自然生成之意,"少费"即"治人事天,莫若啬"之"啬",是内敛涵藏之意。"甚爱必大费","甚爱"是由"执着"而痴迷热狂,"大费"是耗损生命。"无为也而笑巧","无为"是无心而为,智巧转成多余,形同余食赘行,反而引生反感与对抗。《老子》云:"绝巧弃利。"不执着利,就不用造作巧,而回归素朴天真,故谓"盗贼无有"。

"人皆求福,己独曲全,曰苟免于咎",天下人皆直接求取福报,却不知福报从德行来,《老子》云:"曲则全。""曲"是心知的化解作用,"全"则是作用的保存,此为放下的成全,看似委屈,实为让开一步的智慧。故"曲全"是由德行修养而带来的福报。"曰苟免于咎",《老子》云:"咎莫大于欲得。""欲得"的意志坚持,从"可欲"的心知执着来,故"不见可欲",就可以免于"欲得"的罪咎了。"苟"当"只求"解,实则藏有"虚其心"而不现"可欲","弱其志"而不求"欲得"的人生智慧。

"以深为根,以约为纪,曰坚则毁矣,锐则挫矣",此一语式,如同"以德为本,以道为门","以深为根"即"以德为本","以约为纪"即"以道为门"。深根在德本,约纪在道门。《老子》云:"深根固柢,长生久视之道。"又云:"执古之道,以御今之有:能知古始,是谓道纪。"前者重在道体本身的生成原理,后者重在执古御今的无为治道。"曰坚则毁矣,锐则挫矣",《老子》云:"揣而锐之,不可长保。"锤打而使其锐利,难以长久保住。又云:"坚强者死之徒"与"强梁者不得其死"。锐利坚强的冲刺,其后果在"勇于敢则杀",强梁是如梁之强,不论是栋梁,还是桥梁,乘载重负,虽可撑持一时,终将"物壮则老"而"不道早已",求壮反而走向衰老。此谓坚强终究毁坏,锐利不免挫折。老子说我有三宝,"一曰慈"是"以深为根","二曰俭"在"以约为纪","三曰不敢为天下先"理由在"坚则毁矣,锐则挫矣"。母慈无心,是生命的根本与价值的依据,俭约用广,是处世的门道与应变的智慧,"不敢为天下先",避开了坚毁锐挫的伤痛,且从"慈故能勇"而来的"勇于不敢则活",可以活出天下百姓,此之谓"故能成器长"。众器之长,本在原木之"朴",百官之长,本在生成之"道",此印证了"以德为本,以道为门"的理路说解。

"常宽容于物,不削于人,可谓至极",《老子》云:"道者万物之奥。"道体冲虚,是"无",而奥藏万物,则是"有",奥藏是无限的包容,此在包容万物中生成万物的作用,就是有无玄妙的生成原理。"常宽容于物",意谓永远地给出无限宽广的空间,让万物自生自长,也自在自得。"不削于人",《老子》云:"善者吾善之,不善者吾亦善之,德善;信者吾信之,不信者吾亦信之,德信。"无掉心知执着的主观偏见,不把"善"与"信"的价值标准定在自身,也不责求天下人要合乎我执定的价值标准。所谓不善不信者,只是跟我们不同的善不同的信,吾亦善之信之,是把善跟信还给天下人的自身,这就是人人本有的德善,人人本有的德信。又云:"常善救人,故无弃人;常善救物,故无弃物。"以人人本有的常善,去救天下人,以物物本有的常善,去救天下万物,那是人人皆善,人人得救,物物皆善,物物得救,没有人被遗忘,没有物被抛弃,这才是"常宽容于物,不削于人"的真正意涵。就因为人人皆善皆信,人人皆得救,人人皆生成，实现了生成万物生成百姓的终极理想，故云"可谓至极"。此是"止于至善"的道家版，两大教千古并行，也同步开显了终极的理境。此一系列的以"人皆"与"己独"的对显笔法，似师承《老子》二十章之"众人"与"我独"的书写策略。

"关尹老聃乎！古之博大真人哉"，这是最后的评价论定，说关尹、老聃这两位大思想家，可以说是自古以来的博大真人。

老子"澹然独与神明居"，说他淡出俗染尘嚣，朗现真我，而与神体同在，与明用同行，"建之以常无有"，建构了他"道法自然"的理论体系，此为神体；"以空虚不毁万物"，来生成万物，是为明用。体现神体谓之真人，生发明用，是谓博大。

老子的思想，在神明圣王上下内外的道术观中，列在"兆于变化"之上明的位置，而"明"从"神"来，故云有神而有明，然未有仁义礼乐的人文教化，也未有法名参稽的百官养民，故云无圣亦无王。老子有其无为而治的政治智慧与致虚守静的精神涵养，皆属明光的直接下照，仍在"兆于变化"的虚用，而未能落实人文化成的内圣修养与法制术用的百官养民，故既生不出内圣，也就成不了外王。

看《天下》篇评述《老子》，着墨在应世的智慧，而未彰显其有无玄妙的形上原理，似乎深厚与开阔两皆不足。

第6章 万物毕罗莫足以归的庄周

一、表达形式与价值取向

芴漠无形，变化无常，死与生与，天地并与，神明往与！芒乎何之，忽乎何适，万物毕罗，莫足以归。古之道术有在于是者，庄周闻其风而说之。以谬悠之说，荒唐之言，无端崖之辞，时恣纵而不傥，不以觭见之也。以天下为沉浊，不可与庄语，以卮言为曼衍，以重言为真，以寓言为广。

"芴漠"另本作"寂寞"，寂寞本清静无声，无声无形说的是道体的本身；"变化无常，死与生与"，说的是天地万象在时间流转中的存在样态，最大的变化无常，就在生死。"天地并与，神明往与"，亦即"与天地并"，"与神明往"，与天地同在，与神明同行。天地生成万物，神明是神体明用。"芒乎何之，忽乎何适"，"芒乎"是空间的茫昧不明，"忽乎"是时间的飘忽不定，"何之""何适"的"之"跟"适"，皆当"往"解，在天地茫茫、四无依傍间，问人生要往何处去？"万物毕罗，莫足以归"，意谓即使万物尽网罗其中，也不值得作为生命的依归之所。

自古以来的道术流传，有显发在这一面向的，庄周听闻此一学术风向，也就心悦兴起。"以谬悠之说，荒唐之言，无端崖之辞"，成玄英疏云："谬，虚也。"是不实之意，悠则悠远，此言天地悠远而超乎人世经验之外；"荒唐之言"，宣颖以"放旷"解，王先谦云："荒，大也；唐，空也。"亦放大空旷之意，此言超离人间礼制之外，即《大宗师》所说的"方之外"；"无端崖之辞"，陈寿昌云："端，起处；崖，止处。"王先谦云："无端可寻，无崖可见。"此言无边无涯的想象空间，这三句说的是庄子独特的表达形式。

"时恣纵而不傥，不以觭见之也"，"恣"是任意，"纵"是放开，"不傥"，王叔岷作"党"，成玄英疏云："不偏党。"陈寿昌云："傥，苟也。"无所偏党与不苟同世俗，两解相近。另说，"傥"有忽然而至之义，此谓虽放言高论，并非突如其来之辞。"不以觭见之也"，成玄英疏云："觭，不偶也。"宣颖云："觭，一端也，不以一端自见也。"是"见"读为"现"，不以一端之见自现于人间。

"以天下为沉浊，不可与庄语"，以为天下百家皆陷落在世情混浊间，不可用过于庄重的语词来进行对话，因为斩截界定的语气，难以有退让或模糊的空间。故转而"以卮言为曼衍，以重言为真，以寓言为广"，此《寓言》篇有云："寓言十九，重言十七，卮言日出，和以天倪。"此言庄子书以寓言书写的比例有十分之九，而在寓言的故事情节与人物对话中，请出重量级人物来担纲的比例有十分之七,且不论是寓言,还是重言,皆是卮言。"日出"即天天出现,"卮言"是有如漏斗般直流而下无所曲折迂回的天真话语。《人间世》所说的"与天为徒"就是"卮言日出","与人为徒"就是"寓言十九",而"与古为徒"就是"重言十七"。"卮言"童言无忌,率直天真,人家不会计较,故"卮言"可以曼衍无尽;"重言"借古圣先贤之口,可以说出内心想说的话,而不会引来罪责;"寓言"依想象编排故事,也就可以广为运用,而不受引据是否符合史实的限制了。

二、功夫境界及其评价

独与天地精神往来而不敖倪于万物,不谴是非,以与世俗处。其书虽瑰玮而连犿无伤也,其辞虽参差而诚诡可观。彼其充实不可以已,上与造物者游,而下与外死生无终始者为友。其于本也,弘大而辟,深闳而肆;其于宗也,可谓调适而上遂矣。虽然,其应于化而解于物也,其理不竭,其来不蜕,芒乎昧乎,未之尽者。

"独与天地精神往来而不敖倪于万物","独"是真人人格的朗现,《大宗师》有云,在外天下、外物、外生之后,一者排除天下权势与人间名利的牵引,二者摆脱形气物欲的封闭,三者解消生死的执着与分别的禁制,那生命本身的真实自我就可以完全朗现,此之谓"见独"。有真人而后有真知,真人真知在知天之所为,又知人之所为。知天之所为,是"独与天地精神往来",知人之所为则"不敖倪于万物"。知天之所为在"天而生"的生成作用,此即所谓的天地精神。故"独与天地精神往来",即"天地并与,神明往与"地跟天地并行,跟神明同往。知人之所为在"以其知之所知,以养其知之所不知",从心的"知"养到"不知","不知"是解消知,也超离知,解消心知的执着与分别,也就"不敖倪于万物"了。陈寿昌云:"敖倪,犹傲睨。"上下两句如同《齐物论》所说的"天地与我并生,万物与我为一",与天地并生,即与天地精神往来,与万物为一,也就不傲睨于万物了。"不谴是非,以与世俗处",陈寿昌云:"谴,责也,和光同尘,故相忘于是非。"既与天地精神往来,即超离在人间相对二分的是非之上。不傲睨于万物,才可以解消自我,而融入世俗之中。

"其书虽瑰玮而连犿无伤也",陈寿昌云:"瑰玮,奇特之状;连犿,相从之貌,其书虽若惊世骇俗,而却善体物情,连环宛转,与物相从而不违。是以虽瑰玮而无伤也。"此解精到。"瑰玮"是瑰丽奇伟,"连犿"是连环宛转,瑰玮压迫人,宛转则随顺人,何以能并存,关键在"善体物情"。另说"犿"作"獾",借为"欢",连欢是情意交感而生命会通,《人间世》所谓的"达人心""达人气",既与他的心同在,与他的气同行,也就情意连欢,而生命无伤了。"其辞虽参差而諔诡可观",成玄英疏云:"或虚或实,不一其言也;諔诡,犹滑稽也。"陈寿昌云:"其辞旨抑扬纵夺,参差不一,而滑稽诡谲之中,却有可深思而得之理。""参差"即涵有"不一"之意,说"或虚或实",实则以虚显实,谬悠、荒唐、无端崖是"虚",却深藏"不可与庄语"的真实意涵，故在看似滑稽而诡谲的言辞间，大有可观的义理在。

"彼其充实不可以已"，"充实"是"充而实之"，"已"当"止"解，孟子亦有"充实之谓美"之说。故"充实"是功夫论的字眼，而修养功夫是生命唯一的保证，所以是不可以片刻停下来的。存有论的"德性"，虽天生本有，却有待功夫论的"德行"，来"充而实之"，通过内在的存养，且进一步往外扩充，由德性而德行，德的美善内涵才得以实现。就庄子而言，《逍遥游》的"大鹏怒飞"，由小而大的成长与由大而化的飞跃，说的就是"彼其充实"，而飞向九万里的高空，且从北冥人间飞往南冥天池，此之谓"不可以已"。

"上与造物者游，而下与外死生无终始者为友"，造物者是现象自然之天的阴阳气化，从气之聚散说生死，一者体认此生就在"通天下一气耳"的自然造化中，也就可以有"外死生，无终始"的体悟，"终始"指谓"死生"，"外"就是"无"，解消生死的执着与分别。就《大宗师》而言，生死有如出入境，从此身出境，而往彼身入境，故不说"死"，而说"化"。有此大彻大悟，生命自我就可以"游乎天地之一气"，上与造物者同游，而下与人间看开生死的人做朋友。

"其于本也，弘大而辟，深闳而肆"，"本"指谓"不离于精""不离于真"而"以德为本"的天真本德，此天生本真的德，弘（宏）大而透辟，精深而纵放，弘大是生命的厚度，精深是生命的深度，"弘大而辟"是大而无大之相，"深闳而肆"是深而无深之相，化掉了弘大相与深闳相，而不会成为自身的负累与天下人的压迫，有如大鹏鸟的"大而化之"，转化蜕变，奋起而飞，故虽弘大而透辟自在,虽深闳而纵放自得。

"其于宗也,可谓调适而上遂矣","宗"指谓"不离于宗"而"以天为宗"的天道,宣颖云:"稠,当作调;遂,达也。"陈寿昌云:"调御闲适,放于自然也。"此一如孔子所说的"下学而上达,知我者其天乎",透过调适之下学的功夫,而上达于天道的理境。故调适而上遂,"调"是主体的化解,"适"是存在情境的融入,"上遂"则是体现了天道的玄理妙境。

"虽然,其应于化而解于物也",虽说已上达天道的玄妙理境,然行道人间,仍得"应于化而解于物",顺应物化而解开物累。陈寿昌云:"应自然之大化,以解万物之悬结。"此解贴切而精到。顺应阴阳气化的流行,解开心知执着物象而成物累的倒悬心结。

"其理不竭,其来不蜕,芒乎昧乎,未之尽者",此《天下》篇说庄子,有如颜回之说孔子,云:"仰之弥高,钻之弥坚,瞻之在前,忽焉在后,夫子循循然善诱人,博我以文,约我以礼,欲罢不能。既竭吾才,如有所立卓尔。虽欲从之,末由也已!""其理不竭",言体悟天道玄理的永难竭尽,有如"仰之弥高,钻之弥坚"的艰难,"其来不蜕",言在生命的来去流转间未见其蜕化之迹,有如"瞻之在前,忽焉在后"的不可捉摸;"芒乎昧乎",即"芒乎何之,忽乎何适",空间茫昧,时间飘忽,故有不知何去何从之感。成玄英疏云:"芒昧,犹窈冥也。"既窈冥深远,又茫昧恍惚,故谓:"未之尽者。""未之尽"意即"未尽之",未能穷尽之意,此即"虽欲从之,末由也已"的犹有憾焉。

此给出庄子最高的肯定。从来没有人可以像庄子这样体现道体的玄理妙蕴,此即《应帝王》所说的"体尽无穷,而游无朕","未之尽者"即"体尽无穷","芒乎昧乎"即"而游无朕"。

庄子的思想,在神明圣王上下内外的道术体系中,居于上之神的位置,因为"不离于宗",未走离神体而发不出明用,是谓有神而无明,神降而圣生,明不出而王不成,故谓有圣却无王。唐君毅云:"超越在天地变易,一身生死之外之上,以接天地精神,以成其至人、神人、圣人、天人、真人之人格。"亦含此义。

第7章　在道术之外，
　　　逐物而不反的惠施、公孙龙

一、以历物八事观于天下的惠施

惠施多方，其书五车，其道舛驳，其言也不中。历物之意，曰："至大无外，谓之大一；至小无内，谓之小一。无厚，不可积也，其大千里。天与地卑，山与泽平。日方中方睨，物方生方死。大同而与小同异，此之谓小同异；万物毕同毕异，此之谓大同异。南方无穷而有穷，今日适越而昔来，连环可解也。我知天下之中央，燕之北越之南是也。泛爱万物，天地一体也。"惠施以此为大，观于天下而晓辩者。

此所谓"历物十事"，其中"南方无穷而有穷，今日适越而昔来，连环可解也"，冯友兰分为三，牟宗三以为"历物之意，无单辞成一事，三句当合成一事"，故为"历物八事"。

"惠施多方，其书五车，其道舛驳，其言也不中"，成玄英疏云："舛，差殊也；驳，杂揉也。既多方术，书有五车，道理殊杂而不纯，言辞虽辩而无当也。"惠施是庄子的至交好友，《徐无鬼》记载庄子怀念惠施的话语："自夫子之死也，吾无以为质矣，吾无与言之矣。"此无质之憾，与失去知音之痛，溢于言表。《内篇》记载了诸多两人关于有用无用、有情无情的对话，虽不相应，却激出智慧的火花，发人深省。此与孟子跟告子在性善与无善无不善、义内与义外之间的激辩，大异其趣。庄惠之会多了一分幽默感的包容，孟告之辩却满是无情的批判。此为千年传统学人对话的两大典型。"历物之意"，是观察天地也遍历万物，自家心中给出的说解。"曰"下面就是八大论题：

其一，"至大无外，谓之大一；至小无内，谓之小一"，此以"无外"界定"至大"，以"无内"界定"至小"，为纯形式的界定，不涉及实质的内涵。"无外"是没有任何存在是在它之外的，所以说它是"至大"；"无内"是没有任何存在是在它之内的，所以说它是"至小"。牟宗三说是至大之整一与至小之整一，此为逻辑之规定，不涉及经验实际。

其二，"无厚，不可积也，其大千里"，"无厚"是有宽度而没有厚度，牟宗三说"无厚"即"不可积"，有厚之体不能由无厚之面而积成。因为此无厚而不可积之面，为纯形式之模型，此模型之面无定量定质，而有厚之面则有定量定质。故"其大千里"乃虚说其无可限量。

其三，"天与地卑，山与泽平"，牟宗三解为依主观标准比较而得之高低上下之差别相，乃是虚概念，是关系词。若标准不立，比较不成，其关系亦消失，故谓上天与下地一样低，山峰跟水泽一样平。

其四，"日方中方睨，物方生方死"，成玄英疏云："睨，侧视也。"另方勇说，"睨"当"倾斜"解，义较顺通。宣颖云："昃由中来，是方中方昃也，昃则可睨，故曰方睨也。""昃"是日头往西偏斜，故"睨"即是"昃"。牟宗三解为一切存在在变中成为过程，并无"是"可言，此从"至变"明差别相之不能立，一切是而不是，日刚中即刚刚不中，物刚生即刚刚不生，"方"有如现在进行时，日在"中"的同时也"往西偏斜"，物在"生"的同时也走向"死"。

其五，"大同而与小同异，此之谓小同异；万物毕同毕异，此之谓大同异"，牟宗三解为大同与小同的分别，是由相对的比较而来，此为涉及程度不同的小同异；万物毕同毕异，从差别相或殊异性而言是绝对的异，从普遍性而言是绝对的同，此为不涉及程度不同的毕同毕异。

其六，"南方无穷而有穷，今日适越而昔来，连环可解也"，前两句表面看来皆属自相矛盾之词，既言无穷又说有穷，今日甫适越而昔日已至，根本不可理解，此乃直线思考所致。若以曲线思考，则不矛盾。因为地球为一圆球，向南直走，随圆形而又转回，故云无穷而有穷，此显然有一圆形的洞见。

"今日适越而昔来"，牟宗三以为是一错觉，因为今日适越，向南或向北走，虽可随圆形而又转回，然时间是不可逆转的，并不能随空间之圆而颠倒时序。惠施说此句时，心中似有一朦胧的直觉，认为时间序列亦可如空间回转，所以也认为"连环可解"。成玄英疏云："夫环之相贯，贯于空处，不贯于环也。是以两环贯空，不相涉入，各自通转，故可解者也。"牟宗三以为，连环非指一实事实物言，如指实事实物而云可解，则是事实问题，而不是名理问题。"其书虽瑰玮而连犿无伤也"，"连犿"当连环解，依圆形思考而可以解开前头两句表面之矛盾，故谓连环宛转而可以通解。通解即涵人我不对抗不决裂之义，故云连环宛转而无伤，以圆形思考的智慧，来化解人我之间的心结困境，如成疏所云：两环贯空，各自通转。

其七，"我知天下之中央，燕之北越之南是也"，燕本在天下之北，而越本在天下之南，今往燕之北与越之南走，乃背反而驰，若直线思考则越离越远，怎能是天下之中央，故当从圆形的宇宙来思考，往燕之北与越之南走，双方绕回来亦可在天下之中央会合。牟宗三以为这也是连环可解的思理。

其八，"泛爱万物，天地一体也"，此语本身不是名理，似乎是依合同异以为一的思路所获致的总结。而落在人生的境遇，既天地是一体，则泛爱万物，等同必然之结论。如同墨家既以兼易别，既打破人我之分，则兼相爱才属合理。

"惠施以此为大，观于天下而晓辩者"，惠施即以此"历物之意"为"大"以展示自家历物之观解，成玄英疏云："自以为最。"阮毓崧云："自以为于天下之理，独见其大。""大"一者指谓天下之大，二者指谓自家"合同异"的观解之大。总结"天地一体，泛爱万物"，可与孟子之"上下与天地同流"，与庄子之"天地与我并生，万物与我为一"的理境与气魄媲美。问题在，孟庄是通过修养功夫所开显的理境，孟子养气之性理，庄子听之以气之玄理，与惠施历物之意的名理，完全属于不同的层次。

"而晓辩者",成玄英疏云:"观照天下,晓示辩人也。"此"观",不能解为道家虚静明照的"观照"义,而仅能解为涵有卖弄炫耀之意涵的"展示"义,"晓"当"晓喻"解,教导天下的辩者,当有如是之气魄与观解,此凸显出惠施身为名家开创者的分位。

二、天下辩者相与乐之的二十一条

天下之辩者相与乐之。"卵有毛。鸡三足。郢有天下。犬可以为羊。马有卵。丁子有尾。火不热。山出口。轮不辗地。目不见。指不至,至不绝。龟长于蛇。矩不方,规不可以为圆。凿不围枘。飞鸟之景,未尝动也。镞矢之疾,而有不行不止之时。狗非犬。黄马骊牛三。白狗黑。孤驹未尝有母。一尺之棰,日取其半,万世不竭。"辩者以此与惠施相应,终身无穷。

惠施晓喻辩者,而辩者也"相与乐之"的随之而起,此"乐之"即以此为乐,知之不如好之,而好之不如乐之,故"乐之"有全幅生命尽在于此的成就感,有如"古之道术有在于是者",只是惠施在道术传统之外,仅是名家名理之多方,"相与乐之"即"闻其风而说之",成玄英疏云:"域中辩士乐而学之也",此说少了一点生命的热度。

依冯友兰的说法,将辩者二十一条分为两部分:

第一部分:"合同异"组八条。

其一"卵有毛",此属经验命题,只要不矛盾即可能。然牟宗三断定为不可解之怪说,不表"合同异"之名理。

其二"郢有天下","郢"仅为楚之国都,而言"有天下",此乃破除空间对待之限制所显之合同异。牟宗三以为可依"我知天下之中央,燕之北越之南是也"之义而得解。

其三"犬可以为羊",本来名指涉实,此乃约定俗成,犬是犬,羊是羊,今谓犬可以为羊,乃自相矛盾。牟宗三断定此落在经验实物上,以搅乱而为合同异。

其四"马有卵",此为经验命题,马为胎生,而非卵生,故牟宗三判定为似是而非之瞎说。

其五"丁子有尾",陈寿昌云:"丁子无尾,而实为有尾之科斗所化,则谓之有尾亦可。"问题在,此为经验命题,有则是,无则非,而不能曲为之说,丁子无尾而谓之有尾,即为不能成立之怪说。

其六"山出口",牟宗三以为根本不表意,不成一思理。

其七"龟长于蛇",若谓长短本依标准而假立,则可通。破除此执着之标准,即可消融二者在执着长短标准之下,进行比较而有之差别相。然亦不可断定为"龟长于蛇"。牟宗三以为此混乱了名理与现象经验之分际。

其八"白狗黑",白狗而谓之黑,此乃自相矛盾者,牟宗三以为若谓目黑,则与"合同异"无关。

牟宗三将以上八句,重新整列,分为三组:

其一为"卵有毛""马有卵""丁子有尾""龟长于蛇",此四句为一组。

其二为"犬可以为羊""白狗黑",此两句为一组。

其三为"郢有天下""山出口",此两句为一组。

从第一组而言,其依据落在"名无固宜"之上,然不能因名无固宜,即可合同异,故此义为不相干者。不论是惠施名理之合同异,或庄子玄理之合同异,均不能落在经验对象上,随意颠倒其内容,亦不能由此以明合同异,故诸多解说皆不成义理,此四句不免荀子所谓之琦辞怪说。

从第二组而言,"犬可以为羊"与"白狗黑",虽说名无固宜,然定义已成,即不可混乱,说犬可以为羊、白狗黑,皆属怪说琦辞,与合同异不相干。

从第三组而言,"山出口"根本不表意,"郢有天下",若意谓取消政治空间之限制,任一点为中心皆可涵摄天下之圆圈,此可表象空间方面的合同异。

故牟宗三判定似只有"郢有天下",在解消空间之对待关系之下,可以表示合同异,另"龟长于蛇"若破除长短之心知二分,亦可指向合同异,其余无一可成义理。此虽用"合同异"一词,然此等琦辞怪说,非惠子所以为大而观于天下之说,当属辩者"相与乐之"之说。

第二部分:"离坚白"组十三条。

"离坚白"乃公孙龙之思路,而与惠施"合同异"之思路,恰成对显。此离坚白以为二,与惠施之合同异以为一,为名家之两大类型。

其一"鸡三足",依《公孙龙子·通变论》之"鸡足三",总言鸡足是一,此是抽象的单言"足",数鸡足为二,仍承认鸡足之数为二,加起来而为三,此"三"只是虚说,只有数目意义,并无实指。牟宗三以为此句乃不相干者,并不是说鸡足之数是三。

其二"火不热","热"不是火的属性,而是人的感觉,火与热可以分离,各是独立之存在。

其三"轮不辗地",牟宗三依成玄英疏与僧肇至变不动之不迁论,而进一步解说,言轮之转,虽至动,然"一息不留,忽焉生灭",则"瞬"不能成立。"瞬"不可得,来去亦不能,是即"至变"转成"至静"之存有。时间相之"瞬"不可得,则空间相之"点"亦不可得。是实时间空间不能有一相应之关系。此关系建立不起,则轮固不动,而"辗地"亦不可说。

其四"目不见",单有目尚不能见,能见要有目,光线及神经作用的传输,故目与见可以分离。

其五"指不至,至不绝","指"是概念,"指不至"谓概念与存在物不能冥合无间。"至不绝",冯友兰依《列子·仲尼》引《公孙龙子》云:"有指不至,有物不绝。"此较合指物对举之《指物论》观点。"绝"当"尽"解,意谓即使"至",其意亦不能尽。此言概念之"指"与存在之"物"可以分离。

其六"矩不方,规不可以为圆","矩不方",意谓由"矩"所成之"方物",不是"方"的本身,"规不可以为圆",意谓画成圆形的圆"规",不是圆的本身。故方矩、方物与方的自身,圆规、圆形与圆的自身皆可分离。

其七"凿不围枘",成玄英疏云:"凿者,孔也;枘者,内孔中之木也。然枘入凿中,木穿空处不关涉,故不能围。""凿"与"枘"两物之各自是其所是,而拆开其间之"虚"的关系,因为"关系"是虚概念,二者不相围,意即可离。

其八"飞鸟之景,未尝动也","景"读为"影",意谓动静在"物"，而"影"本身皆无所谓"动"。牟宗三以为若依"轮不辗地"之解至动变成至静，时间之瞬与空间之点，皆不可得，则连鸟之动亦不可能。

其九"镞矢之疾，而有不行不止之时"，"镞"是"矢端"，箭射出之疾速之动，在某一时间内一点而言，而明其实为不动，此如同"轮不辗地"，依"一息不留，忽焉生灭"而言，至变即可转为不变。

其十"一尺之捶，日取其半，万世不竭"，"捶"，另本作"棰"，成玄英疏云："捶，杖也；取，折也。"此将量度抽象化，而为一数学量，将一尺之棰，做"日取其半"之无穷分割，永远还有其本来的二分之一，故云万世不竭尽。

其十一"狗非犬"，"狗"是小犬，"非"当"不等于"解，小犬不等于犬，因不等而为离，然不碍其"狗是犬"的类属关系之合。

其十二"黄马骊牛三"，此说的是马、牛之个体，加上黄骊之色而为三，实则亦可言四，因为四者皆独立概念而不相属。

其十三"孤驹未尝有母"，此从"孤驹"之定义，即可谓"无母"，若自驹出生之所由来言，则有母。

上述十三条，皆有断案，而无前提。牟宗三亦将此十三条分为三组："火不热""目不见""指不至，至不绝""矩不方，规不可以为圆""凿不围枘"五条为一组；"轮不辗地""飞鸟之景，未尝动也""镞矢之疾，而有不行不止之时""一尺之捶，日取其半，万世不竭"四条为一组；"狗非犬""黄马骊牛三""孤驹未尝有母"三条为一组。并云：此三组皆能明"离坚白"之思理。而"鸡三足"有类于"卵有毛""犬可以为羊",当可列入"合同异"组。如是,"合同异"组当为九条,其中唯有"郢有天下""龟长于蛇"可明"合同异"之思理。

如是而言,"离坚白"组十二条,较诸"合同异"组九条,较少怪说。

"辩者以此与惠施相应,终身无穷","应"兼有呼应与应合二义,因为"相与乐之",故可"终身无穷",终其身而乐此不疲。《齐物论》评述"惠子之据梧也",有云:"唯其好之也,以异于彼,其好之也,欲以明之彼。非所明而明之,故以坚白之昧终。"此言"好之",乃心知执着之谓。有云:"三子之知,几乎皆其盛者也,故载之末年。"此"盛"之到达高峰,近乎"相与乐之"之"乐",而"载之末年"亦与"无所终穷"相应。唯《齐物论》多了价值的省思与批判,批惠施"非所明而明之",而判为"故以坚白之昧终",意谓心知所明之离坚白,实为生命的昏昧。在《德充符》说出了"天选子之形,子以坚白鸣"之深致惋惜之情的痛切语。"子之形"指谓天生的真实,才智绝高,却一生在"离坚白"的心知执着,与"坚白鸣"的人为造作中,"外乎子之神,劳乎子之精",既耗神以外逐,又精气疲困于内,《养生主》所说的"以有涯随无涯,殆已",堪称是对辩者之徒最贴切的评断。

三、对桓团、公孙龙与惠施的评论

桓团公孙龙辩者之徒,饰人之心,易人之意,能胜人之口,不能服人之心，辩者之囿也。

惠施日以其知与人之辩，特与天下之辩者为怪，此其柢也。然惠施之口谈，自以为最贤，曰天地其壮乎！施存雄而无术。南方有倚人焉曰黄缭，问天地所以不坠不陷，风雨雷霆之故。惠施不辞而应，不虑而对，遍为万物说，说而不休，多而无已，犹以为寡，益之以怪。以反人为实而欲以胜人为名，是以与众不适也。弱于德，强于物，其涂隩矣。由天地之道观惠施之能，其犹一蚊一虻之劳者也。其于物也何庸！夫充一尚可，曰愈贵道，几矣！惠施不能以此自宁，散于万物而不厌，卒以善辩为名，惜乎！惠施之才，骀荡而不得，逐万物而不反，是穷响以声，形与影竞走也。悲夫！

1. 饰人之口而不能服人之心的桓团、公孙龙

桓团、公孙龙是辩者之徒的代表性人物。"徒"是徒众，一者与惠施相应合，二者追随桓团、公孙龙。成玄英疏云："并赵人，皆辩士也，客游平原君之家。""士"为读书人的通称，儒家为儒士，墨家为墨侠，道家为方外隐士，法家为法术之士，名家为专讲名理的辩者之士。而自成一学术团队，诸子百家皆得自古道术之流传，独名家与神明圣王之全体大用的道术不相干，而流落在道术之外。

"饰人之心，易人之意"，心为生命主体，"饰"为外铄而多余，是心知执着的修饰美化，"易"为人为造作的改变更易，此由"饰"而"易"，试图以名理取代儒之性理或道之玄理，徒乱心意而已！"能胜人之口，不能服人之心"，成玄英疏云："言

未当理，故不能服人之心。"仅能在思路口辩上，逼对方无言以对，却不能在理上说服对方。"辩者之囿也"，"囿"，宣颖云："辩者迷于其中，而不能出。"意谓为自己的名理思路所困住，故"辩者之囿"是辩者之徒的自我遮蔽。《荀子·解蔽》有云："惠子蔽于辞而不知实。"此等名理命题，远离实事实理，与生命不相干，不会有道德的感动力，也不会有情意美感的共鸣，当然不能服人之心，而仅能胜人之口，不过白忙一场而已！

2. 强于物而弱于德的惠施

"惠施日以其知与人之辩"，俞樾认定"之"可能是衍文，每日运用自己的才智，对天下人展现自己的辩才无碍。"特与天下之辩者为怪"，"特"当"只是"解，只是跟天下的辩者之徒，好发怪异之论。"此其柢也"，俞樾云："此其略也。"言其一生行谊，大略如此。

"然惠施之口谈，自以为最贤"，然而惠施却对自己的辩才，给出最高的评价，以为普天之下没有人可以超过自己。"曰天地其壮乎"，说自家的气势如同天地般壮大，"施存雄而无术"，惠施存此雄心壮志，却仅停留在空论的层次，而无术以彰显道。

"南方有倚人焉曰黄缭"，"倚"当"奇"解，如《大宗师》的"畸人"，说南方有一个名叫黄缭的奇人，不随流俗，而独显风格，抛出了一个天大的问题，"问天地所以不坠不陷，风雨雷霆之故"，问天不坠地不陷与风雨雷霆之现象发生的理由所在，此亦"历物之意"的另一章，不是进行当代天文地理与气象的科学研究，也不是探究天地万物所从来的生成原理；而仅是脑海里灵光一闪凭空发出来的大哉问，根本没有什么大道理可说。未料，"惠施不辞而应，不虑而对"，惠施竟一点也不推辞，也不经思虑地立即回应，反正"历物之意"，在名理思路上可以两相呼应，各凭才气机智，而无关是非对错。

"遍为万物说，说而不休，多而无已"，人生路上遍历万物，看到什么都给出一个观解式的说辞，说个不停，什么都说却不知休止。"犹以为寡，益之以怪"，以为自己还说得不够，为了引来天下人的心思注意，还增益奇诡怪异之说。"以反人为实而欲以胜人为名"，此名实相对，意谓论说话题的实质内涵，背离了人情之常，却借此怪异之说，打出了自己的名号，"是以与众不适也"，因此跟天下人不能适意地相处。

"弱于德，强于物，其涂隩矣"，生命的本德天真在消散流失中，而人间街头的争逐排名却往上攀升，"涂"当"途"解，人生的道途也就越走越窄。"由天地之道观惠施之能，其犹一蚊一虻之劳者也"，天地之道，乃生成万物之道，就《天下》篇所建构之神体明用内圣外王之统体为一的价值体系来评量，惠施"历物之意"的灵光偶现，既无德行的化成，又无认知的构成，虽"遍为万物说"，却"存雄而无术"，尽说空话，背离了人情之常，还"益之以怪"，打乱了既有的理序，既开不出道路，又修不成德行，故云："其犹一蚊一虻之劳者也。"蚊虻渺小，且为生物本能所禁闭，故虽劳累而无功。"其于物也何庸"，对万物的生成来说，又能生发什么样的作用呢？意即虽终身无穷，终究未修成正果。

"夫充一尚可，曰愈贵道，几矣"，在百家中充其数而为一家,那还可以;若谓惠施之名理,"愈"是更加的意思,贵于道则几矣,意谓可以增长加深道的高贵,"几矣"是那就差不多了,也就是"危殆了"之意。宣颖解"充一尚可"的"一"为"内圣外王皆原于一"的"一",再"由充一而愈尊,天道庶几矣",此采正面的说解,与上下文之义理难以贯串。

"惠施不能以此自宁",惠施虽遍为万物说,却安顿不了自家的生命,以其强于物而弱于德之故。"散于万物而不厌",心思散开于外,而不知回头,"卒以善辩为名",最终仅以善辩闻名于世。"惜乎!惠施之才,骀荡而不得,逐万物而不反",成玄英疏云:"骀,放也,痛惜惠施有才无道,放荡辞辩,不得真原,驰逐万物之末,不能反归于妙本。"此所言之"真原"与"妙本",皆指谓"道体"而言,失落了真原与妙本,才智绝高而流放于辩者的名理之域,成了人间的弃才。"不得"是价值落空,此深致叹惋痛惜之情,争逐外物而不知回归生命本身。

"是穷响以声,形与影竞走也",宣颖云:"欲穷响而但寻之以声,欲息影而不知止形,皆不知本之喻也。"想终结音响,却不断地发声,"形"试图摆脱"影"的追逐,却出以更快的脚步。此谓完全没有切身的反省,回响从发声来,影紧随形而走,不知问题出在自身,而不在天下,故"历物之意"乃"逐万物而不反",虽劳神苦思,也安顿不了自家的生命,《德充符》说惠施"倚树而吟,据槁梧而瞑",是惠施一生最好的写照。

"悲夫",意谓可悲的一生,此已非《内篇》好友间的相知讽劝,而直是对惠施其人的深责论定。

图书在版编目（CIP）数据

庄子的现代解读 / 王邦雄著. -- 北京：北京联合出版公司, 2020.5
ISBN 978-7-5596-4061-1

Ⅰ.①庄… Ⅱ.①王… Ⅲ.①道家②《庄子》—研究 Ⅳ.①B223.55

中国版本图书馆CIP数据核字(2020)第037568号

本书由台北远流出版公司授权出版中文简体字版，限在中国大陆地区发行。
本书中文简体字版权归属于银杏树下（北京）图书有限责任公司。

庄子的现代解读

著　　者：王邦雄
选题策划：后浪出版公司
出版统筹：吴兴元
编辑统筹：梅天明
责任编辑：管　文
特约编辑：张　妍
营销推广：ONEBOOK
装帧制造：墨白空间·张萌

北京联合出版公司出版
（北京市西城区德外大街83号楼9层　100088）
后浪出版咨询（北京）有限责任公司发行
天津东辰丰彩印刷有限公司　新华书店经销
字数317千字　889毫米×1194毫米　1/32　14.75印张
2020年5月第1版　2020年5月第1次印刷
ISBN 978-7-5596-4061-1
定价：58.00元

后浪出版咨询(北京)有限责任公司 常年法律顾问：北京大成律师事务所
周天晖 copyright@hinabook.com
未经许可，不得以任何方式复制或抄袭本书部分或全部内容
版权所有，侵权必究
本书若有印装质量问题，请与本公司图书销售中心联系调换。电话：010-64010019